————· 本书是首都社会建设与管理协同创新中心创新成果 ·————

现实 书系
REALITY

北京的住房变迁与住房政策

The Housing Changes and Housing Policies in Beijing

李君甫／著

中央编译出版社
Central Compilation & Translation Press

图书在版编目（CIP）数据

北京的住房变迁与住房政策/李君甫著.—北京：中央编译出版社，2017.3
ISBN 978-7-5117-3043-5

Ⅰ.①北…
Ⅱ.①李…
Ⅲ.①住宅-房地产业-研究-北京市 ②住房政策-研究-北京市
Ⅳ.①F299.271

中国版本图书馆CIP数据核字（2016）第140581号

北京的住房变迁与住房政策

出 版 人：葛海彦	
出版统筹：贾宇琰	
责任编辑：杜永明	
责任印制：尹 珺	
出版发行：中央编译出版社	
地　　址：北京西城区车公庄大街乙5号鸿儒大厦B座（100044）	
电　　话：（010）52612345（总编室）	（010）52612342（编辑室）
（010）52612316（发行部）	（010）52612317（网络销售）
（010）52612346（馆配部）	（010）55626985（读者服务部）
传　　真：（010）66515838	
经　　销：全国新华书店	
印　　刷：北京时捷印刷有限公司	
开　　本：787毫米×1092毫米　1/16	
字　　数：320千字	
印　　张：19	
版　　次：2017年3月第1版第1次印刷	
定　　价：68.00元	
网　　址：www.cctphome.com	邮　　箱：cctp@cctphome.com
新浪微博：@中央编译出版社	微　　信：中央编译出版社（ID: cctphome）
淘宝店铺：中央编译出版社直销店（http://shop108367160.taobao.com）	（010）55626985

凡有印装质量问题，本社负责调换，电话：（010）55626985

前　言

住房一直是人类社会面临的主要难题之一。即使在大唐盛世，杜甫这样的大诗人都大呼"安得广厦千万间，大庇天下寒士俱欢颜"。今天，光鲜靓丽时尚的伦敦街头，在阴冷的寒夜里，经常可以见到有人露宿在街头。在东方的世界城市东京，也经常可以看到无家可归的人。在发展中的大城市墨西哥城、里约热内卢、巴西利亚、孟买、加尔各答和达卡，都有数百万人聚居在巨型贫民窟里。仅在孟买就有500万人生活在贫民窟中，露宿街头的估计有100万人。① 根据联合国人居署2006年的报告，英联邦国家有3.27亿人住在贫民窟里，接近本地人口的1/6，在1/4的英联邦国家中，超过2/3的人口住在贫民窟里。预计2030年，全球将有20亿人口住在贫民窟。② 在近14亿人口的中国，城镇人口已经超过7亿多，解决这么多人口的住房问题，是世界难题中的难题。

北京的住房发展

无论是从中国的住房发展史来看，还是横向比较各国的住房建设，北京的住房建设成就和居民住房条件的改善是史无前例的，成就是惊人的。1948年，

---

① 联合国人居署：《全球化世界中的城市——全球人类住区报告（2001）》，中国建筑工业出版社2003年版，第260页。

② 王晓路：《作为公共知识分子的迈克·戴维》，载迈克·戴维：《布满贫民窟的星球》，潘纯林译，新星出版社2009年版，第1—8页。

北京人均居住面积4.75平方米。1960年,北京人均居住面积只有3.24平方米。1978年,北京人均居住面积4.55平方米。经过37年的建设,2015年,北京人均建筑面积达31.69平方米。北京的成套住房在2014年就有515万套,2015年估计达到540万套左右。2010年,北京城镇居民人均住房0.85套,户均住房就达到1.98间。这在上个世纪80、90年代是不可想象的。2000年以来,北京每年建设20万~30万套住房,"十二五"期间建设和收购保障房100万套,这是西方的大小城市从来没有,估计未来也不会有的。

最近几年,尽管商品住房建设的速度有所下降,但是建设总量还是很可观的,保障性住房的建设力度也不小。应该说,540万成套住房使得北京本地户籍居民的住房问题基本得到解决,多数家庭住房得到改善。然而,中国的城镇居民都希望有自己的房产,住房条件差的都希望进一步改善住房。加上外来人口的住房还主要是非正规住房,北京的住房供需矛盾依然较大。

根据2015年北京统计年鉴,2014年北京城镇居民11.3%租赁公房,8.4%是租赁私房,1.7%是借房居住的,也就是说北京21.4%的城镇居民(约200万人)还没有自己的产权房。他们以前没有能力买房,在今天的房价下(2016年3月新房价格每平米35456元,二手房45071元),他们买房更难了。租赁公房的租金还是比较低廉的,租赁私房的约有100万人,在房租快速上涨的情况下,租金压力也会很大(2015年北京区域租房平均月租金达4180元/套,一居室月租金均价为3645元/套,二居室成交占比为46%,月租金均价为4398元/套,三居室及以上户型月租金均价为4553元/套①)。租住公房的多数居民是退休职工,负担较轻,但是租住私房的年轻人居多,负担较重。2015年北京宣布不再审批经济适用房、两限房建设用地,以后保障性住房就只有公租房和自住型商品房了。尽管北京城镇的部分年轻人口和新入籍的居民购房的压力很大,但是随着时间推移,公租房数量的增加,他们的住房还是逐步可以解决的。

---

① 潘福达:《北京住房月租金均价突破4000元》,载《北京日报》2015年12月28日。

二元住房市场

中国是二元社会，中国的城市是二元城市。中国的劳动力市场是二元劳动力市场，可以分为正规劳动力市场（首要劳动力市场）和非正规劳动力市场（次要劳动力市场）。中国的住房市场也是个二元市场，包括一个正规住房市场和一个非正规住房市场。城市本地户籍居民主要在正规住房市场和正规渠道获得正规的住房，而外来人口主要在非正规住房市场和非正规的渠道获得非正规住房，包括城中（边）村住房、地下室住房、群租房和工地的临时房屋。几乎所有的中国城市都有一些或大或小的外来人口聚居区，这就是中国城镇住房问题的具体表现。外来人口要在城市自建房是不可能的，二元住房市场的非正规住房是外来人口解决住宿问题的主要方式（外来人口也有少部分在城镇购买了住房）。快速发展的中国巨型城市里，并没有像其他发展中巨型城市那样有连片的巨型贫民窟，是中国独特的土地政策和住房市场造成的。

2014年，北京常住人口达2151.6万人，是1978年的2.47倍。其中外来人口818.7万人，外来常住人口比例达到38.05%，比例接近4成。常住人口中城镇人口1859.0万人，占常住人口的86.4%；乡村人口292.6万人，占常住人口的13.6%。外来人口中城城移民人口占1/4，乡城移民人口占3/4。外来人口中，有4.8%的乡城移民人口在北京购买了商品房，有38%的城城移民人口在北京购买了商品房。也就是说大约100万外地人已经在北京购买了商品房，成了北京的业主，他们虽然没有户口，但他们是北京的永久居民。除了这些已经购房的外来人口，北京有700多万常住外来人口是租房居住的。他们中间的多数承受不了北京正规住房的高额租金，不得不住在不成套的、狭窄的非正规住房里，但相对他们的住房条件和收入水平，租金也是比较高昂的。正是这样北京形成了二元住房市场：正规市场包括新建商品房、保障房和二手房市场。这些住房是成套的，合乎居住标准和相关法规。非正规市场上有少量的小产权房出售，但是非正规住房市场的主流是非正规住房的租赁市场。

中国的住房社会学

住房是人类的基本需求，是消费品，也是财产。住房问题关系着国计民生，也关乎社会公平与稳定。随着房地产市场的形成，房地产成为一个举足轻重的产业部门，也影响着众多关联产业，房地产的兴衰事关整个国民经济的运行。对住房的经济学研究颇为繁荣，很多经济学家致力于房地产研究。中国社会科学院多年来连续10多年出版了《中国房地产发展报告》、《中国住房发展报告》。但是，对住房的社会学研究却相对薄弱。

上个世纪80～90年代，中国学者曾经出版过数本住宅社会学的著作，包括孙金楼、柳林的《住宅社会学》（山东人民出版社，1985），周运清《住宅社会学导论》（安徽人民出版社，1991），张仙桥、洪民文的《住宅社会学概述》（社会科学文献出版社，1993）。中国住宅研究会住宅社会学学术委员会内部编辑出版了由何可人、姚凤城和张智山主编的《住宅与社会——住宅社会学论文集》三册（1990）。住宅社会学研究可谓兴盛一时，果实累累。这些成果与中国城市住宅问题研究会住宅社会学学术委员会的推动是分不开的。

关于住房社会学的研究沉寂了10多年后，随着住房问题日渐突出，最近10年住房社会学再度兴起，成果丰硕，蔚为大观。主要研究可以分为三大领域：

第一是住房阶层和住房不平等研究。代表性的著作有：边燕杰、刘勇利的《社会分层、住房产权与居住质量——对中国"五普"的数据分析》，刘精明、李路路的《阶层化：居住空间、生活方式、社会交往与阶层认同》，李强的《转型时期城市住房地位群体》（2009），刘祖云、胡蓉的《城市住房的阶层分化：基于CGSS2006调查数据的分析》（2010），胡蓉的《中国城镇社会住房阶层分化研究》（2010），刘祖云、毛小平的《中国城市住房分层——基于广州市千户居民问卷调查》（2012），毛小平的《城市住房分化与社会和谐研究》（2012），李斌的《中国城市空间阶层化研究》（2013），李君甫的《北京地下空间居民的社会阶层分析》（2014），赵晔琴、梁翠玲《融入与区隔：农民工的住房消费与阶层认同》（2014），魏万青的《社会转型背景下的城市居民住房问题研究——住房阶层理论的视角》（2015）。

第二是住房改革和住房政策研究，代表性的著作有朱亚鹏的《住房制度改革：政策创新与住房公平》（2007），李斌的《分化的住房政策——一项对住房改革的评估性研究》（2009），姚玲珍的《中国公共住房政策模式研究》，李君甫的《北京城镇居民住房状况与住房政策研究》（2010），满燕云、隆国强、景娟的《中国低收入住房：现状及政策设计》。

第三个方面是关于城中村等非正规住房和流动人口聚居区的研究，代表性的著作，包括张建明《广州城中村研究》（2003）、李培林《村落的终结的社会逻辑——羊城村的故事》（2004），吴伟明《我国城市化背景下流动人口聚居形态研究》（2005），Smart A. 的《中国大陆和香港的非法建筑研究》（2007），蓝宇蕴的《我国"类贫民窟"的形成逻辑：关于流动人口聚居区的研究》（2007），赵静的《深圳非正规住房的供给模式与发展演变研究》（2009），禤文昊《东莞村镇非正规租赁住房研究》（2012）等。其他议题还有农民工住房问题、住房排斥等。

国外对住房的社会学研究也由来已久。恩格斯在《英国工人阶级状况》中描述过英国工人的恶劣的住房条件，他还写过专论住宅问题的篇章《论住宅问题》。雷克斯和摩尔在他们的《种族、社区与冲突》一书中提出了住房阶级理论，并把居民分为五种住房阶级。桑德斯在《家庭财产与社会阶级》中把居民分为有房阶层和租房阶层，认为劳动阶层可以通过买房分享经济社会发展的成果。还有许多社会学家研究住房与社会流动问题。列斐伏尔、卡斯泰尔、哈维等提出空间生产、集体消费和资本循环等经典理论。

住房政策研究在欧美历史最长，相关著作也如浩渺的江湖，2012年，在英国访学时发现英国诺丁汉大学图书馆住房政策的书籍摆满整整一个书架，着实令笔者吃惊。但到2012年，中国出版的住房社会政策方面的著作包括译著却只有寥寥数本。住房政策研究是社会政策研究主要领域之一，欧美的大学里还有一些住房研究所、研究中心，开设住房政策的课程项目，研究住房政策的发展变化，一些海外学者也在研究中国的住房问题和政策，特别是在海外的李秉勤、王亚平、黄友琴等华人学者对中国的住房问题研究特别关注，也出版了一系列高水平的论著。

中国的住房社会学及社会政策研究实际上刚刚起步，但是高质量的论文和著作不断涌现，相信不要多久，中国的住房社会学研究也可以比肩欧美学界的研究。笔者学力有限，但也努力加入这支住房社会学的研究队伍，希望能为住房社会学和住房政策学学科建设以及中国住房政策的完善做出一点贡献。

本书的主要内容

本书内容分四个部分：第一部分是北京的住房变迁与住房政策（第1~5章），第二部分是北京的非正规住房与住房政策（第6~7章），第三部分为北京常住居民的居住空间分布（第8章），第四部分是北京住房政策展望（第9章），第五部分是附录部分，收录了北京部分重要的住房政策规定。本书的主要观点如下：

第一，北京住房建设的速度和规模是惊人的，北京一个城市每年新建的住房超过了英国全国每年新建的住房。北京的多数户籍人口住房问题已经基本解决，进入改善住房的阶段。如果保持这样住房建设速度，进一步完善保障房政策，扩大住房保障的覆盖面，北京的住房问题终会得到妥善解决。要让所有的常住居民都住上体面的房子，北京还需要500万套房，需要保持现在的建设速度20年。

第二，中国的住房市场是由正规住房和非正规住房构成的二元住房市场，正规市场提供成套住房，包括新建商品房、二手房和保障性住房。非正规住房市场提供非正规住房，包括城中村出租房、地下室出租房、群租房、小产权房。非正规住房市场解决了半数人口的住房问题，其规模和功能是无法忽视的。北京本地户籍的居民主要居住在正规住房中，80%的居民拥有产权住房；北京的外来人口主要住在非正规住房中，只有大约13%的外来人口拥有产权住房。

第三，差序住房权是北京住房资源配置的基本逻辑。北京住房资源的分配遵循两个原则，一是本地主义原则，一是精英主义原则。无论是在商品房的购买还是保障房的分配上，遵循本地人优先、外地人限制的原则，但是外地人中的精英分子符合条件的可以享受一定的住房福利。北京应该逐步放开对常住外来人口的购房限制，并把他们纳入保障房体系。

目 录

第一章 60年来的北京住房变迁 / 1

 一、北京住房建设的历程回顾 / 1

  （一）解放前后北京居民的住房 / 2

  （二）计划经济阶段北京的住房建设 / 4

  （三）市场经济阶段北京的住房建设 / 6

 二、60年来北京住房政策的变迁 / 10

  （一）计划经济时期的实物分配政策 / 10

  （二）市场化改革的住房政策 / 13

  （三）北京住房政策变迁的总结 / 20

 三、北京的住房问题 / 20

  （一）北京房价过高的问题 / 21

  （二）北京保障性住房问题 / 24

  （三）北京流动人口的住房问题 / 25

  （四）北京的住房公平与居住隔离问题 / 31

 四、北京房价过高的根源与对策 / 42

  （一）北京房价过高的根源 / 42

  （二）解决北京房价过高问题的对策 / 48

第二章 北京城镇居民住房状况与住房政策分析 / 52

 一、北京住房建设与居民住房状况 / 53

  （一）前无古人的建设成就 / 53

  （二）差别悬殊的居住状况 / 53

二、北京的住房价格 / 56

（一）坐上直升飞机的房价 / 56

（二）房价不断攀升的原因 / 57

三、北京居民的住房负担 / 68

（一）想当"房奴"不容易 / 68

（二）谁家欢乐谁家愁 / 69

四、北京住房问题的对策 / 71

（一）打击投机和投资住房、抑制房价过快增长 / 71

（二）完善住房政策体系、保障基本住房权利 / 72

（三）深入调查研究、制定住房规划和保障法规 / 74

第三章 北京城镇居民住房发展水平报告 / 75

一、北京住房市场面临的形势 / 75

二、北京城镇居民平均住房面积和住房保障 / 76

三、北京户籍城镇居民的住房质量 / 78

四、北京城镇居民家庭住房户型与产权 / 80

五、外来常住人口的住房状况 / 81

六、北京住房发展水平国际比较 / 82

第四章 北京城市居民住房分化研究 / 84

一、2000年以来北京城镇居民住房水平的变化 / 85

（一）人均住房面积增加、住房间数减少 / 85

（二）住房质量有所改善 / 85

二、2000年以来北京城镇居民住房的分化 / 86

（一）不同职业阶层住房分化 / 86

（二）不同教育程度住房分化 / 92

三、结　论 / 95

第五章 北京朝阳区地下非正规住房研究 / 97

一、城市地下居住空间研究及相关政策 / 101

（一）地下居住空间市场越来越大 / 101

（二）地下室居住空间存在的问题 / 102

（三）地下室的居住政策 / 106

二、地下居住空间的非正规性研究 / 109

（一）研究的背景 / 109

（二）研究方法 / 111

（三）北京市朝阳区地下非正规住房的基本情况 / 111

（四）清空地下室的政策 / 114

三、地下室住什么人——阶层视角的地下室居民 / 116

（一）研究的背景 / 116

（二）社会阶层和底层研究回顾 / 119

（三）研究的理论依据和方法 / 122

（四）地下空间居住群体阶层构成 / 122

（五）地下室居住群体阶层特征分析 / 124

第六章 地下空间的邻里关系：以 S 地下空间为例 / 128

一、引　言 / 128

二、邻里关系的研究回顾 / 129

三、S 地下空间的居民与邻里关系 / 133

（一）住户之间关系较为密切、互动较多 / 134

（二）社区边界清晰、居民有社区意识 / 134

四、邻里关系何以形成？/ 135

（一）公共空间是邻里关系的基础 / 136

（二）社区规模比较小，社区成员相对稳定 / 136

五、结　论 / 136

第七章 住房权利视角下的北京群租房 / 138

一、绪　论 / 138

（一）研究背景 / 138

（二）研究意义 / 140

（三）文献回顾 / 141

（四）研究设计／149

二、北京市的群租基本状况／150

  （一）群租的概念／150

  （二）北京群租的发展变化／151

  （三）北京群租房特征分析／155

  （四）北京群租的主要类型／157

  （五）北京群租房存在问题／166

  小　结／168

三、北京市群租房生成逻辑／169

  （一）人口规模增长快／169

  （二）住房规模增长赶不上人口增长／171

  （三）保障性住房准入难／174

  （四）房屋租赁市场难满足／176

  小　结／179

四、差序住房权视角下的群租客／180

  （一）被排斥的群租客／180

  （二）差序住房权／182

  （三）差序住房权的等级序列／183

  （四）差序住房权的影响／185

  小　结／187

五、总结与思考／187

  （一）主要结论／187

  （二）走向平等住房权／189

第八章　北京社会阶层居住空间分化与隔离／190

一、文献综述／190

二、研究的方法／193

三、北京社会阶层的地区分布／194

  （一）北京社会上层的地区分布／194

（二）北京社会中层的地区分布 / 197

（三）北京社会下层的地区分布 / 200

四、结论与讨论 / 203

（一）结论 / 203

（二）讨论 / 204

第九章　北京住房政策分析与展望 / 206

一、北京住房价格的形势 / 207

二、北京住房政策新变 / 210

（一）"十一五"时期的政策性住房政策 / 210

（二）"十二五"住房政策 / 212

三、北京住房政策的特征 / 213

（一）北京本地户籍居民多数享受到了房改福利政策 / 213

（二）北京的公共租赁房的比例比较低 / 215

（三）北京的住房市场是个二元住房市场 / 217

四、北京住房资源配置的机制与原则 / 218

（一）北京住房市场资源配置的本地主义原则 / 218

（二）北京保障性住房资源配置的本地主义原则 / 219

（三）保障性住房资源配置的精英主义原则 / 220

五、住房政策的未来展望 / 220

附　录 / 223

一、北京市城市廉租住房管理办法 / 223

二、北京市城六区和远郊区县城市居民申请廉租住房家庭收入、住房、资产准入标准 / 228

三、北京市经济适用住房管理办法（试行）/ 229

四、北京市限价商品住房管理办法（试行）/ 234

五、北京市公共租赁住房管理办法（试行）/ 241

六、关于廉租住房实物配租管理若干问题的通知 / 244

七、关于进一步加强我市廉租住房建设和管理的若干意见 / 245

八、关于落实本市住房限购政策有关问题的通知 / 250

九、关于印发《关于中关村国家自主创新示范区人才公共租赁住房
　　建设的若干意见》的通知 / 252

十、北京市人民防空工程和普通地下室安全使用管理办法 / 255

十一、北京市房屋租赁管理若干规定 / 262

十二、北京市住房和城乡建设委员会　北京市公安局北京市规划委员会
　　　关于公布本市出租房屋人均居住面积标准等有关问题的通知 / 271

参考文献 / 274

后　记 / 284

第一章 60年来的北京住房变迁

住房具有居住、休闲、娱乐、经济等社会功能，是人生活、休闲的基本场所，是人最基本的社会需求，也是人的生活必需品。满足广大居民的住房需求是全面建设小康社会的基本要求，也是科学发展与和谐社会建设的基本标志。60年来，北京的住宅建设成就卓著，住宅总面积增加了25倍，2007年人均住宅使用面积超过20m²。北京的住房政策也经历几多变化。20世纪50年代，建立起了住房福利分配政策；20世纪80年代，北京启动住宅市场；90年代末停止福利分房。住宅的供给由福利分配转变为市场供给为主，绝大多数户籍居民拥有私人住宅。但是由于政府的住房保障政策没有落实到位，住房供给过度市场化，加上投资和投机需求过大，导致住宅价格过高，中低收入居民住房负担过重，住房紧张的状况难以改善。北京的住房政策还需要进一步完善，以在最大程度上满足一般居民的住房需求。

一、北京住房建设的历程回顾

北京是中国的首都，也是中国发展最快和城市化最快的地方之一。60年来，北京的人口增加了6倍，特别是最近30年，北京的城市化进程加快，农村人口大量转移到城市，外来人口增多，北京的总人口迅速增长。截至2006年末，全市常住人口1581万人，居住半年以上的外来人口383.4万人，城镇人口1333.3万人，乡村人口247.7万人，人口密度为963人/平方公里。[①] 北

---

① 北京市统计局：《北京市国民经济与社会发展统计公报》，2007。

京的城镇人口占84.3%,外来人口占24.3%。北京人口数量庞大、密集,众多的人口需要大量的住房。60年来,北京市为满足居民的住房需求进行了多种尝试,实行了不同的住房政策,北京的住房建设也取得了辉煌的成就。

(一) 解放前后北京居民的住房

北京解放前后的居民住宅主要集中在城区,也就是现在的东城区、西城区、崇文区和宣武区,总的来说居民住宅数量不大,质量不高,贫富相差悬殊。由于生产力水平较低,除了少数高官和富商巨贾拥有面积广大、装饰豪华、设施比较齐备的四合院、楼房住宅外,北京多数老百姓的住房仅仅是一个遮风挡雨的生活场所,部分居民居住条件恶劣,还有少部分流民流离失所,无处藏身。民国时期的北平,一般居民居住平房,以屋顶所用材料可分为瓦房、灰房、土灰房、茅草房、石板房等。建在城墙根、坛根和城外关厢地区的多为土灰房等窄小平房。

1948年,北平市土地面积707平方公里,其中城区土地面积62平方公里;全市各类房屋建筑面积(如表1-1所示)2050万平方米,其中住宅1354万平方米,平房占93.8%,楼房占6.2%,人均居住面积4.75平方米[①]。91%以上的住宅集中在城墙以内62平方公里的范围内。当年北平城市人口168万人,约32.9万户,可作住宅用房者约70万间。除自用户外,普通租户约20万户,出租的住房20万间,大约合每户一间。

表1-1 1948年北平市房屋建筑与住宅状况

项目	面积(平方米)	平房(%)	楼房(%)
房屋建筑面积	2050万	—	—
住宅面积	1354万	93.8%	6.2%
人均住宅面积	4.75		

资料来源:北京市地方志编纂委员会编:《北京建筑志》,北京出版社2002年版。

旧中国遗留下来的平房住宅,大多数已经很破旧。根据1952年的调查统计,城区的危险房屋(不足二成半新)有6万多间,860多万平方米,占城区

---

① 北京市地方志编纂委员会办公室:《北京建筑志》,北京出版社2002年版,第4页。

旧有房屋的 4.9%；破旧房屋（二成半到五成半新）有 74 万多间，1070 万平方米，占 61%；关厢地区的危险房屋占 15%，破旧房屋占 71%。①

为了解决无家可归和居住条件极差的普通居民的住房问题，在经济非常困难的情况下，北京市政府在 1949 年建了一批平房住宅。1950 年上半年，在贡院西大街新建工人宿舍 200 间。1951 年，公私共新建住房 19675 间。最初，有 400 多间工人宿舍和一部分平民住宅，每间成本为 7500～10000 斤小米，在北京市各界人民代表会议上，工人代表反映租不起。市政府提出"先普及，后提高"的方针，试建了用土坯做墙身的一批规格较低的房屋，每间成本一般不超过 3500 斤小米，保固年限 15 年～20 年。当年，市公逆产清管局新建工人住宅 484 间，市民住宅 2419 间，其中土坯墙的有 1600 间。② 新建的这些平房住宅，只有居住空间，生活设施较为缺乏。

新中国成立之后，北京百废待兴。市区人口增加很快，仅 1952 年移民涌入 25 万之多，新移民的到来给北京的住房带来了极大的压力，尽管建设了一批土坯房，人均住房面积还是大为下降。1953 年，人均住宅下降到 3.76 平米（如表 1-2 所示）。住房困难的群体，仅有一个藏身之处，无法满足基本生活的需要。这一时期的北京住宅总的来说数量少，质量低，生活设施比较差，普遍使用公共厕所、公共浴室，缺乏供暖设施。

表 1-2　1949 年～1955 年北京市房屋建筑与住宅状况

年分	住宅建筑面积（万平方米）	住宅使用面积（万平方米）	人均面积（平方米）
1949	1354.3	757.5	4.75
1950	1369.0	765.2	4.90
1951	1401.5	785.2	4.45
1952	1508.6	845.5	4.49
1953	1602.8	899.0	3.76
1954	1710.0	956.7	3.70
1955	1893.2	1052.6	3.88

数据来源：北京市建设委员会、北京市国土资源局：《北京房地产年鉴 2004》，中国计量出版社 2004 年版。

---

① 北京市地方志编撰委员会办公室：《北京房地产志》，北京出版社 1994 年版，第 31 页。
② 北京市地方志编撰委员会办公室：《北京房地产志》，北京出版社 1994 年版，第 31 页。

（二）计划经济阶段北京的住房建设

北京完成资本主义工商业改造之后，工商业发展迅速，人口持续增加，住房问题进一步突出。"大跃进"时期，提出"生产优先，生活为生产让路"的政策方针。在人口急剧增加的情况下，住房建设滞后，导致人居住房面积下降到最低点，1960年，北京城市人口比1949年增加1.6倍，人均居住面积仅仅有3.24平方米。1958年~1962年5年间建设住宅总共只有530多万平方米，远远低于1953年~1957年的建设速度。

1961年，国家实行"调整、巩固、充实、提高"的方针，开始国民经济的调整，包括住宅建设在内的建筑项目大大缩减。从1961年至1964年，每年新建住宅建筑面积平均只有85.57万平方米。

"文化大革命"开始后，住宅建设受到比较严重的影响。1967年至1976年十年间，新建住宅共有602.9万平方米，其中1967年、1969年、1970年，新建住宅建筑面积分别只有20.11万平方米、29.86万平方米、22.37万平方米。由于很多机关被强令外迁或撤销，大批干部下放，大量企事业单位和职工外迁，大学停止招生，大批知识青年"上山下乡"，在1970年，人均居住面积虽然上升到4.36平方米左右，但是住房紧张的问题依然存在。

随着政府机关的逐渐恢复，下放人员逐步回京，知识青年逐渐返城，以及城市人口的增长，住房紧张的矛盾更加严峻。1973年以后，住宅建设又开始有所发展。到1976年，人均居住面积4.45平方米，住宅紧张成为最尖锐的社会问题之一。[①]

1976年，北京住宅建设徘徊不前的局面开始扭转，1977年新建住宅建筑面积上升到137.8万平方米。到1978年，北京人均住房面积有所增加，达到人均4.55平方米（如表1-3所示），但比解放初期的人均4.75平方米要低。

---

① 北京市地方志编撰委员会办公室：《北京房地产志》，北京出版社1994年版，第40页。

表1-3 1956年~1978年北京市房屋建筑与住宅状况

年分	住宅建筑面积（万平方米）	住宅使用面积（万平方米）	人均面积（平方米）
1956	2055.4	1144.6	3.76
1957	2217.8	1235.0	3.70
1958	2450.1	1376.2	3.89
1959	2516.7	1412.3	3.42
1960	2627.6	1468.6	3.24
1961	2733.6	1520.1	3.49
1962	2798.8	1553.8	3.67
1963	2873.1	1592.9	3.66
1964	2954.6	1635.3	3.67
1965	3051.6	1685.2	3.68
1966	3137.9	1730.8	3.90
1967	3158.8	1743.3	3.88
1968	3226.3	1779.6	4.04
1969	3257.0	795.6	4.32
1970	3267.8	1801.8	4.36
1971	3306.6	1823.5	4.33
1972	3355.0	1850.5	4.29
1973	3425.8	1886.9	4.32
1974	3516.3	1933.6	4.36
1976	3733.3	2035.2	4.45
1977	3857.7	2092.7	4.52
1978	4034.0	2172.4	4.55

数据来源：北京市建设委员会、北京市国土资源局：《北京房地产年鉴2004》，中国计量出版社2004年版。

从1956年到1978年22年间，北京住宅建筑总面积增加了1978.6万平方米，平均每年新增建筑面积89.9万平方米。住房供给十分有限，无法满足居民的基本需求，22年累计建筑面积还没有现在一年新建住房建筑面积多。

（三）市场经济阶段北京的住房建设

1. 住房改革过渡期的住房紧缺与缓慢增长

改革开放以后，在知青返城和干部政策落实之后，北京的住房问题更为紧张。为解决居民住房困难，提高居住水平，北京开始大力发展住宅建设。1979年，新建住宅建筑面积为1977年的2.2倍，达到304万平方米。从1985年开始，每年新建的住宅建筑面积在500万平方米以上，但因受城市人口增长、家庭结构变化等影响，住房紧张的情况依然严重，人均住房面积只有6.17平方米。1985年北京市城镇房屋普查统计，缺房户有301967户，其中无房户（婚后无房、暂住非住宅房、暂住临时简易房、暂住亲友房）47476户，住房不便户（三代同室、父母与成年子女同室、成年兄妹同室、两户同室）147689户，住房拥挤户（2至4平方米）106802户。

1987年北京市对市属单位职工住房进行专项调查，住房严重困难户有11.9万户，其中婚后无房、父母与18周岁以上子女同室或18周岁以上子女同室、老少三代同室、两对夫妇同室四种严重困难户约有8.5万户，占总数的71.4%；约有4700户人均居住面积在2平方米以下，占总数的3.9%。[①]

为解决城市居民住房紧张，中国政府开始酝酿住房政策改革。住房改革从以下几个方面展开：公有住房补贴出售、提高租金、出售给个人。此后，房改大致经历了试点售房（1979年~1985年）、提租补贴（1986年~1990年）和以售带租（1991年~1993年）等改革阶段。这一时期的改革主要包括三个方面：第一，城市公有住宅将由国家以补贴的形式出售给个人。第二，对"鸳鸯楼"实行新房新租。第三，对公有旧房应折价出售给个人。

这一阶段的改革促进了单位和个人住房投入的积极性，住房数量逐步上升，在这一时期人均住房面积由1979年的4.57平方米增加到1987年的

---

① 北京市地方志编撰委员会办公室：《北京房地产志》，北京出版社1994年版，第40页。

6.82 平方米（如表 1-4 所示），增加了 2.25 平方米，年均增加 0.28 平方米。

表 1-4 1979 年～1987 年北京市房屋建筑与住宅状况

年分	住宅建筑面积（万平方米）	住宅使用面积（万平方米）	人均面积（平方米）
1979	4326.6	2309.6	4.57
1980	4706.4	2491.0	4.79
1981	5162.9	2707.4	5.08
1982	5620.9	2929.1	5.38
1983	6115.6	3163.3	5.68
1984	6538.3	3361.7	5.92
1985	7055.8	3592.8	6.17
1986	7484.2	3749.4	6.46
1987	8122.0	4054.8	6.82

数据来源：北京市建设委员会、北京市国土资源局：《北京房地产年鉴》，中国计量出版社 2004 年版。

2. 市场化改革时期的快速增长

20 世纪 80 年代末期，北京房屋建设逐步加快，1991 年～1995 年全市城镇房屋建筑共竣工 6206 万平方米，其中住宅 3707 平方米，年均建设住宅 618 万平方米。1995 年末，全市人均居住面积达 9.03 平方米，比 1949 年的 4.75 方米增长近 1 倍；危旧房改造步伐加快，5 年共拆除危旧房 270 万平方米，竣工 416 万平方米。从 1949 到 1995 年，北京累计建成城镇住宅 12471 万平方米，相当于 1948 年末全市住宅总面积 1352 万平方米的 9.2 倍。1991 年～1995 年，年竣工住宅由 602 万平方米增至 937 万平方米；1996 年～2000 年，递增至 1500 万平方米。人均住房面积由 1988 年的 7.17 平方米增加到 1997 年的 14.4 平方米（如表 1-5 所示），增加了 1 倍多，是 1979 年人均住房面积的 3.15 倍。

表1-5 1988年~1997年北京市房屋建筑与住宅状况

年份	住宅建筑面积（万平方米）	住宅使用面积（万平方米）	人均面积（平方米）
1988	8764.8	4361.4	7.17
1989	9380.0	4653.0	7.45
1990	9944.9	4916.2	7.72
1992	—	—	12.1
1993	—	—	12.5
1994	—	—	12.9
1995	13651.9	—	13.3
1996	—	—	13.8
1997	—	—	14.4

数据来源：北京市建设委员会、北京市国土资源局：《北京房地产年鉴》，中国计量出版社2004年版。

这一时期的住房质量大有改善，为了适应人们改善住房需求，新建住房单套面积逐步提高，户型结构多样化。住宅内部的各种设施配套逐步齐全，水电、暖气、卫生、洗浴设施普遍安装。比起解放前以及计划经济时期的住房，住房越来越方便舒适。随着私有住房的出现，部分居民开始装修自己的房子。住宅变得越来越舒适美观，也日益个性化，不再像计划经济时期实物分配的住房那样"千屋一面"。

3. 全面市场化时期住房建设的突飞猛进

1998年7月3日国务院发布了《关于进一步深化住房制度改革加快住房建设的通知》（国发［1998］23号文）。文件宣布全国城镇从1998下半年开始停止住房实物分配，全面实行住房分配货币化，同时建立和完善以经济适用住房为主的多层次城镇住房供应体系。1998年北京的住房市场化改革全面推进。随着住房市场化改革，商品房数量剧增，大大缓解了住房矛盾，住房质量也大大提高，装修房子的比较多。

为了促进房地产市场更好、更快地发展，国务院发布了《关于促进房地产市场持续健康发展的通知》（国发［2003］18号文），提出："各地要根据城镇住房制度改革进程、居民住房状况和收入水平的变化，完善住房供应政策，调整住房供应结构，逐步实现多数家庭购买或承租普通商品住房"。随着住宅市场的发展和商品房供给量的增加，住宅市场空前活跃，住宅建设突飞猛进（如表1-6）。

表1-6 2001年~2006年北京住宅建设情况

年份	房屋施工面积（万平方米）	房屋竣工面积（万平方米）
2001	8208.3	2554.6
2002	9697.7	3121.8
2003	11262.2	3222.8
2004	13121.9	4203.2
2005	14096.2	4679.2
2006	14069.2	4191
2007	11149.1	3128.9

数据来源：2001年~2006年北京统计年鉴，北京2007年统计公报。

1997年北京居民人均住房面积14.4平方米，2007年增加到20.3平方米，10年人均居住面积增加了5.9平米（如表1-7），是1979年的4.44倍，北京住宅建设和增加速度进入一个井喷阶段，北京的住房数量和质量急速上升。

表1-7 1997年~2007年北京房屋建筑与住宅状况

年分	住宅建筑面积（万平方米）	人均面积（平方米）
1997	—	14.4
1998	—	15.0
1999	—	16.7
2001	—	17.6
2002	—	18.2
2003	23847.5	18.67
2004	26199.8	19.09
2005	28922.3	19.45
2006	31646.0	20.00
2007	33728.2	20.3

数据来源：北京市建设委员会、北京市国土资源局：《北京房地产年鉴》，中国计量出版社2004年版；北京市2004~2007国民经济和社会发展统计公报。

随着住房市场的发展，豪华住宅也大量出现。这些住宅普遍面积较大，一般在建筑 200 平方米以上，社区环境优美，社区里有水面，有花园，空间开阔，有的还有一个私有的小花园。豪华住宅具有五大特征：一是区位优越不可替代；二是环境幽雅，或者具有不可再生、得天独厚的自然资源，或者具有历史形成的人文资源；三是建筑精美不可复制；四是风格各异难以仿造；五是人文价值无法再生。豪华住宅的单套住宅价格 400 万元以上的比较多，500 万元~600 万元的也不少，还有一些单套住宅价格达到 1000 万元以上。

二、60 年来北京住房政策的变迁

（一）计划经济时期的实物分配政策

住房是生活必需品，但是住房不像一般商品那样可以轻易地制造、运输和交易，住房依附于土地之上，住房制度跟土地制度息息相关，因而住房是特殊的商品。由于中国的土地为国有和集体所有，土地受到管制，因而城市住宅的供给不像一般商品，不可以随意买卖，也不能随意建造，住房的供给具有垄断的特征，因而住房政策深刻影响着住房的生产和消费，影响人民生活和社会的稳定。

1. 北京解放初的住房政策

中国在 3000 年前就出现了田地的交换与买卖，在 2000 多年的封建社会里，尽管有王朝更替，但是土地和房屋的租赁、买卖活动一直没有中断。① 自公元前 216 年秦"使黔首自实田"，承认私人占有土地的合法性，土地就有了官有和私有之分，地籍制度也逐渐确立。地籍制度确立之后，除土地调查外，还有权属的登记注册、颁发权证、办理买卖过户等内容，私人的房地交易要登记纳税。

中华民国建立后，北洋政府将内、外城巡警总厅改为京师警察厅，又设京都市政公所，管理北京城市地方事务。京都市政公所在"整理市政"中，建立了房地转移凭单和房地转移登记制度；通过制定房地收用办法，将房地分为

---

① 王国海：《楼市预告》，中国市场出版社 2007 年版，第 8，39 页。

国有和私有两大类。①

北京解放初，政府保护公私房地产权，房屋可以进行自由交易。1949年2月，北平市军事管制委员会建立北平市人民政府地政局；同年，北平市人民政府公逆产清管局成立，负责房地产权产籍、房地产市场、房屋租赁、房屋修缮的管理。1949年5月，北平市军事管制委员会发布布告，"城市房屋之占有关系及由此产生的租赁关系，有别于封建的或半封建的土地制度，现在不但不应废除，而且应该予以合理之保护，此乃我人民政府既定之政策"，宣布政府依法保护各阶层人民的房屋所有权，房屋买卖自由，房主有出租其房屋的权利，租金由主客双方按公平合理的原则自由协商议定。

从1949年下半年起，对所有经国民党政府处理和悬案未结的敌伪产、公旗营产以及战犯、特务、国民党高级军政人员、官僚资本家、反动会道门等的房产进行清理。代管了业主逃亡无人管理的房地产，进行了外侨房地产登记，以后又解决了旗营房屋及其他各类房屋的产权问题。通过房地总登记和清理产权的工作，明确了公私产权，保障了房屋产权人的合法权益。②

随着新中国中央国家机关、人民团体和市属机关的相继建立，机关办公和居住用房十分缺乏，新建又来不及，各单位购买或租用了相当数量的私人房屋。虽然解决了部分急需，但造成大量市民搬家，"房纤"也包买包卖，垄断居奇，哄抬房价，从而影响了市民生活稳定。为此，政务院和北京市人民政府发布了一系列严格限制机关单位购租民房的规定，市人民政府也发布布告明令取缔"房纤"。同时，根据人民政府提出的"保护旧有房屋，鼓励新建房屋，限制投机活动，稳定市民生活"的方针，1950年2月，北京市城区房地产交易所成立，对整顿和规范房地产市场、稳定房价、安定市民生活起到积极作用。在房屋租赁和修缮管理中，根据"以租养房"的方针，制定了公房租金标准，其原则是既能保证合理地修缮房屋，又照顾到市民的负担能力；又制定内部掌握的私房租金标准，作为评定租金的尺度，不但限制了过高租金，并促使低租金得到逐步调整。

---

① 北京市地方志编撰委员会办公室：《北京建筑志》，北京出版社1995年版，第107页。
② 北京市地方志编撰委员会办公室：《北京建筑志》，北京出版社1995年版，第108页。

为保证房屋的正常使用，1949年起，开始对公房状况实行年度普查制度，有计划地进行修缮，以安全为主、保养为辅。人民政府将私房修缮纳入管理范围，组织群众性的房屋修缮委员会，以自检、自修、自救的方针，实行政府督导，并给予经济上的帮助或扶持。自1951年起，雨季抢修公私房屋、抢救人民生命财产开始形成制度。

在土地管理方面，1949年6月到1950年3月，在郊区进行了土地改革，没收地主的土地和征收富农出租的土地归国家所有，分给无地或少地的农民，彻底废除了封建性和半封建性的土地制度。1956年农业合作化完成后，农民个人私有的土地转为合作社集体所有，建立了农村土地集体所有制。在城市，由于城市土地有填平整理关系，有若干投资在内，并已构成房产资本的不可分离的一部分，所以在一定时期内，允许城市土地所有者经营土地。

50年代初，在北京城市建设中对建设用地征收土地使用费，对提高土地利用率和土地合理使用产生了一定效果。1954年北京市人民政府提出，对国营企业、机关、部队、学校占用市郊土地征收土地使用费或租金及地产税。对此，政务院批复，经政府批准占用的土地，不论是拨给公产或出资购买，不必再向政府缴纳租金或使用费。以后国家又明确，国营企业、国家机关、学校、团体及公私合营企业使用国有土地，一律由当地政府无偿拨给使用。由此，土地使用全面转向无偿、无限期、无流动的使用方式。①

2. 计划经济时期的住房政策

尽管在20世纪50年代和60年代，私人房地产交易一直受到保护，但交易还是受到一些限制，比如对房屋价格的限制以及对房屋中介的取缔。同时，国家和机关单位兴建的公有住房数量逐渐扩大，计划与分配的成分逐步扩大。1958年，北京市对城镇私有出租房屋以"国家经租"的形式进行了社会主义改造，私有出租房屋纳入国家经租的有19.9万多间，由房管部门统一管理、统一修缮、统一调配使用。

在整个计划经济宏观环境下，北京市在建国以后的很长一段时期内，对城镇居民住房实行统建、统分、统包的公有住房政策和实物福利分配办法。计划经

---

① 北京市地方志编撰委员会办公室：《北京建筑志》，北京出版社1994年版，第8页。

济体制下城镇居民住房制度及政策的基本内容是：以市政府为主投资建设住房，职工通过所在单位申请分配公有住房；各单位根据自己的房源状况，按照职工的职务、工龄、家庭人口及其他条件将相应面积的住房无偿分配给职工居住。

这是一种以政府和企事业单位统包、低租金为特点的实物福利分房制度及政策，是在20世纪50年代末建立起来的与计划经济体制相适应的住房制度及政策。其主要特征是：(1) 建房资金来源于政府财政和企业福利基金，房屋建成后并不将投入的资金归还财政，是一种纯粹的财政性支出，城镇居民不承担住房建设投入的责任；(2) 住房分配采用无偿的实物分配制，分房标准主要以城镇居民所在单位的职务、工龄、厂龄、家庭人口结构等非经济性因素为依据，同职工的劳动贡献相脱离；(3) 分配给城镇居民的住房采用低租金制，实际上所缴房租不能抵偿住房维修和管理成本，亏损部分由政府和企事业单位补贴；(4) 住房管理行政化，企事业单位的房管部门，只管分房、修房，不讲经济核算、经济效益；(5) 企事业单位和房管部门以权谋私，多占住房的现象屡屡出现。

实物分配的城镇住房制度，排斥市场机制对住房的投资、分配、流通、消费的调节作用，存在着许多弊端。第一，低租金的住房实物分配，加重了政府财政和企事业单位负担，不能实现住房建设的良性循环。第二，助长了不正之风，不能很好地贯彻"按劳分配"的原则。在住房分配中，不少干部利用职权多占住房，甚至为子女占房子。

在长期的住房实物分配制度下，政府在住房方面的投入有限，难以解决住房供应问题，导致住房长期严重短缺。从1949年到1979年的30年里，每年新增住房面积仅仅100多万平方米，有的年份新增住房面积仅有20万平方米。房屋供给的数量远远跟不上人口增加的速度，人均住房面积不增反降，1949年北京人均住房面积4.75平方米，1960年降到3.24平方米，到1979年也仅仅只有4.55平方米，比新中国成立时还少0.2平方米。

(二) 市场化改革的住房政策

1. 过渡阶段的住房政策

在知青返城和干部政策落实之后，北京的人口突然增加，60年代生育高峰出生的孩子已经长大成人，住房问题更为紧张，尽管新建住宅面积不断扩大，但是人均居住面积还是很小。为了解决城市居民住房紧张，政府开始酝酿住房政策改革。改革主要从以下两个方面展开：公有住房提高租金、补贴出售给个人。此后，中国的住房改革拉开了序幕。

1979年到1987年是北京住房改革的过渡阶段。这一阶段提出并试行了以下政策：第一，城市公有住宅将由国家以补贴的形式出售给个人，这是逐步推行住宅投资走上良性循环、全面改革现行住房制度的重大步骤。第二，对"鸳鸯楼"实行新房新租，这既是解决青年结婚用房的应急措施，又是推行住宅商品化、按照价值规律进行房租制度改革的一项重要措施。第三，对公有旧房折价出售给个人。

这一时期尽管试行了新的住房政策，实物分配依然居主导地位。但是新的政策调动了个人和单位建房的积极性，集资建房不断增加，住房数量逐步上升。但是由于人口也在增加，这一时期的8年中，人均住房面积增加了2.25平方米，年均增加仅有0.28平方米。广大居民的住房问题依然严峻。

具有里程碑意义的是，1982年《中华人民共和国宪法》规定"城市的土地属于国家所有"，从而在法律上宣告完成城市土地国有化。这为以后政府垄断土地交易打下了法律基础。

2. 市场化阶段的住房政策

根据1988年2月，国务院下发的《关于在全国城镇分期分批推行住房制度改革实施方案的通知》，北京市结合自身实际，制定了在北京市城镇分期分批推行住房制度改革等优惠售房政策，选择了建设部等11个单位，开始了优惠售房政策的试点工作，共售出新旧楼房1000多套。在总结优惠售房政策试点的基础上，北京市于1989年把城镇居民分期分批优惠售房政策试点单位扩大到100个。1990年北京市10个远郊区县提出了各具不同特点的房改方案，制定了不同的城镇住房改革政策，具体地落实北京市城镇分期分批推行住房制度改革实施等优惠售房政策。

1990年，北京市政府确定了通过房改促进危旧房改造的方针，制定了通过房改促进危旧改造方针的相关政策，拉开了全市危旧房改造的序幕，房改在城市中心地区推行。1991年至1992年初,市属产权单位大部分开始房改。同时在北京电视设备厂、联想集团、北京电子工艺技术研究中心进行了住房公积金试点。截止到1992年2月底,全市市属单位4300万平方米住房进入了房改,占市属住房总面积的90%。在此期间,30多个中央在京单位先后参加了房改试点,1992年6月中央在京党政机关房改方案出台施行。

根据国务院全面推进城镇住房制度改革的要求,在总结试点经验的基础上形成了《北京市住房制度改革实施方案》及七个配套办法,在报经国务院房改领导小组批准后,于1992年7月1日公布实施,全市房改进入了全面推广阶段。在具体工作中,着重落实以下五方面政策的工作:第一,建立职工住房公积金制度,制定相关的住房公积金政策法规。在职工工作年限内,职工个人与其所在单位按照职工工资总额的同一比例按月交存住房公积金,全部归职工个人所有;第二,建立政府、单位住房基金;第三,出售公有住房;第四,逐步提高房租,包括:新房新租,现住房分步提租等方式;第五,集资合作建房,实行危旧房改造。经过全面推广阶段的实施,北京市各项城镇住房改革政策逐步得到有效落实,房改政策成效显著。

1994年7月国务院发布了《国务院关于深化城镇住房制度改革的决定》(国发[1994]43号),提出城镇住房制度改革作为经济体制改革的重要组成部分,目标是要建立与社会主义市场经济体制相适应的新的城镇住房制度,实现住房商品化、社会化;把各单位建设、分配、维修、管理住房的体制改变为社会化、专业化运行的体制;把住房实物福利分配的方式改变为以按劳分配为主的货币工资分配方式;建立以中低收入家庭为对象、具有社会保障性质的经济适用住房供应体系和以高收入家庭为对象的商品房供应体系;同时,建立住房公积金制度,建立政策性和商业性并存的住房信贷体系。

这一阶段是北京市城镇居民住房制度改革的探索与试点时期,很多住房政策都是在北京市政府主动推动下实施的,在特定的住房改革环境下,政府主导性住房政策取得了显著的成效,但也存在一定的问题。在优惠售房的过程中,公有住房被廉价出售,一些干部趁机多占住房。一些机关和企业利用集资建房的政策,建设超标准住宅,等等。

3. 市场化改革深化阶段的住房政策

这一阶段随着住房市场化改革，商品房数量剧增，居民的居住面积提高较快。住房质量也大大提高，装修房子成为普遍现象。1997年人均住房面积14.4平方米，2007年增加到20.3平方米，10年人均增加5.9平方米，年均增加0.59平方米。

在市场化改革的政策方面，1998年7月3日国务院发布的《关于进一步深化住房制度改革加快住房建设的通知》（国发[1998]23号文），宣布全国城镇从1998下半年开始停止住房实物分配，全面实行住房分配货币化，同时建立和完善以经济适用住房为主的多层次城镇住房供应体系。从此房地产市场迅速发展，但是保障性住房政策并未得到很好的执行，经济适用房供给量很小。

2003年，为了促进房地产市场更好、更快地发展，国务院发布了《关于促进房地产市场持续健康发展的通知》（国发[2003]18号文），提出："各地要根据城镇住房制度改革进程、居民住房状况和收入水平的变化，完善住房供应政策，调整住房供应结构，逐步实现多数家庭购买或承租普通商品住房。"自此，中国住宅市场化全面启动，房地产市场迅速发展，住房价格飞速攀升。尽管出台了一系列保障性的住房政策，但是政策力度小，也未得到有效的贯彻执行，以经济适用房为主体的多层次住房共用体系并没有建立起来，相对于其他国家中国房地产出现了过度市场化的问题。

这个阶段出台了一系列住房保障政策，但是除了住房公积金政策发挥了较大的作用以外，其他政策的力度较小，没有发挥多大的作用。

（1）住房公积金制度及政策

2002年，根据《国务院关于修改〈住房公积金管理条例〉的决定》（国务院令第350号）、《国务院关于进一步加强住房公积金管理的通知》（国发[2002]12号）和建设部等部门《关于完善住房公积金决策制度的意见》（建房改[2002]149号）、《关于住房公积金管理机构调整工作的实施意见》（建房改[2002]150号），根据以上文件精神北京市制定了《住房公积金管理条例》。《条例》规定，由职工个人和单位分别按照职工工资8%的比例缴存住房公积金。职工可以使用住房公积金购买、建造、翻建、大修自住住房，购房时申请住房公积金低息贷款，并通过住房公积金为危改和廉租住房提供优惠住信贷和资金支持。

（2）廉租房制度及政策

2001年8月，北京市制订了《北京市城镇廉租住房管理试行办法实施意见》。城镇廉租住房主要面向具有本市非农业常住户口、人均住房使用面积低于7.5平方米以下的最低收入家庭和其他需保障的特殊家庭。最低收入家庭是指城市低保家庭，其他需保障的特殊家庭主要指优抚家庭。廉租住房实施租金补贴、实物配租和租金减免三种方式，实行申请、审批、轮候、退出机制。截止到2003年底，北京已有1.3万余户家庭享受了廉租住房政策，实施廉租住房政策后，廉租家庭人均住房面积由2.2平方米增加到10.7平方米，最低收入家庭的住房条件得到了显著改善。此外，对最低收入家庭还实行租金减免政策：享受城市最低生活保障家庭、优抚家庭、离休干部家庭新增租金免交，家庭人均收入低于400元的，房租超过家庭收入10%的部分免交；房租超过其家庭月总收入15%的部分免交。

2007年北京市对城八区城市居民申请廉租房、经济适用房的相关准入标准做出明确的规定。申请租房补贴或实物配租要以家庭为单位，申请人必须具有本市城镇户籍、在本市生活，申请家庭应推举具有完全民事行为能力的家庭成员作为申请人。申请家庭人均住房面积、家庭收入、家庭资产符合规定的标准。申请人的家庭收入是指家庭成员的全部收入总和，包括工资、奖金、津贴、补贴、各类保险金及其他劳动收入、储蓄存款利息等。家庭资产是指全部家庭成员名下的房产、汽车、现金和有价证券、投资（含股份）、存款、借出款等。廉租房的申请标准是：人均住房使用面积须在7.5平方米及以下；1人户家庭年收入须在6960元及以下，家庭总资产净值须在15万元及以下；2人户家庭年收入须在13920元及以下，家庭总资产净值须在23万元及以下；3人户家庭年收入须在20880元及以下，家庭总资产净值须在30万元及以下；4人户家庭年收入须在27840元及以下，家庭总资产净值须在38万元及以下；5人户家庭年收入须在34800元及以下，家庭总资产净值须在40万元及以下。

（3）经济适用房制度及政策

1998年10月18日，北京市政府出台了《关于加快经济适用住房建设的若干规定（试行）》，对经济适用住房的建设标准、领导机构、项目来源、成本构成、购买对象进行了明确规定。在此基础上，北京市陆续出台了《关于北京市行政机关、事业单位购买经济适用住房的实施意见》《北京市进一步深化城镇住房制度改革加快住房建设实施方案》《关于第一批经济适用住房销售管理购买办法》《北京市已购公有住房和经济适用住房上市出售管理办法》等政策，北京市的经济适用住房政策全面启动。这一阶段的政策导向是力推经济适用住房，鼓励开发企业建设、促成单位和城镇居民购买。"在市政府做出本市居民家庭中低收入标准及认定办法之前，居民个人购买第一批经济适用住房，凭本市城镇居民常住户口卡、居民身份证直接到开发建设单位办理购房手续"。经济适用房敞开向社会供应，购买者没有收入等方面的限制，建设开发也没有明确建设标准、户型面积标准等规定。

2000年12月北京市政府出台了《北京市城镇居民购买经济适用住房有关问题暂行规定》，首次对申请购买经济适用住房的北京市城镇居民资格有了明确对定：（1）必须是无房户和现住房面积未达到本市规定的补贴面积标准的未达标户，并且家庭年收入6万元（含）以下的；（2）夫妇双方为机关工作人员或教师的家庭，重点工程拆迁居民和危旧房改造项目异地安置居民家庭可凭有关证明购房。这一阶段对购买者的资格有了明确规定，而且逐步细化经济适用住房的供给对象外延，由北京市城镇户口家庭向有居住证的外地人员、海归人员、军队人员不断扩展；经济适用房的认知度大大提高，购买踊跃。但是由于经济适用房建设数量少，户型面积偏大，供应套数少，逐渐呈现供不应求趋势。

由于经济适用房供给量过少，市场供求矛盾突出，加上资格审查不严，一些高收入群体也买经济适用房。北京市一方面加大经济适用房的供给力度，另一方面严格限制购买经济适用房的标准。2007年北京市政府又一次对城八区城市居民申请廉租房、经济适用房的相关准入标准做出明确的规定。新的政策规定经济适用房申请人须取得本市城镇户籍时间满3年；人均住房使用面积须在10平方米及以下；1人户家庭年收入须在22700元及以下，家庭总资产净值须在24万元及以下；2人户家庭年收入须在36300元及以下，家庭总资产净值须在27万元及以下；3人户家庭年收入须在45300元及以下，家庭总资产净值须在36万元及以下；4人户家庭年收入须在52900元及以下，家庭总资产净值须在45万元及以下；5人户家庭年收入须在60000元及以下，家庭总资产净值须在48万元及以下。

尽管廉租房政策和经济适用房政策解决了部分居民的住房问题，但是廉租房只解决了2万户的困难群体。经济适用房供给量也很小，绝大多数居民买不到经济适用房。新的经济适用房政策严格把购买对象限定在最低收入群体，把中低收入者排除在外。意味着90%以上的广大市民要在市场上购买商品房。于是，巨大的需求推动着北京楼市价格节节上升，除了少数高收入群体，大多数居民背上了沉重的住房债务。

4. 住房政策的调整阶段

由于保障性住房政策没有很好地执行，住房政策的过度市场化，住房供应结构不合理，加上投机和投资需求过旺，各大城市的房价远远超过普通居民的承受力。建设部等部门联合发布了《关于调整住房供应结构稳定住房价格的意见》。要求：自2006年6月1日起，凡新审批、新开工的商品住房建设，套型建筑面积90平方米以下住房（含经济适用住房）面积所占比重，必须达到开发建设总面积的70%以上。为解决住房难的问题，北京市一方面进行针对低收入者的经济适用房、廉租房新政策试点，另一方面，开始酝酿推出针对中等收入者的限房价。2007年3月30日，北京推出了第一批"限房价、限地价"的"两限房"建设用地。

2007年11月5日，北京市建委、统计局、财政局等部门联合下发通知，对2007年北京市城八区城市居民申请廉租房、经济适用房的相关准入标准做出明确的规定，把经济适用房政策定位为针对低收入群体。

对于中等收入者的购房问题以及保障性住房的定位问题争论比较大，政策还在不断调整之中。2007年11月，温家宝总理访问新加坡期间，对中国住房建设提出："经济适用房大多数是面向中产阶层的。"这句话被认为是近些年中央领导第一次把中等收入群体纳入社会保障住房的范畴。由于房价上涨过快，中等收入阶层的住房也成了一个问题，尤其是中等收入的年轻人，参加工作不久，面临结婚生育等问题，收入积累不多，无力购买昂贵的商品房，对住房政策的抱怨声也最大，限价房政策是否能解决这部分群体（也叫夹心层）的问题，还需经过检验。住房市场化改革以来，住房政策也一直在变动，可能需要一段时间的实践才能稳定下来。

(三) 北京住房政策变迁的总结

从北京解放以来，北京 60 年的住房政策可以分为两段，前 30 年是计划经济的实物分配阶段，后一阶段是市场化阶段。在前一阶段，政府从保护房地产自由交易到限制交易，直到最后管制并取缔房地产市场，形成了政府建房、机关单位和企业分配住房的住房政策。实物分配的住房政策排斥市场机制对住房的投资、分配、流通、消费的调节作用，存在着一系列严重弊端。第一，低租金的住房实物分配，加重了政府财政和企事业单位负担。第二，实物分配政策，助长了不正之风，不能很好地贯彻"按劳分配"的原则。在住房分配中，以权谋私的情况也不少，不少干部利用职权多占住房。第三，长期的住房实物分配制度下，政府在住房方面的投入有限，难以解决住房供应问题，导致住房长期严重短缺。所以，传统的计划经济的住房实物分配政策必须改革，保障性住房和市场化的住房并行的住房政策势在必行。

后一阶段是市场化的城镇住房制度与政策。这一政策打破了住房分配"大锅饭"的局面，把绝大多数居民推向住房市场。这阶段住房政策的基本特征是：第一，政府财政在房地产建设中的份额下降，住宅建设主要依赖市场的力量，由开发商和居民投资完成住宅建设。第二，土地由无偿划拨改为协议出让，再改为挂牌公开拍卖，土地市场形成并由政府控制。第三，住房交易由市场来完成，除了廉租房、经济适用房和两限房外，政府不再干预住宅交易，而是鼓励市场行为。第四，由于政府逐步退出住房建设与分配，鼓励发展商品房，廉租房和经济适用房供给量很小，中低收入者住房困难无法改善。第五，廉租房和经济适用房购买的资格严格限制在低收入群体，中低收入者被排除在保障性住房之外，住房负担过重。

三、北京的住房问题

改革开放 30 年来，中国的社会结构发生了巨大变化，北京市也不例外。随着社会分化，"两新"阶层的出现，贫富差距迅速扩大。社会分化也表现在住房方面：一方面一些社会阶层以巨额资金购买豪宅，而另外一些居民住房保障问题难以得到解决，住房达不到适足水平。北京的住房问题主要表现在以下几个方面：房价上涨过快，远远高于居民收入的增长速度；保障性住房不能满足中低收入阶层的住房需求；外来人口住房问题难以解决，小型贫民窟并不少见；住房不公平现象严重，特权阶层和富人占用过多住房资源。

（一）北京房价过高的问题

1. 北京居民收入与房价比较

2007年前三季度，北京房价四环以内均价达到14744元/平方米，五环以内均价达到13754元/平方米。六环房价都达到6079元/平方米（见表1-8）。2006年北京市城镇职工平均工资为36097元，月均收入3000多一点。2006年，北京市城市居民人均可支配收入19978元，比上年增长13.2%，平均房价8792元/平米，比上年增长17%。虽然北京的人均可支配收入在全国属于比较高的城市，但与上涨的房价（如表1-9所示）对照，京城的居民购房压力却是最大的。

表1-8 2007年前三季度北京住宅期房房价

环路	均价（元/平方米）
四环路以内	14744
五环路内	13754
四至五环路	12655
五至六环路	8529
六环路以外	6079

数据来源：《法治晚报》。http://bj.news.163.com/07/1026/15/3RO9EEL5003800C8.html。

世界银行制定的房价收入比标准是5:1，联合国的标准是3:1。我国专家通常采用的房价与家庭年收入比合理标准是3~6:1。然而，现在北京一套70~90平方米的普通住宅加上装修费、契税、公共维修基金等，在四环路、五环路以外也要50万~80万元，是中低收入家庭年收入的十几倍到几十倍。中低收入家庭想要改善居住条件，却因为房价过高而买不起，或者要背上沉重的债务，成为"房奴"。

表1-9 2001年~2006年北京市居民收入与商品房价格

	人均可支配收入（元）	商品住宅销售均价（元/平方米）	住宅销售价格指数（%）
2001	11578	4716	100.1
2002	12464	4467	100.2
2003	13883	4456	100.6
2004	15638	4747	104.3
2005	17653	5853	107.1
2006	19978	8792	109.6
2007	21989	—	112.8

数据来源：《北京统计年鉴》（2001~2007），中国统计出版社2001、2007年版。

2. 北京与国际大都市房价比较

2007年10月26日，北京市统计局和国家统计局北京调查总队联合发布2007年前三季度北京市房地产市场运行情况。数据显示，五环路以内住宅期房均价已达13754元（如表1-8）。前三季度，北京市房屋销售价格总指数为110.1%，涨幅比去年同期提高1.6个百分点。[①] 按照这个房价，要在四环以内买一套建筑面积70平米的住宅需要100多万元，要在四环和五环之间买一套建筑面积70平米的房子需要90万元，在五环与六环之间也需要60万元。对于普通居民来说这是一个天文数字。2004年以来，为了稳定房价，政府出台了一系列政策措施，但是房价还是节节攀升。已经购房的许多居民背上了沉重的债务，未购房的居民房租负担也越来越沉重。

与国际上其他大都市比较，按照最新汇率，2006年北京五环以内商品房期房价格1253美元，远远低于巴黎、瑞士、东京、莫斯科的房价，也低于纽约的2045美元的价格，但是高于伦敦的住房价格。2007年四环以内环内商品房期房价格2059美元，高于伦敦、纽约的房价，低于巴黎、瑞士、莫斯科、东京的房价（如表1-10所示）。

---

① 汪红：《北京五环以内期房均价已达1.4万元/平方米》，载《法治晚报》，2008年3月19日，http://bj.news.163.com/07/1026/15/3RO9EEL5003800C8.html。

表1-10 世界各大城市住房价格

城市	单价（美元/平方米）
北京（2006）	1253
巴黎（2005）	5100
纽约（2005）	2045
伦敦（2005）	1000
莫斯科（2006）	3653
瑞士（2005）	4000
东京（2005）	3066

数据来源：魏雅华：《北京"住房痛苦指数"的国际比较》，载《观察》，2007年1月16日。

但由于北京居民收入较低，与其他国际大都市相比，北京居民的住房负担是最重的。北京的住房负担指数［住房负担指数等于住房单价（平方米价格）/居民月收入］在2006年达到5.00。而这一年全世界生活成本最高的城市莫斯科的住房负担指数是3.53，巴黎的住房负担指数是2.47，首尔的住房负担指数是2.79，东京只有1.00，而新加坡居民的住房负担指数是0.77，纽约居民的住房负担指数只有0.65，伦敦居民的住房负担指数只有0.38（如表1-11）。

表1-11 世界各大城市住房负担指数比较

城市	住房负担指数
北京（2006）	5.00
东京（2005）	1.00
巴黎（2005）	2.47
纽约（2005）	0.65
伦敦（2005）	0.38
莫斯科（2006）	3.53
首尔江南区（2006）	2.79
新加坡（2006）	0.77
瑞士（2005）	1.20

注：住房负担指数等于住房单价（平方米价格）/居民月收入。
数据来源：魏雅华：《北京"住房痛苦指数"的国际比较》，载《观察》，2007年1月16日。

无论是拿收入和房价相比,还是和国际上的其他大都市的房价相比,北京的房价都是比较高的。这么高的房价,对于中低收入群体来说难以承受,大部分居民对于高房价是不满的,较高的房价影响了居民的幸福感。

(二)北京保障性住房问题

北京市住房保障的主要问题是廉租房、经济适用房数量少(如表1-12所示),覆盖面低,无法满足最低收入阶层的住房需求,更是把中低收入者排除在外。尽管2007年以来加大了经济适用房和"两限房"的供给,但还是不能满足中低收入居民的需求。

表1-12 北京市的经济适用房建设

年份	施工面积(万平方米)	竣工面积(万平方米)	销售面积(万平方米)	销售价格(元/平方米)	商品房价格(元/平方米)	销售套数
1998	24.6	28.6	—	—	4815	
1999	401.1	122.9	45.8	2664	4787	—
2000	324.9	176	168.2	2739	4557	
2001	584.7	234.3	185.3	2975	4716	
2002	660.2	228.4	220.7	2894	4467	—
2003	802.5	322.8	320.0	2847	4456	27533
2004	890	308.8	306.3	—	—	28054
2005	890.9	355.8	304.0			28821
2006	806.5	323.0	176.3			16311
2007	710.5	237.2	100.1			

数据来源:北京统计年鉴,北京市国民经济与社会发展统计年报。

北京房地产市场商品房成为市场主要供应产品,而经济适用房供应每年只有200万~300万平方米,廉租房的数量更是微乎其微。即使在商品房为主的供应结构中也出现了不平衡,中高档住宅产品成为主流产品,而售价低于6000/平方米的住宅,除了偏远的密云、怀柔等郊区县外,几乎从市场中消失。

根据北京市统计局报告,2005年北京市常住人口为1538万(具有北京市户籍的人口1180.7万人,常住外来人口357.3万人),共有家庭户524.9万户,扣除集体户人口115.2万人，城镇家庭户为484.3万户。在2001年廉租房政策启动时，北京城八区可纳入廉租的家庭仅为1.0938万户，其中最低收入家庭1.0047万户，优抚家庭891户。后来廉租房租住资格放宽，截至2006年5月，共有1.5万户家庭享受到廉租房。享受到廉租房的户数为北京家庭户的0.28%，现在至少还有7万多户"低保"和优抚家庭需要廉租房解决住房问题。①

依据北京2006年统计年鉴数据计算，2004年经济适用房竣工27399套，其竣工面积为商品房竣工面积的10.06%；2005年经济适用房竣工29409套，其竣工面积为商品房竣工面积的9.43%。由于开发量不足、符合购买条件者众多而导致经济适用房紧缺，因此政府制定了定向销售政策。至2006年6月，北京定向供应给拆迁户等五类人的经济适用房源为1万多套，但符合五类人条件的家庭有5万多户，另有8万多户符合经济适用房申请条件的家庭正在轮候，还有更多需要改善住房条件却连经济适用房都买不起的居民在等待观望。

根据北京住房建设规划公示，2007年~2008年还要完成9万套经济适用房。而北京市近期每年拆迁居民近6万户，即使不计目前轮候的13多万户符合经济适用房申请条件的家庭，经济适用房的建设量还是不能满足定向销售家庭的需求。

（三）北京流动人口的住房问题

在研究北京住房状况的时候，我们不能忽略这样一个人群，那就是数目庞大的外来人口。他们怀揣着自己的梦想和希望来到了北京城，在为自己的理想而努力奋斗的同时，也为北京城的进步和发展做出了巨大的贡献。假如没有外地来京的外来人口，我们无法想象现在的北京市将会是什么样子，但是可以肯定地是，它必定不会像现在这样充满生机和活力。那么，这么多的外来人口是不是都住得其所呢？他们在京的住房状况到底如何呢？

1. 北京市外来人口住房问题的主要表现

2007年末，北京全市常住人口1633万人，比上年末增加52万人。其中，

---

① 萧琦：《3000万平米经济适用房和两限房给北京住宅市场带来什么样的影响？》，载《北京房地产》，2007年第9期，第24页。

户籍人口1213.3万人,增加15.7万人;外来人口419.7万人,增加36.3万人,占常住人口的比重为25.7%。[①] 北京市的外来人口的数目已占全市常住总人口的超过四分之一。而且,外来人口的增长速度仍然没有减缓的趋势,外来人口已经成为北京居民的重要组成部分。

(1) 外来人口居住类型和获取住房的方式不稳定

从北京外来人口所居住房屋的类型看,居住在农民原建房和农民专门搭建的待租房的外来人口占全部外来人口的64.1%。另外,17.1%的外来人口居住在地下室、工棚、自建窝棚或工作场所(如表1-13)。

表1-13 流动人口的住房类型

房屋类型	所占百分比(%)
楼房	10.8
农民原建房	49.6
农民专门搭建的待租房	14.5
废旧厂房、市场改造	1.2
居/村委会统一建造的出租房	6.8
地下空间	5.6
工作场所	2.3
工棚	7.1
自己搭建的窝棚	2.1
合计	100.0

资料来源:翟振武、段成荣、毕秋灵:《北京市流动人口的最新状况与分析》,载《人口研究》,2007年第2期。

流动人口获取住房的方式,由于户籍制和城市住房之间的联系在很大程度上没有被触动,他们基本上仍被置于主流的住房分配体制之外。对于没有当地户口的外来人口而言,不可能直接或从二级市场上获得房管局公房或单位住房的使用权或所有权,无论是安居工程还是廉租住房都只是针对当地城市居民的。尽管随着房屋市场的不断放宽和租赁市场的兴起,外来人口开始有了更多的选择,然而,从这一政策中受惠的只是那些高收入群体。

对于没有当地户口的外来人口而言,租房是最好的选择,统计数据也表

---

① 北京市统计局:《北京市国民经济与社会发展统计公报》,2008。

明，在所有外来人口的选择中，租住房屋的人口占其中的大多数（如表1-14所示）。单位提供的宿舍是外来人口的另一个主要的住房选择。这种宿舍多由企业和公司提供，但也包括了建筑工地上的临时住房。还有一小部分外来人口住在城市居民家中，这种情况在中心市区更加普遍，大多数住在市民家中的外来人口都是市民的亲戚或被其雇佣者。在外来人口中，选择自己购买房子的人口只是其中的极少数，他们中很少有能力自己买得起房子的。

表1-14 流动人口有限的居住选择

	流动人口	迁移人口	当地居民
租借私房	31.9	7.6	2.6
租借公房	18.7	26.9	24.7
宿舍/工棚	41.6	11.0	1.3
住在市民家中	3.9	1.4	0.0
自有私房	0.1	32.4	42.9
自购商品房	0.4	1.4	2.6
其他*	3.3	19.3	26.0

注：其他住房选择包括自建棚户、住在船上、旅馆里、大街上、走廊里和流动人口收容所里；也包括迁移人口和当地居民的拆迁房和单位出售的住房。

资料来源：吴维平、王汉生：《寄居大都市：京沪两地流动人口住房现状分析》，载《社会学研究》2002年第3期。

(2) 北京市外来人口的居住条件差

居住条件是衡量居民居住质量的主要内容。北京外来人口住房的居住面积较低，人均居住面积为$5.6m^2$。按照北京市统计局公布的数据，2005年北京市人均住宅使用面积为$19.5m^2$，这意味着外来人口的居住面积还不到全市人均居住面积的1/3。国外的居住标准分为以下三类：最低的居住标准，合理的居住标准以及全面的居住标准。外来人口的住房面积只能说是符合国外的最低的居住标准，即人均居住面积不满$8m^2$。而北京市人均住宅的面积则达到了全面的居住标准，即人均居住面积超过$15m^2$。外来人口在住房上与北京市人口有着相当大的差距。[①]

---

① 翟振武、段成荣、毕秋灵：《北京市流动人口的最新状况与分析》，载《人口研究》，2007年第2期，第30页。

由农村到城市的外来人口大多文化程度较低，大多从事建筑施工、环境清洁、饮食服务、家政服务、废品收购等职业，收入较低。有些甚至不能实现就业而陷入社会底层，成为城市中的贫困群体。无业外来人口缺乏维持基本生活的物质资料，更负担不起昂贵的住房租金，往往就在城市边缘地区自搭窝棚居住。居住条件简陋、生活设施缺乏和多人挤居一室是其突出特点；即使是有职业者，也多出于经济角度考虑居住在条件较差、租金相对低廉的地方。据2000年北京市外来人口调查，居住半年以上的外来人口家庭户中，59.4%住房内无厨房，82.3%无洗澡设备，66.8%无厕所，若参考联合国关于居住条件的分类，则北京市至少有半数以上的外来人口生活在近似于贫民窟的住宅中[①]。

外来人口居住条件较差，一方面是由他们较差的经济条件决定的；另一方面，外来人口"往往倾向于做出不同于当地居民的住房选择，在改进居住条件上投入很少，对居住舒适程度和服务设施要求也比较低"。大部分的外来人口仅仅将住所作为来京务工的一个短期栖身之地，因此改善居住环境并不是他们来京的最终目的，这也成为外来人口居住条件较差的重要原因。许多外来人口认为，如果他们能够被允许永久留在城市中并能获得某种住房所有权的话，他们会对住房进行更大的投资。这种观点背后隐藏的是许多外来人口对于能够在城市中找到更好的住房的无望[②]。

（3）外来人口居住位置比较偏远

在进行外来人口住房地理位置的分析时，本文所依据的数据是在朝阳区进行调查所获得的数据。在北京，外来人口居住比较集中的地方主要有三个区，分别是朝阳区、海淀区和丰台区。其中尤以朝阳区的外来人口数目最多，因此对朝阳区外来人口的调查具有很强的代表性。

调查表明，朝阳区外来人口中，只有6%的人居住在三环以内，有5%的人居住在五环外，而占人口大多数的89%的人居住在三环到五环之间。由于

---

① 丁金宏、吴燕青、王琼：《现阶段我国城市人口宏观调控的必要性和可行性——基于长三角和苏州市的调查》，http://ccmc.ecnu.edu.cn/colum.aspx? ModelId=28&colId=176。

② 吴维平、王汉生：《寄居大都市：京沪两地流动人口住房现状分析》，载《社会学研究》，2002年第3期，第92页。

三环以内的房价相对来说比较高,很多外来人口都负担不起如此高的房价,所以除了少数收入较高的外来人口在三环以内居住之外,大部分的外来人口都居住在三环之外。同时,由于五环外比较偏僻,距离工作场所也太远,交通不太方便,所以也很少有人在五环之外居住。而三环到五环之间,房价既便宜,同时交通相对来说也比较便利,正是由于这个原因,多数人选择居住在三环到五环之间(如表1-15)。

表1-15 北京外来人口居住区域

	人数	百分比
三环以内	32	6.0
三四环之间	275	51.3
四五环之间	202	37.7
五环以外	27	5.0
合计	536	100

资料来源:2005年11月笔者参与的朝阳区流动人口问卷调查。

(4)外来人口住房负担重

外来人口住房负担的分析,其数据也是利用在朝阳区调查所获得的数据。在对533人进行的调查中,有72%的外来人口月平均收入在1000元以下,20.1%的外来人口月平均收入在1000元~2000元,7.9%的人月平均收入在2000元以上,朝阳区被调查外来人口平均月收入是1114元。根据问卷调查,在对朝阳区内的松榆里小区进行的调查中,租住房屋的46人中,其中月租费用在200元以下的约占30%,200元~300元的约占43%,其余月租房费用在301元~400之间。部分租房的费用占其总收入的比重接近1/3。考虑到吃饭、子女教育等必要性开支,北京外来人口住房的负担比较重。

2. 外来人口是城中村、贫民窟形成的主要原因

(1)外来人口与城中村的关系

城中村从狭义上说,是指农村村落在城市化进程中,由于全部或大部分耕地被征用,农民转为居民后仍在原村落居住而演变成的居民区,亦称为"都市里的村庄"。从广义上说,是指在城市高速发展的进程中,滞后于时代发展

步伐、游离于现代城市管理之外、生活水平相对低下的居民区。城中村既不同于一般城市社区，也不同于传统的村庄。

外来人口进入北京，除了住在工棚和宿舍之外，解决居住问题主要是在城中村里租住民房。城中村的住房相对简陋，租金要便宜些，因而，吸引了大量的外来工居住。北京现在有400多万外来人口，大约有2/3以上住在城中村。在很多城中村里，外来人口数量超过本地人口，甚至多出好几倍。一般来说，城中村里人口密度是很大的，过多的人口会带来污水、垃圾处理等环境问题，也会给治安带来压力。

有鉴于城中村的拥挤和环境，要求改造北京市内城中村的呼声很高。但是我们应当看到北京市的城中村的存在满足了大量外来人口的住房需求，因此在对城中村进行改造的时候应当考虑到外来人口的居住问题，同时还应当看到，大量外来人口的租住也给城中村的居民带来了不少的租金收入。在对城中村进行改造的时候，应当全面考虑，不能草率行之。既要考虑到卫生、环境和治安的因素，也要考虑老居民以及外来人口的利益以及方便。

（2）外来人口与贫民窟

世界上几乎所有国家包括发达国家，在城市化进程中都遇到了城市贫民窟问题。这是城市化进程中一个必然的、正常的、不易跨越的发展阶段。世界城市化的进程已经证明，贫民窟问题难以避免，但经过一个时期的努力，城市贫民窟问题又是可以得到解决的。2002年联合国人居署结合各国的情况给贫民窟下了一个定义，即如果一个居住区内缺乏足够的饮用水、卫生设施、安全的租约、稳固的房屋以及足够的住房面积这五项指标中的任何一项，就可以被定义为贫民窟。[1]

北京市社会科学院社会学研究所的《北京城区角落调查》指出，天安门广场旁边的大栅栏已成典型的贫民窟。可见贫民窟的现象在北京市是存在的，只不过相对于巴西、印度的城市来说，北京市贫民窟的规模和数量均是比较少的，没有连成大片，而是零星分布在郊区和部分城区的角落里。

---

[1] 漆畅、何帆：《"城中村"的住房状况：以宁波为例》，载《经济社会体制比较》，2006年第3期，第93页。

北京市没有大规模贫民窟的主要原因有以下几点：一是由于严格管制，不会出现过多的私搭乱建现象；二是中国的农民是两栖的，农忙或工作不好找的时候会回到农村。然而，北京居住半年以上的外来人口有几百万，数量显然很大。外来人口大量聚居的工棚、城中村、地下室中的居住标准都达不到联合国人居规划署的基本标准。外来人口住所59.4%的住房内无厨房，82.3%的无洗澡设备，66.8%的无厕所。如果一个居住区内缺乏足够的饮用水、卫生设施、安全的租约、稳固的房屋以及足够的住房面积这五项指标中的任何一项，就可以被定义为贫民窟。城中村的外来人口，一家人只租一间房子，或者几个甚至更多人共用一间房子的现象比较普遍，面积只有5.6平方米，低于联合国规定的6平方米的标准。尽管房屋一般比较稳固、租约安全、饮用水有保障，但是空间狭小、卫生设施普遍达不到标准。这些地方可以看做是另一种类型的贫民窟。

（四）北京的住房公平与居住隔离问题

1949年，北京城镇住宅总面积只有1354万平方米，2004年以来，北京市城镇住宅竣工面积每年都在4000万平方米以上，2007年北京城镇住宅总面积达33728.2万平方米，是1949年的24.9倍。北京的房地产业红红火火，为什么房价还那么高？一般居民的住房压力为什么那么大呢？一个重要的原因是住房不公平。改革开放以来的30年间，北京已经从一个居民收入差距不大的平均主义的社会，迅速分化成为一个贫富差距逐步扩大的社会。收入差距反映在住房上，不仅表现在住房面积、位置、环境、质量的差距，而且不同社会群体在居住的区域上出现了隔离的现象。

1. 住房公平问题

住房不公平的现象在计划经济时代就存在，那时执行的是住房分配政策，分配住房按照工龄、职务和家庭人口数等因素决定分配的数量。级别高的可以多分，家庭人口多的也可以多分，住房的分配跟个人的业绩基本无关。有的干部多占住房，而有的群众无房可住，很多人挤在筒子楼里。计划经济时代的住房分配不公，还表现在不同行业之间，国家机关和大型企业的住房分配较多，而小企业、集体企业分配很少或者根本就没有分房的机会。直到1998年之前，一些机关和企事业单位集资建房、团购住房，然后以低于市场价格出售给职工的现象十分普遍。

计划经济的住房分配政策中的不公平一直延续到公房出售，由于公房出售价格远远低于市场价，无房户、住房面积小的住户以及一些小型企业、集体企业职工享受不到低价房，在公房出售中受到了不公平的待遇。研究表明，除了按照1998年房改文件规定的成本价买了房的干部、职工外，凡是没有享受到这一优惠政策的城市中低收入家庭，都因购买新建住房背上了沉重的债务，债务超过了预期家庭收入的1/3。①

专栏1-1

《关于1994年向职工出售公有住宅楼房的价格及有关政策的通知》（京房改办字［94］第054号）

一、1994年出售公有住宅楼房的成本价

城近郊区（东城、西城、崇文、宣武、朝阳、海淀、丰台、石景山）新建楼房的成本价为每平方米1165元。以成本价出售旧楼房，按出售当年新建楼房的成本价给予成新折扣，年折旧率为2%，已竣工年限超过30年的，以30年计算。经过大修或设备更新的旧楼房，按有关规定评估确定。

二、职工以成本价或标准价购房，售房单位按购房职工夫妇双方建立住宅公积金前的工龄给予工龄折扣。每建筑平方米的年工龄折扣额为标准价乘以年工龄折扣率，乘以夫妇双方建立住房公积金前的工龄和，其中年工龄折扣率与标准价的对应关系见附表。

三、职工购买现住房，售房单位可给予现住房折扣。每建筑平方米现住房折扣额为负担价乘以现住房折扣率。负担价的计算公式为：负担价＝标准价高限×(1－年工龄折扣率×65)。1994年现住房折扣率为5%，以后逐年减少，2000年前全部取消。

---

① 李剑阁主编：《中国房改现状与前景》，中国发展出版社2007年版，第9，25，83页。

住房改革开始后，住房不公平的现象普遍存在。2006年北京居民的住房中有22.6%是租赁公房，租金低廉，每平米3.05元/月，几乎相当于白住。0.8%的居民租住私房，3%的居民居住原有私房，66.8%居民居住房改私房，4.6%的居民购买商品房，其他情况占2.3%（如表1-16）。66.8%人购买了原住公房成为私房，这部分房改私房是房改以来陆续以标准价和成本价买来的。这部分居民是住房改革的受益者，尤其是在房改前居住面积比较大的人。由于不管是标准价还是成本价，都远远低于市场价格，因此买一套房改房，相当于得到了几十万元的补贴。在房改时，多数居民只能购买自己居住的房子，原来住房面积大的实际得到的补贴就多；原住房面积小的，获益较小；无房户就很吃亏。

表1-16　北京市2005年～2006年2000户城市居民住房抽样调查　　　单位：户

项　目	2006	%	2005	%
调查户数	2000	100	2000	100
租赁公房	452	22.6	442	22.1
租赁私房	16	0.8	15	0.8
原有私房	59	3.0	58	2.9
房改私房	1336	66.8	1346	67.3
商品房	92	4.6	91	4.6
其　他	45	2.3	48	2.4

数据来源：北京统计年鉴2007，中国统计出版社2007年版。

近几年来，房价迅速升高，许多原来廉价购买的房改房成了百万家产。有些居民，把房产作抵押贷款，再买新房作为投资，购买多套住房，在市场上获利。而随着房价攀升，许多无房户连第一套住房也买不起。目前，不公平还表现在一部分人拥有或投资多套住房，可以出租出售获利，而另一部分人却买不起房。购房困难群体主要是房改时的无房户、房改时住房面积很小的居民、新参加工作的职工和中低收入的无房居民。

2. 居住隔离

随着住房市场的发展和贫富的分化，北京也出现了居住隔离现象。豪华住宅、普通商品住宅、经济适用房小区、廉租房小区、城中村、地下室居住着不同收入的人群。居住隔离会带来一些不良社会后果和社会不公，相对富裕的群体会占据更多的公共资源，而相对贫困群体只能享受较少的公共资源。高档社区占有更多的公共绿地、水面、更好的基础设施和服务设施。而地下室居民、城中村居民和经济适用房小区的居民能享受到的公共资源非常有限。

(1) 富人群体与豪华住宅

目前北京的富裕群体主要由六部分构成：一是影视、体育明星等各类社会名人；二是私营企业主；三是企业经理人员；四是一部分律师、经纪人、广告人、会计师、经济学家等；五是企事业单位负责人；六是非法致富群体。这部分人收入远远高出一般工薪阶层，甚至高出几十倍上百倍，因而他们拥有巨大的购买力。一般富人的豪宅秘而不宣，而明星在北京购买豪宅总会成为媒体争相报道的话题。

另外，外地和外国的富人也是北京豪宅的消费者。据北京房地产业界著名机构《楼市》市场调研部与焦点房地产网2007年的一项联合调查显示，截至2006年3月，"两外"人士（外国人、外地人）在京购房比例已由前几年的30%上升至目前的61.5%。在豪宅市场，"两外"人士大约占到整个市场的59.2%。① 在京城豪宅的外地买家中，来自山西、内蒙、东北、重庆以及港台及外籍人士表现突出，其显露出的购买意向也有所不同。其中：长期居住占74.1%，旅游渡假占12.66%，投资理财占3.38%，商务用途占1.69%，其余目的不详占8.1%。

据调查，购买豪宅的人群中，金融、保险、法律、会计、广告、贸易、商业等服务行业的人群是购买豪宅的主力军，占到65.4%；其次，IT业、生物、医药、挖掘、冶炼等制造业占到22.8%；其余大约11%的人群为娱乐业、体育界、教师、医生、政府机关人士。调查显示，在年龄上，40岁至50岁的人是购买豪宅的主流人士，这个比例占到豪宅市场的52%；31岁至40岁年龄段的购买人群为35%；51岁以上的占8%；30岁以下的占5%。② 可以看出北京

---

① 孟坚、杜瑞峰：《什么人在买北京豪宅》，载《中国证券报》，2006年4月15日。
② 孟坚、杜瑞峰：《什么人在买北京豪宅》，载《中国证券报》，2006年4月15日。

豪华住宅的购买者属于高收入阶层。北京豪宅市场在一定程度上拉升了北京的平均房价，并且这部分高端市场与普通百姓绝对无缘。

专栏1-2

柏悦府

北京出现天价楼盘，每平方米售价达7万元，最小的一套房子也要3800多万元。

这个名为"银泰中心"的楼盘位于北京国贸中心对面。这个楼盘分为主楼和2个副楼，主楼有63层，高度近250米，是北京最高的楼，2个副楼为写字楼。

均价为7万的房子叫"柏悦府"，位于主楼的50层到58，高度在150米以上，楼下是一个超五星级酒店，下面还有一些4万多一平方米的公寓。"柏悦府"一共有21套，最小的为550平方米，最大的为800多平方米，都是毛坯房。照此计算，最小的一套房子也要3800多万元。目前21套房已经预订出去7套，购买的主要是内地和海外的华人企业家。

星河湾

2005年面世的北京星河湾位于朝阳区东四环路朝阳北路四季星河路，距离CBD商圈不到10分钟车程。北京星河湾定位于高档住宅区，用地面积520亩，总建面约60万平米。项目北临1600亩森林公园，东傍2000亩的绿化隔离带。

2005年6月，北京星河湾一期（地上）21万平方米产品以全成品面世，社区立体化园林、全体系高品质室内装修、小学、幼儿园、四季会、酒店式公寓、体育馆等同期建成，实现了全成品开盘。

星河湾重视环境内外的和谐，在园林打造上，更是在原本已领先国内的绿化环境系统上，做出了别具特色的园林：建筑与园林完美结合、主动营造园林高差、植物搭配，重木轻草、园区分布9000吨黄蜡石。星河湾引进了近百多种7000多棵树，保证秋冬两季1/3落叶、1/3彩叶、1/3保持绿色。园林景观中软绿化较多（水景、植物等），硬绿化较少（广场、铺地等），在植物的选择上采用乔木、灌木、地被植物及草皮相搭配的手法，且树多、花多、草少。草坪的维护浪费大量的水资源，有悖环保原则，且相对于乔、灌木制造氧气的能力至少弱30%。园林小径均为曲线设计，配合高低地势起伏连绵。路面选用天然材质的扯裂纹银黄石英板，天然肌理且不规则形状的石板铺装，纹理相接，质朴自然。

在服务设施方面，北京星河湾规划了总建筑面积10000余平方米的四季会，定位于中国首家超五星级精品酒店，以国际顶级的品质标准，为高知、高贵、高雅的品质精英，打造独特、优雅的体验空间。

开发商投资建设的四季会体育馆，宽敞、人性化，网球场、羽毛球室、乒乓球室、桌球等一应俱全，为运动提供一种更舒展的心情。占地总面积约11万平方米的生态公园环湖而建，景致如画；酒店式公寓，豪华舒适，深度关怀商务与宾客需求。秉承一贯的高品质教育方针，北京星河湾引进知名重点小学与国际双语幼儿园，为下一代充分着想。

在社区服务建设方面，北京星河湾与亚太区规模最大、历史悠久的国际知名物业服务公司——高力国际强强联手，以"安全·完善·格调"作为管理服务的核心理念，为北京星河湾量身订做了家政秘书服务。

(2) 中低收入群体与经济适用房小区

1998年北京开始建设经济适用房，开始并无严格限制，后来销售对象定位为庭年收入6万元以下的居民，覆盖中低收入居民。最新政策定位为低收入群体，对家庭财产和收入有严格的限定。能享受到经济适用房的主要是下岗失业人员、不景气企业职工及其家庭成员、早年退休人员、城市最低生活保障对象等。

北京的经济适用房主要集中在近郊区（如表1-17所示），都是集中在成片的居住区，例如天通苑、回龙观等社区人口多达20万~30万。经济适用房社区过大、过于集中带来了一些列问题，交通拥堵严重，出行不便。

表1–17 北京1998年~2003年兴建的52个经济适用项目区域分布

所在区	昌平	朝阳	大兴	房山	丰台	海淀	石景山	宣武
项目数	5	15	2	2	15	6	6	1
平均价格（元/平方米）	2560	3747	2040	2375	3705	3814	2933	4300
规模（万平方米）	1145	721	100	69	404	90	130	22

数据来源：北京房地产年鉴2004，中国计量出版社2004年版。

经济适用房主要分布在四环以外（如表1–18所示），价格不是很高（如表1–19所示），但是交通不方便，小区普遍基础设施不全，小区环境较差，空间狭小，绿地面积较小，生活服务网点比较少，距离学校、医院都比较远，配套设施设备比较差。翠城小区地处朝阳区东南部，是一个巨大的经济适用房小区，小区内空间比较狭小，绿化较差，交通不方便。小区建成已经有5年时间，小区周边的路面和市政设施还没有修好。天通苑、回龙观也是一个巨型经济适用房小区，人口过于集中和密集，带来一系列问题。

表1–18 北京1998年~2003年兴建的52个经济适用项目环路分布（万平方米）

位置	四环外		三至四环		二至三环		合计	
方向	个数	规模	个数	规模	个数	规模	个数	规模
东	12	626.8	2	84.9	1	12	15	723.7
南	5	189.8	9	267.1	2	37.2	16	494.1
西	12	261.3	2	34.5			14	295.8
北	7	1184.6					7	1184.6
合计	36	2262.5	13	386.5	3	49.2	52	2698.2

数据来源：北京房地产年鉴2004，中国计量出版社2004年版。

表1–19 北京1998年~2003年兴建的52个经济适用项目价格分布

销售价格	项目个数	规模	所占规模比例
3000元以下	13	1393	51.9%
3000~3500	7	448.2	16.7%
3500~4000	23	650.6	24.2%
4000元以上	8	189.9	7.1%

数据来源：北京房地产年鉴2004，中国计量出版社2004年版。

专栏 1-3

天通苑是亚洲第一大社区，在人口密集型的地方都是老大，我相信其他几大洲也少有出其右者，弄不好就是个吉尼斯。

大有大的坏处，一个"堵"字成了十几万人集体的心痛，这一痛就是六七年。后来有人干脆在网上把"天通苑"改成了"天堵苑"。堵车堵到了天上，其修辞的浪漫手法堪比李白的"怒发三千丈"，里面饱含了无数早出晚归的辛劳、无数半个小时未出小区大门的郁闷。如果不是在堵车的浩浩长龙中看着地铁 5 号线一天天长大，还有东边的北苑东路一直在修，天通苑的广大开车族一定会在不断的刹车中绝望地吐血。

(3) 社会低层与城中村和地下室

在北京的城中村和地下室里住着外来务工者、刚参加工作的年轻人以及部分城市贫民，包括低保人群、失业者、不景气企业的职工等低收入者。

A. 城中村

随着城市化进程，北京郊区的很多村庄成为城中村，这些村庄在改造之前，普遍环境脏乱，设施简陋，卫生条件比较差。城中村既有当地居民，也有外来人口，许多村庄里外来人口数量比本地人口还多，人口密度大，拥挤不堪。北京市的"城中村"大体分为两类：第一类是指在建成区内环境脏乱的城市角落。北京城八区约有这类的"城中村"231 个，具体分布为：东城区 4 个，西城区 3 个，崇文区 7 个，海淀区 70 个，朝阳区 57 个，丰台区 51 个，石景山区 20 个，宣武区 19 个。① 总占地面积 1092 公顷，建筑面积 273.5 万平方米；第二类"城中村"主要是指规划城区内的行政村，大多分布在城乡结合部，约有 112 个，占地面积 1.8 万公顷，建筑面积 7221 万平方米。另据首都社会治安综合治理委员会办公室统计，目前，仅朝阳、海淀、丰台、石景山四个区，包括规划城区外的地区就有"城中村"311 处，居住人口 71.5 万人。

"城中村"具有农村和城市双重特征，是城市化进程中的历史产物，居住

---

① 2010 年，国务院批准撤销北京市宣武区，归入北京市西城区。——作者注

在"城中村"的人主要是原来的村民和外来人口,在生活习性、居住环境、基础设施等方面兼具城市和农村的双重特点。这些地方普遍交通不便,公共环境卫生较差,基础设施不完善,人口过于密集,拥挤不堪。

专栏1-4

马家堡原本是一个自然村,位于丰台区洋桥附近,紧挨着南三环。上世纪90年代初,这里有村民2400多人,房屋3300多间。在"城中村"的北部,有一条宽约3米、横贯东西的土路。这是村里最宽的一条路。走上这条路,一股臭气扑鼻而来,因为村中主要的下水道紧挨着路南侧,水沟两侧堆放着黑色的污泥,散发着阵阵恶臭。

路边随处可见台球桌和商店、小吃店、发廊、诊所等铺面。操着各种口音的人们三三两两地聚在一起,打台球、打牌、下棋、聊天,学龄前的孩子们在马路上奔跑嬉戏。收废品的三轮车伴着阵阵吆喝声,从一条巷子里出来,又消失在另一条巷子中。

马路两侧的墙上贴着标语,提醒人们预防煤气中毒和防火。当地派出所贴出的一则通知说,3月以来,这里已经发生了多起入室盗窃案。

主路东头有一个公厕,这是"城中村"里仅有的两座公厕中的一座。记者走过时,等待空位的人们排到了公厕门口。

公厕以北十几米处,就是东西走向的马草河。靠近村子一侧的河南岸,粪便和污水随处可见。带领记者到此的一位居民说,经常有人在河边的台子上往下排泄,日积月累,这里的粪便便积累了厚厚一层,因此,他们都管这地方叫"大屎馆"。

这位居民说:"住进楼房的一、二期的村民,有的一家就有两个厕所。我们三期近1万人口,一共也就两个厕所。"

除去那条主路,村里多是宽约1米的土路。多数路口都堆着垃圾。在路中间,有时还会出现包在塑料袋里的粪便。居民们说,有的人甚至把粪便包在塑料袋里,扔到别人家的房顶上。

村里的房子多是二层楼房。由于楼房之间相距很近,每个院子里的光线都很暗。院子中间,租户们的锅和炉子放在各自门口,洗过的衣服密密麻麻地挂在院里的铁丝上。

一名居民说，村里的房屋在 2004 年就已接近 8000 间，这个数字在不断增加。村里居民对自家的改扩建工程不停地进行着，沙子、水泥、砖头等建材不停地被小推车推进巷子里。这名居民说，其中有许多人是为了增加对外出租的房间数而进行扩建。

几乎所有居民都在家门口写有留言，一种是"有空房出租"，另一种是"无空房，勿扰"。

B. 地下室

在北京市的地下，有一个庞大的"地下空间"。这种角落不太被人所关注，但数量和面积十分惊人，且在继续增多，仅宣武区就有地下空间 1000 多处，面积达到 140 万平方米。其中属于人防工程有的 263 处，面积近 62 万平方米，普通地下空间 780 多处，面积 80 万平方米。据了解，这些地下空间用于居住的有 260 多处。① 地下室里阴暗潮湿，不见天日。很多低矮的地下室没有窗户，不通风，没有阳光。而且下雨可能灌进水，整天都要开着灯，否则常年黑暗。这样恶劣的生活条件会导致地下室居民的健康问题，包括身体健康和心理健康。大部分地下室居民认为住在地下室中"不舒服"；还有一部分居民认为住在地下室中对身体健康是"有影响"的。可见大部分的居民对地下室的居住环境并不满意，大部分居民认为地下室中的环境不舒服。居住在地下室的人群主要是农民工、其他城市来北京的打工者、刚毕业的大中专毕业生、城市低收入者，他们的低收入承担不起较高的房租，更不可能买房。

专栏 1-5

现在我住在地下室，一个不足 3 平米的空间里，阴暗潮湿，待在这里不会见到阳光，封闭的房间里关着灯，你永远分不清黑夜还是白天，还是一年前我在学校的时候决不会想到有这样的地方存在，更不会想到自己就将住进

---

① 北京市社会科学院北京城区角落调查课题组：《北京城市角落调查》，社会科学文献出版社 2005 年版，第 76 页。

这样一个地方，可事实上我在这里住了将近一年了。从闷热的夏天到阴冷的冬天再到现在的春光明媚，地下室除了温度，一切都是一层不变。这里最难熬的恐怕就是冬天了，没有暖气，屋子里的温度甚至可以让水结冰，我躲在被卧里一次一次被冻醒，就这样挨过了一个冬天，这个冬天在我生命里尤其的漫长，长得让我终生难忘。不管怎么说课程就要结束了，我会找一份工作，耐心去做。生活在最阴暗地方的人对光明才有着最殷切的渴望，我相信自己总有成功的一天！

那年，他成为一家出版社的实习生，每月500元补贴，不供吃住，他租了一间地下室。那栋楼的楼道漆黑一片，房间阴暗潮湿，一开灯，蟑螂、老鼠在地上跑来跑去。房间被木板隔成许多小间。高胜科的蜗居里只能容下一张大点的单人床。这间房，月租金120元，是他当时能找到最便宜的房子。屋里的被子、衣物每天都凝结着湿气。被子白天不晒，晚上便不能盖。高胜科不敢用电热毯，怕被子里的水汽让毯子漏电。屋内不准点炉子，"房东说会很危险"。"那里像个地窖，暗无天日，没有通风，感觉被世界抛弃。"……女朋友对高说，明年开春的时候一定不住地下室了，不然就只好分手。

不知不觉来北京已经两年了。以前一直和表姐住一起，后来搬出来了，就来到了地下室，也已经有一年了！一直在思考，其实，北京的地下室是一种文化，一锅大杂烩文化；这里来自全国各地的人们，每个人像萝卜、土豆、白菜、肉等等一样样地配料，炖在一个锅里；而每个人的开心、伤心、酸甜苦辣像调料一样，给这锅普通的大杂烩调着味道。这里也像个舞台，住在这里的人们都在做着各自的梦，并且在努力实现着自己的梦！因为这里曾经孕育了无数的成功！

始终都无法定义我心中的地下室，不知道该为它骄傲自豪，还是该为它脸红羞愧！骄傲是因为自己在偌大的北京有个小小的家，尽管是租的，而且价格不菲；脸红是因为它像是贫民的代表，始终都不愿意告诉别人自己住在地下室！矛盾！也许世界上的无数事情和物都是矛盾体，本不应该将它们分开！呵呵，无法逃避，因为现实就是现实，我本贫民！也就无畏什么脸红了！还是要感谢地下室，它给了我小小的家！

四、北京房价过高的根源与对策

北京的住房价格过高,中低收入者住房压力过大,保障性住房不足,居民多有怨言。住房问题不解决好不利于社会稳定,影响人民安居乐业。因此,有必要深入分析并解决好这个问题,促进社会稳定与和谐。

(一) 北京房价过高的根源

1. 旺盛的住房需求

(1) 常住人口增加导致住房需求增加

截至 2006 年末,北京常住人口 1581 万人,其中户籍人口 1197.6 万人,居住半年以上的外来人口 383.4 万人。北京不但人口数量大,人口素质也比较高。一些群体总体收入较高,有比较强的购买力。这些群体主要包括:第一,全国最大的以公务员为主体的官员阶层。由于行政级别、职称、学历等方面的原因,这部分人的收入水平比较高,住房消费能力也比较强。第二,全国规模最大、平均层次最高的白领阶层。从 IT 精英到金融高管;从有户口的到"北漂"一族,数量巨大。这与北京高校云集而且一流高校多有直接关系,这些高校的毕业生大多留在了北京。这些人教育背景好、学历层次高、收入高、预期好,又有父母亲友的帮助,住房消费能力极强。第三,数量最多的文化艺术机构和从业人员。这些群体人数规模较大,对北京的房地产需求必然产生巨大影响。[①]

(2) 外地人进京购房导致需求增加

北京房地产市场满足来自全国的需求。根据北京房地产信息网提供的数字,2005 年上半年,外省市个人在北京购买普通住宅、高档住房总额达到 220.88 亿元人民币,其中外籍人士和山西人为高档房的购房主力。2006 年 3 月北京商品房预售 15500 套,其中本市城镇居民购买 9277 套,占总数的约 60%;

---

① 董藩:《北京房价为何居高不下?》,载《中国房地信息》,2006 年第 12 期,第 37 页。

外省市个人购买5367套，占总数的约35%。① 据建设部门统计，2006年1~11月，外埠个人在北京购房数量占北京住房市场的35.3%，并以购买该价位住房为主。②

北京的"首位"效应，是导致外地人来北京购房的主要原因。北京周边地区，如山西、山东、内蒙古、石家庄和天津等省市的富裕人群越来越多，这些富起来的群体，出于孩子上学或改变居住环境等考虑，往往会选择在北京置业。

研究表明，外来购房的无边界需求是造成房价疯涨的直接动力。从表现形式上看，房地产市场需求旺盛，市场供求规律决定着房价只涨不跌，推高房价和所谓的需求，在短时间确实形成了房地产GDP和利税的增长幅度。但是，这种需求带来的危害性却是无法估量的，房价上涨受直接影响的是当地常住居民购房的正当需求，以及由于高房价带来的利益损失。

（3）外地驻京机构的需求

北京拥有规模庞大的国内驻京办事机构。驻京办事机构分为三大类。一是地方政府办事机构，二是地方事业单位办事机构，三是地方企业办事机构。外地办事机构的住房需求是庞大的"集团购买力"，他们需要办公用房，还需要住宅，而且往往只讲区位，不管价位。各省驻京办都选在交通便利的地段，是豪华的大厦也是酒店，是派出机构也是地方企业。市一级的办事处规模要小一些，地段都比较好，实力强的一般是一座小楼，实力小的也购买不少套房。县一级的办事机构，或买或租，有大有小。

地方的大学、医院、科研院所在北京也有不少办事机构，规模尽管不大，但是数量不小，一般购买或租赁2~5套住宅。近年来租金上涨，房屋有保值增值的价值，多数单位倾向于购买。选址一般考虑交通方便、办事方便的地方。地方的企业数目庞大，大型的地方国有企业和私营企业在北京都设有办事处，实力雄厚的建设或者购买一栋大楼，小的也会购买或租赁几套房。外地驻京的企业和央属企业的许多人，户籍不在北京但是几乎所有的人都在北京购房，对房屋的需求量也很大。

---

① 陈文雅：《北京房价飚升内情：全国富人都来京买房产》，载《经济观察报》，2006年4月16日。
② 北京房地产价格走势及国际比较课题组：《北京房价为何居高不下》，载《数据》，2007年第6期，第32页。

（4）国际化需求的拉动

随着中国经济的发展，国际地位的提升，北京的国际化程度越来越高，引发了北京市国际化的住房需求。这包括了多个方面：个人、外国使馆、外国企业和其他组织。北京拥有规模庞大的涉外机构，有160多个大使馆，数百家国际机构，数千家跨国企业以及外企驻中国机构。各个国家的大使馆都设在北京，许多国际机构，如亚洲开发银行、福特基金会等都在北京设立了办事处，一些跨国公司将自己在亚太地区或中国的总部设在了北京。另外北京还有许多合资企业。这些涉外机构也需要办公用房、公寓等，而且由于国家形象、收入水平、消费习惯等原因，他们在面积、档次方面的要求也是比较高的。除了国外的组织机构以外，外籍居民来北京学习、工作、投资经商的也越来越多，会引发他们在北京投资置业。在望京的各大小区里，韩国人购买了大量的住宅，望京已经被一些人称为韩国城。

（5）投资和投机需求

由于对北京住房价格长期上升的预期，投资和投机需求也很大。许多外地人来北京购房并不是为了居住，而是为了投资。北京居民拥有多套住房的也比较普遍，有些人还在继续购房，不是为了自住，而是为了投资。2003年以来，房屋价格迅速攀升，投机需求也猛增，房屋中介活跃，倒卖住宅成为一个暴利行业。温州炒房团和山西购房团就是比较典型的代表，以他们为代表的投资者和投机者在房价上涨中推波助澜。

专栏1-6

前几年在京城风风火火买房的温州和山西大款现在开始"出货"了——抛售手中囤积的北京商品房，其中最多的一位准备出手400多套。据七彩尾房超市负责人透露，最近他们接了不少炒房客的"单子"，希望委托超市帮着卖房，其中大户就是温州人和山西人。"少则七八套，多则几十套，这些温州人和山西人很少带着一套房子过来的。"七彩尾房超市的这位负责人介绍，"最多的一位手上有400多套房子，他不得不专门成立了一家公司雇人专门打理这些房产。"

说起温州人买房的"豪迈",某楼盘的售楼员记忆犹新:"提着一个大提包,有的甚至是'蛇皮袋',打开是一提包或一袋子百元人民币,很少有刷卡的,更没有贷款的。"山西人买房也很有"气魄",带着一大家子人,呼朋唤友来看房,看好了就说:"这个单元我们要了。"

2. 住房供给制约

(1) 总量制约

北京的住房年供给量在2003年以来增长迅速,年增加量都在2000万平方米以上(如表1-20所示),从供给总量上来看,年增加量远远超过1948年北京的住房总面积,供给数量并不小。但是房屋价格快速增长,只能说明市场总的需求还是大于供给。

表1-20 2003年~2007年北京新增住宅(万平方米)

年份	住宅总面积	新增住宅面积	人均居住面积
2003年	23847.5	—	18.67
2004年	26199.8	2352.3	19.09
2005年	28922.3	2792.5	19.45
2006年	31646.0	2653.7	20.00
2007年	33728.2	2082.2	20.3

数据来源:历年北京统计年鉴、北京市国民经济与社会发展统计公报。

(2) 住房供需的区位结构错位

北京的人口分布格局是,功能核心区人口占18.8%,功能拓展区42.2%,发展新区25.0%,生态涵养区13.5%。城区和近郊区人口占了城市居民数量的61%,城区和近郊区还居住着69.5%的外来常住人口。人口聚居地地方,对住宅的需求量较大。然而,北京市近年来的住宅供给却是在建近郊和远郊。城市核心区几乎没有新建住宅,由于供给没有增加,需求却在增加,城市核心区住宅价格扶摇直上。近郊区集中着42.4%的城镇人口,也聚集着61.7%的外来人口。但是,近年来近郊区的住宅供给基本都在4环5环以外。由于居民上班多数在4环以内,所以4环5环之间的房子需求较大,房价也迅速攀升。

表1-21 2005年北京人口分布

地 区	户籍人口							暂住人口	
	户数（万户）			人口数（万人）					
	合计	%	非农业户	农业户	合计	%	非农业户	农业户		%
全市	463.6	100.0	345.9	117.7	1197.6	100.0	905.4	292.2	516.9	100.0
首都功能核心区	80.7	17.4	80.7		225.3	18.8	225.3		40.4	7.8
城市功能拓展区	182.4	39.3	164.4	18.0	508.2	42.4	469.7	38.5	318.9	61.7
城市发展新区	129.7	28.0	66.8	62.9	302.4	25.0	138.9	163.5	133.2	25.8
生态涵养发展区	70.8	15.3	34.0	36.8	161.7	13.5	71.5	90.2	24.4	4.7

数据来源：北京统计年鉴2007，中国统计出版社2007年版。

（3）住房供给的户型面积结构错位

1998年以来，北京住宅建设中大户型比较多，加上房地产商的引导，住宅消费有些超前。市场上供给的住宅面积都比较大，绝大多数超过100m²。2006年北京市人均GDP为49505元，约合6210美元。尽管北京的经济发展水平只有6210美元，但是前些年，北京住宅市场供给的住宅户型面积甚至超过了发达国家的水平。

根据联合国人居中心《全球住宅状况评价》（Assessing Global Housing Conditions）调查，在国民平均收入超过1万美元的国家和地区，只有香港的人均建筑面积低于20平方米。在国民人均收入低于5000美元的国家的城市里，只有伊斯坦布尔的人均建筑面积超过15平方米，大部分城市的人均建筑面积低于10平方米。在高收入国家中（东京除外），人均建筑面积为35.0平方米。各国按收入情况，城市住宅面积情况见表21~22。2006年，北京人均GDP已经达到中高收入国家的水平。居住面积由1949年4.75平米，达到了2007年20.3平方米。建筑面积2006年达到了25.6平方米，超过了中高收入国家的平均水平。北京的人均居住面积已经远远超过香港和东京，达到甚至超过发达国家的水平。

表1-22 不同类型收入国家城市人均住房面积

按收入分组的城市	人均GDP（美元）	人均建筑面积（平方米）	每间房人数	通水住宅的百分比	永久性结构百分比
低收入国家	小于500	6.1	2.47	56	67
中低收入国家	570~1260	8.8	2.24	74	86
中等收入国家	1420~2560	15.1	1.69	94	94
中高收入国家	2680~11490	22.0	1.03	99	99
高收入国家	16100~26040	35.0	0.66	100	100

资料来源：李剑阁主编：《中国房改现状与前景》，中国发展出版社2007年版，第83页。

北京人均住房建筑面积已经达到中高收入国家水平，接近高收入国家水平，住房消费有些超前。市场上的住宅供给，中小户型过少，超出了中低收入者的经济负担能力。建设部出台的新政策规定要求新开工的住宅90平方米以下的户型要占到70%，如果这一政策能很好地落实，住宅供给的户型面积结构将会改观，有利于解决中等收入者的住房问题。

3．保障性住房供给量过小

住宅可以满足人的生存需求、消费需求和投资需求，但首要的功能是满足人的生存需求。对于高收入者来说，住房可以作为投资和消费，但是对广大中低收入者，住房是生存需要，而不是一般消费，更不是投资。因此，保障性住房很大程度上是公共物品，必须由政府来提供，而且要有足够的供给量。把住房问题完全推给市场的过度市场化政策，必然会带来严重的住房问题。

2006年北京常住人口已达1581万人，约有80%的居民工资收入在平均线以下。现在北京每年商品住宅竣工面积约为2000多万平方米，而经济适用住房年竣工200多万平方米，仅为商品住宅竣工面的10%。10%的经济适用住房，远远满足不了80%居民的住房需求。廉租房的供应面积也很小，至今为止仅仅只提供了不到2万套廉租房给低收入者，只占住房市场大约1%，远远满足不了低收入者的基本需求。与一些发达国家的比较来看，香港的公屋和居屋保障了60%居民的住房需求，而新加坡的组屋占住宅总量的80%。北京住房地产中廉租房和经济适用房的份额却仅有10%左右，总量明显偏低。保障性住房过低，把大部分中低收入群体推向了商品房市场，也是导致北京房价过快上涨的一个主要原因。

（二）解决北京房价过高问题的对策

1. 大力发展保障性住房

（1）加强廉租住房建设

逐步扩大廉租住房保障范围，将住房困难标准扩大至人均建筑面积10平方米，并将低保家庭、残疾家庭、拆迁中的低保家庭、困难国企住房困难的老职工、国企住房困难的市级以上劳动模范等人群纳入廉租住房政策的保障范围。廉租住房政策按照租金补贴和实物配租相结合的方式，建立长期稳定的廉租住房财政预算资金来源，将土地出让净收益的一定比例用于廉租住房建设，加大财政支持力度，同时多渠道筹措房源，逐步提高存量住房和改造住房作为廉租住房房源的来源。完善廉租住房的分配方式，建立更加科学合理的准入机制和退出机制，加强动态监管。

（2）规范发展经济适用住房

加大经济适用住房建设力度，进一步严格规范管理，科学确立经济适用住房的政策目标，实现经济适用住房由政策性商品住房向保障类住房的过渡，界定并严格审查经济适用住房的供应对象，合理确定经济适用住房的建设规模，严格执行经济适用住房建设标准；转变供应模式，由销售为主过渡到租售并举，对今后新建和销售的经济适用住房探索建立包括"内循环"在内的相关制度。加强建设、销售、流转管理，从制度上制止违规购买、谋取不正当利益的行为，切实发挥经济适用住房的保障作用，真正解决中低收入家庭的基本住房需求。

（3）探索建立政策性租赁住房制度

按照"应保尽保"的原则，与首都经济社会发展阶段相适应，对于廉租住房保障范围尚未覆盖又无力购买经济适用住房的低收入群体的住房问题，探索建立政策性租赁住房制度，解决"夹心层"群体的住房困难，并将保障范围逐步覆盖到引进人才、处于婚育阶段年轻人等群体。通过收购存量住房和租赁型经济适用住房，作为政策性租赁住房的主要来源；同时，鼓励居民通过市场自行租住符合标准的房屋，政府予以租金补贴和税收优惠，形成梯度扶持政策。

（4）把外来人口纳入保障体系，保护进城务工人员的住房权益

逐步扩大廉租房保障范围，对于符合条件的外来人口应允许其申请廉租房，应当适当放宽廉租房申请的户籍限制，允许包括外来人口在内的城市流动人口，在能够提供一定时期的居住证明、住房困难证明和收入证明的情况下，申请廉租房。允许符合条件的外来人口购买经济适用住房。可以住房信贷条件，保障外来人口购房的合法权益，同时有针对性地适当降低经济适用住房价格。修建部分外来人口公寓住房，采取政府优惠、企业建设、员工租赁的方式进行。集中修建外来人口住房，应当尽量减少政府直接开发建设，采取政府优惠、企业建设、员工租赁的方式进行。逐步建立外来人口住房公积金制度，鼓励有条件的企业改善外来人口的福利待遇，凡与企业签订了劳动合同的外来人口均应享受住房公积金待遇。[①]

2. 控制商品房住房结构

（1）发展小户型住房

北京的商品房面积普遍偏大，甚至经济适用房面积也过大。要增加住房供给量以及中低价位住宅的供给量，对户型面积必须加以限制。

小户型的建筑安装成本和销售成本相对较高，开发商更愿意开发大户型住宅，因而商品房市场中小户型的房子就比较短缺。在经济适用房建设初期，对经济适用房建设没有相应的标准，完全靠开发商凭感觉开发，出现了大量的大户型经济适用房。因此从住房市场上看，前些年住宅市场上大户型过多，小户型过少。这就使得中低收入阶层购房负担加重，成为"房奴"。大户型过多也导致了住房超前消费、过度消费的风气，不符合我国人口较多、土地资源紧张的实际。

为了增加住房供给，除了对保障性住房的住房面积进行限制，对于商品房的户型也需要进行调控，否则广大普通居民的住房问题无法解决。建设部和北

---

① 成都市房产管理局"解决农民工住房问题"课题组：《解决农民工住房问题策略探析》，载《科学决策》，2006年第10期，第33页。

京市先后出台政策要求 90 平米以下的住房要占到新建住房面积的 70%，如果这一政策能够严格执行，居民的住房负担有望减轻。

（2）限制豪华型住宅

豪华型住宅面积较大，一些有小花园，小区里甚至还有大花园和水面。住宅密度比较低，占用了很多土地资源。在人口密集的超大型城市，在住房极为紧缺的北京，大量发展豪华住宅显然是不合适的，应该予以限制。这样就可以腾出更多的土地资源用于普通居民住宅和保障性住房建设，增加住宅供给，缓解供需矛盾。北京已经出台了一系列政策限制豪华型住宅，限制豪华型住宅的土地审批。北京市国土资源局 2006 年限制高档住宅用地审批，禁止审批别墅用地。这一政策如果能很好地得到执行，有利于北京住房问题的缓解。

（3）商品房要配套保障性住房

北京的住宅布局和住宅房地产开发在一定程度上已经形成了居住隔离现象，而居住隔离会带来社会对立和一些社会问题。国际经验表明，保障性住房的规划布局既关系到中低收入阶层在各个地区的居住分布，也关系到社会的和谐稳定。不同类型住宅相对混合布局逐渐成为住房发展的重要理念。开发配建就是在商品房住宅项目内配套建设一定比例的保障性住房，这已成为很多国家普遍采用的保障性住房建设方式。英国要求新的住宅建设项目一般必须配套建设占建设总量 15% ~ 50%（平均达 25%）的低收入居民住房；德国要求房地产商新建住宅区必须用 20% 建造福利用房；法国于 2000 年专门颁布法律，规定开发商在住宅建造规划中必须拿出 20% 的面积卖给社会福利房管理公司，由其出租或出售给低收入者，并提供房屋的日常管理和维护，其余 80% 则按照市场价格销售。

保障性住房的建设应该考虑保障性住宅的分布与阶层融合的问题。一方面保证住宅的不同社会层次的混合，不再人为地分割穷人和富人；二是保证街区内多种多样的经济文化生活的融合。根据北京的实际，在住房建设的空间布局上，应采取大融合的方式，在较大区域内推进各种类型、各个层次、各类群体住房的相对混合，进而促进社会各阶层的融合，避免因为贫困人口集中而导致的社会排斥和隔离。在较大的商品住宅小区，也可建设部分经济适用房和廉租房。北京市的保障住房建设应逐步由集中建设为主向以配建为主过渡，并将配建政策作为北京市保障性住房及两限商品房建设的长期政策来实行。

3. 征收累进物业税

物业税主要是针对土地、房屋等不动产，要求承租人或所有者每年都要缴纳一定税款，而应缴纳的税值会随着不动产市场价值的升高而提高。从理论上说，物业税是一种财产税，是针对国民的财产所征收的一种税收，是政府以政权强制力，对使用或者占有不动产业主征收的补偿政府提供公共品的费用。目前，世界上大多数成熟的市场经济国家都对房地产征收物业税，并以财产的持有作为课税前提、以财产的价值为计税依据。依据国际惯例，物业税多属于地方税，是国家财政稳定而重要的来源。

现行房地产税收对个人自有自住住房是免税的，对个人住房用于出租或其他经营目的的，要征收房产税、城镇土地使用税或城市房地产税。从国外房地产税收实践来看，对个人自有自住住房征税，是多数国家的普遍做法，也是我国物业税的改革方向。

国外的物业税，有的按房屋面积征收，面积大的征税、征重税，面积小的减税或免税；有的按房屋价值征收，对价值高的征税、征重税，对价值低的减税或免税；有的按房屋套数征收，对两套或两套以上的住房征税、征重税，对单套住房减税或免税。有的按房屋用途征收，个人住房用于经营的，税负较重，个人住房用于自住的，税负较轻；也有的根据住房所有者的劳动能力征收，对老人、丧失劳动能力的人以及残疾人居住用房实行税收减免。北京应该借鉴其他国家的做法，对于面积过大或者多套住房者开征物业税。超过一定标准者增加税率，这样一定能抑制房地产的投资和投机需求，特别是抑制对大面积高档住宅的需求。

第二章　北京城镇居民住房状况与住房政策分析

在 2009 年，北京商品房价平均上升了 73.5%，五环沿线新盘已经开始突破 2 万元/平方米，四环以内新盘多数达到 35000 元/平方米①，房价又一次成为万众瞩目的中心。2009 年 12 月 14 日温家宝主持了国务院工作会议，为保持房地产市场的平稳健康发展，会议要求遏制部分城市房价过快上涨的势头。在房价过快上涨的城市中，北京是个排头兵。对于疯长的房价，不同的人态度是不一样的，房地产商、房产中介、炒房者、拥有多套房产的业主对于房价上涨大部分都乐观其成。而对于无房户、对于住房的自住需求者和改善性需求者，疯长的房价要么使他们改善居住条件的愿望落空，要么使他们背上沉重的债务成为"房奴"。

住房市场化改革的 10 年，是北京经济快速成长的 10 年，是居民收入持续增长的 10 年，也是北京贫富差距持续扩大的 10 年。在贫富分化的背景下，房价的飙升会使这种分化进一步扩大，导致社会上层财产不断增值，而中、下阶层的生活压力加大。正所谓"几家高楼饮美酒"，"几家欢乐几家愁"。

---

① 张媛：《楼市高烧——盘点 2009 年北京区域房价涨幅 top10》，载《法制晚报》，2010 年 2 月 1 日。

一、北京住房建设与居民住房状况

（一）前无古人的建设成就

1948年，北京住宅总面积仅有1354万平米，30年后的1978年，北京住房面积增加到4034万平方米。而1998～2007年，北京市新建住宅竣工面积累积就达到1.7亿平方米。[1] 2008年北京市商品住宅竣工面积1399.3万平方米，经济适用房101.1万平方米，2009年北京市竣工住宅面积1613.2万平方米，2008、2009年住宅竣工面积有3113.6万平米。据此可以估计1998年以来，北京累计新建住宅超过2亿平方米。2009年底北京住宅总面积36841.8万平方米，是1948年北京住房总面积的27倍，也是1978年住宅总面积的9倍。其中1998年以来新建的住房面积就达到1948年的15倍。

2007年，北京住房存量513.9万套[2]，加上2008、2009年新建的住房大约28.2万套，2009年末北京实有住房当有542.1万套。房改以来北京住房建设的成就可谓突飞猛进，创造了前无古人的建设记录。

（二）差别悬殊的居住状况

1. 平均住房面积与套数

2008年年末，北京实有住房建筑面积36270万平方米，当年北京人均住房建筑面积28.74平方米，根据全国1%人口普查数据，北京城镇居民平均每个家庭户的人口为2.67人[3]，可以折算出户均住房建筑面积76.7平方米。2007年，北京有成套住房套数513.9万套，住户448.3万户，平均每户拥有住房1.146套。2008～2009年北京成套住房估计增加28.2万套，成套住宅总量

---

[1] 北京市统计局：《数说北京改革开放30年》，中国统计出版社2008年版。
[2] 北京市住房与城乡建设委员会：《北京建设年鉴》，2008。
[3] 北京市统计局："2005年北京市1%人口抽样调查主要数据公报"，见http://www.stats.gov.cn/tjgb/rkpcgb/dfrkpcgb/t20060317_402311329.htm。

达到542万多套。如果按照住户的平均水平来看，北京的住房已经过剩。但是，事实上，北京居民的住房并不均等，城市居民的中下层和年轻人居住条件简陋或者是租房居住的。如果把外来人口计算在内，2009年末，北京1755万常住人口相当于657万户，平均每户只有0.82套住房，不能达到户均1套住房。这就意味着不少居民和外来人口是合居、群租或者是住在不成套的简易房里。

表2-1 2006年~2009年北京市城镇住房总量与人均住房面积

	2006	2007	2008
实有房屋建筑面积（万平方米）	57069	60565	63937
实有住宅建筑面积（万平方米）	32665	34661	36270
人均住宅使用面积（平方米）	20.96	21.50	21.56
人均住宅建筑面积（平方米）	27.78	28.65	28.74

资料来源：北京市统计局：《北京统计年鉴2009》，中国统计出版社2009年版。

2. 居民住房来源与性质

根据2008年的5000户抽样调查，北京城镇居民的住房私有率是80.9%，租房者占16.5%。租赁公房的占13.5%，租赁私房的占3%，居住原有私房的占2.1%，居住房改私房的占50.2%，居住商品房的28.6%，其他占2.6%。商品住宅一般面积比较大，生活设施齐全，住宅质量较高。而房改私房都建设于1998年以前，大多数面积较小，有的一套只有30多平方米，有的是单间，不成套，空间狭小，设备设施条件较差。租赁的公房也都是1998年以前建成的，面积一般都不大，还有不少住户是两户合居一套公房，甚至还有不少住户是3户合居，生活十分不便。合居户人均住房面积一般在10平方米左右，因为套内公共空间、生活习惯饮水费引起的矛盾纠纷很常见。

表 2-2　2008 年北京市居民住房类型

类型	2008 年	比例	2007 年	比例
调查户数	5000	100.0	3000	100.0
租赁公房	676	13.5	455	15.2
租赁私房	150	3.0	28	0.9
原有私房	105	2.1	47	1.6
房改私房	2509	50.2	1895	63.1
商品房	1429	28.6	522	19.2
其他	—	2.6	—	—

资料来源：北京市统计局：《北京统计年鉴 2009》，中国统计出版社 2009 年版。

3. 居民的住房分化与分层

由于政策变化、收入水平差距，北京居民获得产权房的机会和能力有较大的差距，导致北京居民的住房情况有较大的分化，而且分化日趋严重。有的居民住宅狭小，无法满足基本的生活需要，属于住房短缺；有的拥有豪华奢侈住宅，还有居民拥有多套住宅出租。根据住房的来源、性质、数量、档次与价值，可以对北京的居民进行大体的住宅分层。居住在别墅、大公寓、超大户型商品房或有 3 套以上住宅的一般是社会上层；部分居住在公寓里、大户型商品房、大户型房改房或者有 2~3 套住宅的是社会的中上层；居住在一般商品房里、老经济适用房（2007 年以前）、中小户型房改私房、两限房的是社会的中层；居住在狭小房改房、租赁公房、新经济适用房、廉租房的是社会的中下层；单间户、合居户、城中村和地下室居民是社会的下层。

表 2-3　北京住宅与社会分层

阶层	住房水平	住房来源或来源档次	房产价值（万元）
上层	豪华型	别墅、大公寓、超大户型商品房或有 3 套以上住宅、独院有私房	800 以上
中上层	富裕型	公寓、大户型商品房、大户型房改私房或有 2~3 套住宅、较大原有私房	400~800
中层	温饱型	一般商品房、老经济适用房、中小户型房改私房、两限房、一般原有私房	100~400
中下层	紧张型	租赁公房、狭小房改私房、新经济适用房、廉租房、较小原有私房	0~150
下层	短缺型	单间户、合居户、群组户、城中村和地下室居民	0~50

二、北京的住房价格

(一) 坐上直升飞机的房价

2009年,北京销售商品住宅1880.4万平方米,增长82.3%。在商品住宅中,现房销售410万平方米,期房销售1470.4万平方米,分别增长96.5%和78.7%。年末,全市商品住宅空置面积426.8万平方米,下降18.3%。[①] 火爆的楼市使空置率大幅下降,价格飞速上升。

据中国指数研究院的分析,2009年1~11月,北京商品住宅成交均价为13940元/平方米,同比上涨3.4%。从月度价格走势来看,1~11月北京商品住宅成交均价持续上涨,其中11月达到峰值17810元/平方米,与1月相比上涨了65.1%[②]。

朝阳区位于东三环东四环之间的某楼盘2009年4月均价19000元/平方米,到2010年12月均价达到29000元/平方米,涨了52.6%;东南五环外的某楼盘2010年1月均价10400元/平方米,12月涨到17250元,涨幅为65.9%。东五环六环之间一个楼盘,2009年1月份价格12000元,12月达到22000元,涨幅为83%。

2007年北京住房价格飞速上涨,2008年北京的房价上涨速度有所下降,2008年底,北京房价小幅回落;相比2007年的高房价,2009年北京商品房价再创新高,四环路以内涨幅最大,增长了44.5%,四环五环之间增长了34.0%,六环路以外也增长了21.8%,五环六环之间涨幅稍小,也达到了39.6%。

---

① 2009全市经济运行情况况,见 http://www.bjstats.gov.cn/sjjd/jjxs/201001/t20100121_164254.htm。

② 中国指数研究院:《2009年北京商品住宅市场整体运行状》,见 http://qyb.soufun.com/news/zt/200912/2009bjzz.html。

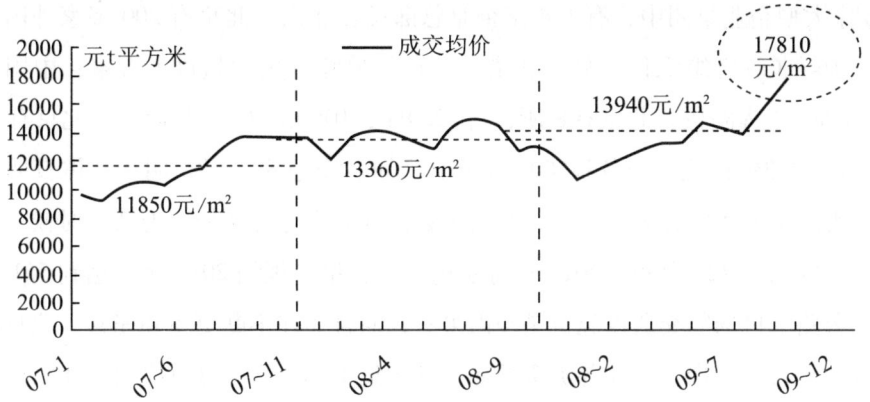

图 2-1 2007~2009 年北京商品住宅（不含保障性住房）成交价格走势图

数据来源：中国指数研究院数据信息中心，中国房地产指数系统。

表 2-4 2009 年 1~12 月北京商品房价   单位：元/平方米

	2007 年 1~9 月	2009 年 1~12 月	增长的比例%
四环路以内	14744	21305	44.5
四至五环路	12655	16958	34.0
五至六环路	8529	10388	21.8
六环路以外	6079	8484	39.6

数据来源：北京统计信息网。

（二）房价不断攀升的原因

1. 北京房价高企的基本因素

（1）北京资源高度集中

北京的城市定位是国家首都、世界城市、文化名城、宜居城市，也是中国北方最大的经济中心。北京常住人口只有全国的 1.3%，面积只有全国的 0.17%，但是集中了中国主要的政治、经济、社会、文化、教育、卫生、科技等资源。

目前北京共有 26 家全球 500 强企业，在全球各大城市中仅次于东京和巴黎，位居第三。北京还集中了全国 1/4 的央企总部，在国务院国资委管理的

136家大型企业集团中，有104家企业总部设在北京。北京有200多家外国使馆、国际非政府组织代表处、联络处；有各种驻京机构超过1万家；中国有39所985工程院校，北京有8所，占22.9%，108所211工程院校，北京有24所，占22.2%；北京的各种优势也吸引了知名企业家、影视明星、体育明星等各类杰出人才资源云集北京。当大多数二线城市才开始修建地铁的时候，北京的地铁已经228公里，2010年将超过300公里，规划2015年将达到561公里，公路、机场等交通设施也是国内第一，而且还在不断更新和完善。北京的资源密集首屈一指，再加各类资源还在继续集中到北京，这就决定了北京的房价远远高出一般城市。

（2）北京的住宅市场是面向全国甚至全世界的市场

由于北京特殊的魅力和资源优势，北京吸引了全国各地的企业家和各类人才来北京工作和开展业务，他们来到北京或买或租，需要大量的住宅。也有一些外地人来北京置业投资，声名赫赫的山西煤老板以及名动一时的温州炒房团就是代表。东北、华北、西北各省的富豪们也都乐于在北京投资置业。据统计，北京商品房被外地人购买的占1/3左右，只不过不同年份稍有差异。

表2-5 2005年~2008年北京商品住宅销售对象比例（%）

年份	本地居民	外地个人	境外个人
2005	62.1	33.0	2.5
2006	63.80	33.30	1.50
2007	63.97	33.45	0.56
2008	69.41	27.67	0.78

资料来源：历年北京房地产年鉴。

2005~2007年，在北京购房的外地居民都保持在33%以上，2008年外地人在北京购房的热情下降，购房者下降了5.78%，2009年外来购房者又有回升。2008年外地来京购房者购置商品房平均每套141.9平米，北京市居民购置的商品房平均每套110.7平米，前者比后者要大28.2%。境外人士在北京购房平均每套221.3平米，是北京居民购房每套平均面积的2倍。因为1/3的房子是被京外及境外人士所购买，这些购房者相对北京居民具有更强的购买力。外地一般居民是没有能力在北京购房的，外国普通居民一般也不会在北京购房，能来北京购房的一般都是有钱的商人或者其他社会精英。他们旺盛的购买力是北京住房价格维持在高位并不断攀升的重要因素。

表2-6 2006年~2008年非北京居民住宅购置套数、面积及比例

		本地居民	外地个人	境外个人	境内单位	境外单位	合计
2006	套数	101816	53921	2306	1370	91	159504
	比例%	63.8	33.8	1.4	0.9	0.1	100.0
	面积（万平米）	1236.7	592.6	41.3	20.5	2.5	1893.6
	比例%	65.3	31.3	2.2	1.1	0.1	100.0
2007	套数	77576	40633	676	2292	283	121460
	比例%	63.9	33.5	5.6	18.9	0.2	100.0
	面积（万平米）	957.7	489.0	15.6	45.0	4.1	1511.4
	比例%	63.4	32.4	1.0	29.8	0.3	100.0
2008	套数	69820	24425	366	1126	3	95740
	比例%	72.9	25.8	0.4	1.2	0	100.0
	面积（万平米）	695.9	277.5	7.8	21.4	0.06	1002.7
	比例%	69.4	27.7	0.8	2.1	0	100.0

资料来源：历年北京房地产年鉴。

（3）北京居民收入高于二三线城市

2009年胡润的富豪榜公布，北京有14.3万名千万富豪和8800个亿万富豪，居全国之首。北京有常住人口1755万人，根据这个榜单，北京居民中的千万富翁比例是0.8%，也就是说每122个北京人中就有1个千万富翁，每1994个北京居民中就有1个亿万富翁。尽管这个数字也许不很精确，但是足以说明北京的富人很多。

2008年北京城镇居民可支配收入24725元，而山西省城镇人均可支配收

入为13119元,河南省城镇人均可支配收入为13231元,北京城镇居民人均可支配收入是山西城镇居民人均可支配收入的1.9倍,也是河南省城镇居民可支配收入的1.9倍。2008年北京市居民储蓄存款余额达11955.2亿元,按照常住人口计算,人均存款达到7.05万元,户均存款可达18.82万元。由于常住人口中包括了大量的农民工,如果剔除他们的因素,北京常住人口户均存款当在25万元以上。

表2-7 2008年末全市金融机构(含外资)本外币存贷款   单位:亿元

指标	2008年末	比年初增加额	增加额比上年增减
各项存款余额	43980.7	6255.8	2362.2
其中:人民币	42107.6	6713.2	2670.6
其中:企业存款	23370.2	2538.8	-426.3
储蓄存款	11955.2	2799.8	2347.3

资料来源:2008年北京市国民经济与社会发展统计公报。

由于北京市居民相对收入较高,尤其是高收入家庭具有很强的购买力,2009年许多北京居民在购房时可以一次性付完全款,就说明了这些居民的实力。

(4)北京人口不断增长,住房需求不断增加

由于北京的各类资源集中、机会集中,吸引了经商、务工、从艺、求学的人从全国各地来到北京。2009年北京常住人口已经达到1755万,其中外来人口达到509.2万,占北京常住人口的29%,如果按照6个人一套来计算,也需要84.9万套。2009年,北京常住人口增加了60万,其中15万是户籍人口,需要5.8万套住房;常住外来人口增加了45万,如果按照6个人一套住房计算,他们需要7.5万套住房。因此,2009年全部新增人口共需要13.3万套住房。而北京近两年来每年新建住房也就10多万套,新建住房大体上只能满足新增常住人口的居住需求,这就导致北京的商品住房价格会维持在较高水平,如果人口增加的趋势保持在这个水平,而住房建设力度没有进一步加大,北京房价就会不断趋高。

表 2-8 2000 年~2008 年北京常住人口数量

	常住人口	年增加量	外来人口	户籍人口
2000	1363.6	106.4	256.1	1107.5
2001	1385.1	21.5	262.8	1122.3
2002	1423.2	38.1	286.9	1136.3
2003	1456.4	33.2	307.6	1148.8
2004	1492.7	36.3	329.8	1162.9
2005	1538.0	45.3	357.3	1180.7
2006	1581.0	43	383.4	1197.6
2007	1633.0	52	419.7	1213.3
2008	1695.0	62	465.1	1229.9
2009	1755.0	60	509.2	1245.8

资料来源：北京市统计局：《数说北京 30 年》，中国统计出版社 2009 年版。

北京市公安局出入境管理处统计，截止到 2009 年 10 月，在北京居住时间超过六个月的外籍常住人口已达到 11 万。在这 11 万常住外籍人口中，外籍留学生约有 3 万人，外籍工作者约为 4 万人，外国驻京使馆工作人员及其家属约 1 万人，其余持探亲签证等来京外籍人士约为 3 万人。在京外籍常住人口占在京常住总人口数的 0.6%。[①] 除了留学生外，其他外籍人士都具有较强的购买力，无论租赁或者购置，满足他们的住房需求也需要大约 5 万套房。随着北京的日益国际化，来自国外的需求也会不断增加。

2. 北京房价飞涨的原因

2008 年经济危机的阴云笼罩着全世界，中国也未能摆脱危机的影响与威胁，出口急剧下降，拉内需、保增长的形势严峻，从中央到地方出台了一系列地产"新政"。在这样的形势下，房价如脱缰的野马疯狂增长。2009 年房价的飞涨主要是在流动性过剩、优惠政策、通胀预期、供给减少和保障性住房过少的情况下投资投机需求猛增，地产商和炒房者兴风作浪，政府卖地地王频出推波助澜的结果。

（1）流动性过剩

2008 年，为缓解金融危机，刺激经济，中央财政投 4 万亿，加上银行贷

[①] 北京常住外籍人口比例仅为 0.6%，见 http://news.sina.com.cn/w/2009-11-23/223716654705s.shtml

款有 10 多亿元，由于实体经济不景气，有相当部分流入楼市。国家统计局数据显示，2009 年前 11 个月我国房地产开发企业资金来源中，国内贷款接近 9000 亿元，个人按揭贷款超过 7000 亿元，前 11 个月总计流入房地产的信贷资金超过 1.6 万亿元，比 2008 年多出六成。而在 2009 年年全国 9 万多亿元的银行新增贷款中，约六分之一流入到了房地产开发领域。① 金融危机使世界经济低迷，国际资本看好中国经济，大量流入中国内地，由于投资渠道狭窄，资金流向房地产市场。

（2）优惠政策刺激

2008 年 11 月 1 日，财政部宣布对个人首次购买 90 平方米及以下普通住房的，契税税率暂统一下调到 1%。对个人销售或购买住房暂免征收印花税，对个人销售住房暂免征收土地增值税；2008 年 9 月 15 日、10 月 9 日，中国人民银行连续两次降低存款准备金率和存贷款利率。10 月 22 日央行又宣布，自 10 月 27 日起，将商业性个人住房贷款利率的下限扩大为贷款基准利率的 0.7 倍；最低首付比例调整为 20%，同时下调个人住房公积金贷款利率；对境外居民购买商品房的禁令的解除，也方便了外资投资房地产。

表 2-9 房地产交易优惠政策

	时间	部门	优惠政策内容
免税	2008.10	财政部	对个人首次购买 90 平方米及以下普通住房的，契税税率暂统一下调到 1%；对个人销售或购买住房暂免征收印花税；对个人销售住房暂免征收土地增值税。
免税	2008.12	国税总局、财政部	个人将购买超过 2 年（含 2 年）的普通住房对外销售的，免征营业税
减息	2008.10	央行	个人住房公积金贷款利率下调 0.27 个百分点；居民首次购买普通自住房和改善型普通自住房贷款利率的下限可扩大为贷款基准利率的 0.7 倍，最低首付款比例调整为 20%。
减息	2008.9~11	央行	四次下调存款利率，特别是 11 月 26 日央行下调人民币存贷款基准利率达 1.08 个百分点。

① 吴传超："2009 房贷政策如过山车"，见 http://news.dichan.sina.com.cn/bj/2009/12/22/101045.html。

(3) 通胀预期加大

4万亿元的扩张投资,加上国内的房贷政策放宽,大量货币流入市场带来了通胀预期;国际上 2009 年的资源价格也上涨很快,从前两年经验看,国际资源价格的上涨也会传到国内,推动国内价格上涨,也导致了对通胀的预期。2009 年 2 季度中国经济开始显现复苏迹象,经济向好同样引发通胀的预期。通胀预期推高投资者对房产价格的预期,投资型、投机型和保值型购房行为活跃起来,带动大量资金"入市",大量资金进一步催生房价飞涨。

(4) 市场需求旺盛

2009 年全年住宅共销售 1880.5 万平方米,增长 82.3%。销售商品住宅 16.5 万套,为上年住宅销售套数(9.4 万套)的 1.8 倍。其中,功能核心区(东城、西城、崇文和宣武)销售住宅 10170 套,功能拓展区(朝阳、丰台、石景山和海淀)销售 78596 套,发展新区(房山、通州、顺义、昌平和大兴)销售 67374 套,生态涵养区(门头沟、怀柔、平谷、密云和延庆)销售 8860 套,四个功能区住宅销售套数分别比上年增长 1.9 倍、38.6%、1.3 倍和 88.2%。

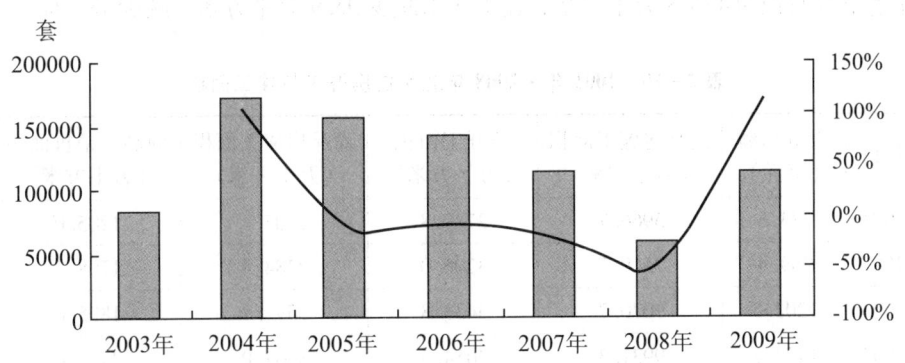

图 2-2 2003~2009 年北京商品住宅(不含保障性住房)成交情况

数据来源:中国指数研究院数据信息中心,中国房地产指数系统。

(5) 投资投机性需求增加

除了自住需求,北京住房市场 2009 年投资和投机需求旺盛,这成为北京房价蹿升的直接原因。北京居民收入较其他城市高,北京的富翁也比较多。前文推算，北京城镇居民家庭存款平均在25万元以上，那么北京20%高收入者户均金融资产当在100万元以上，在通胀预期、楼市涨价预期以及优惠的税收信贷政策刺激下，仅仅100多万户高收入者的资金就足以让楼市活跃起来。何况每年都有30%左右的外地人和境外人士来北京购房，2009年，外来者购房应当是超过往年的，来自外国的购买者也大幅增加，把楼市炒得热火朝天。

(6) 新增供给减少

北京的住宅建设新开工面积在2003年达到最高点的3433.8万平方米，此后受到土地供给等原因制约，开工面积开始下滑。2008年新开工面积只有2003年的68%。2005年北京住房施工面积达到最高峰的10748.5万平方米，此后也开始一路下滑。2005年北京住宅竣工面积也达到最高峰，达到3770.9万平方米，2008年住宅竣工面积下滑到2558.0万平方米，只有2005年的68.6%。北京的住房销售由于连年的价格上涨和接连的抑制政策出台等因素的影响，2007年价格达到高位时，当年成交量就比2005年下降了22.4%。2008年成交量进一步下降，只有2005年的47.6%。连年的竣工面积减少，导致住宅供给逐渐趋紧。2009年商品房（现房）空置面积呈逐步下降趋势，截至12月底，住宅空置面积为426.8万平方米，比上年末减少95.9万平方米，减少18.3%。

表2-10 2001年~2008年北京住房开工与竣工面积

年份	投资总额（亿元）	商品房施工面积（万平方米）	新开工面积（万平方米）	商品房竣工面积（万平方米）	商品房销售面积（万平方米）
2001	783.8	5966.7	2789.8	1707.4	1205.0
2002	989.4	7510.7	3206.0	2384.4	1708.3
2003	1202.5	9070.7	3433.8	2593.7	1895.8
2004	1473.3	9931.3	3054.3	3067.0	2472.0
2005	1525.0	10748.5	2965.0	3770.9	2803.2
2006	1719.9	10483.5	3179.4	3193.9	2607.6
2007	1995.8	10438.6	2557.4	2891.7	2176.6
2008	1908.7	10014.3	2337.2	2558.0	1335.4
2009	2337.7	9719.1	2246.6	2678.6	2362.3

资料来源：《北京统计年鉴》(2009)、北京统计信息网。

2009年北京商品住宅新增供应持续下滑。2009年1~11月，北京商品住宅（期房，不含保障性住房）累计新增76183套，同比下降15.6%，成为2003年以来的最低点。

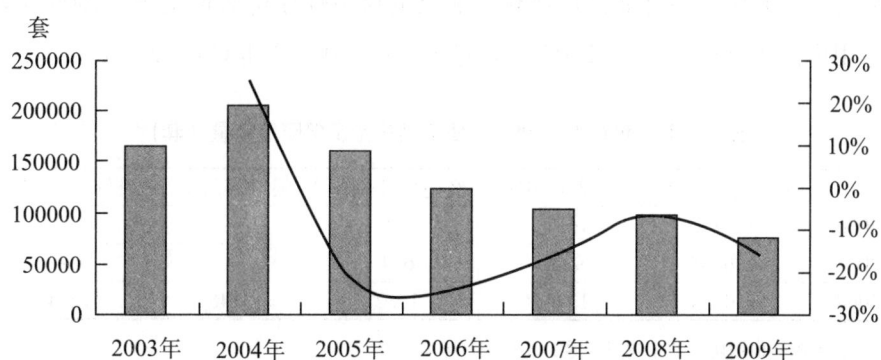

图 2-3　2003年~2009年北京商品住宅（不含保障性住房）新增供应情况

数据来源：中国指数研究院数据信息中心、中国房地产指数系统。

2009年销售量与新增供应的比例反差较大，销供比为2003年以来最高，由2008年的0.60，增加到1.47，销售量远远大于新增商品房供给增加量。

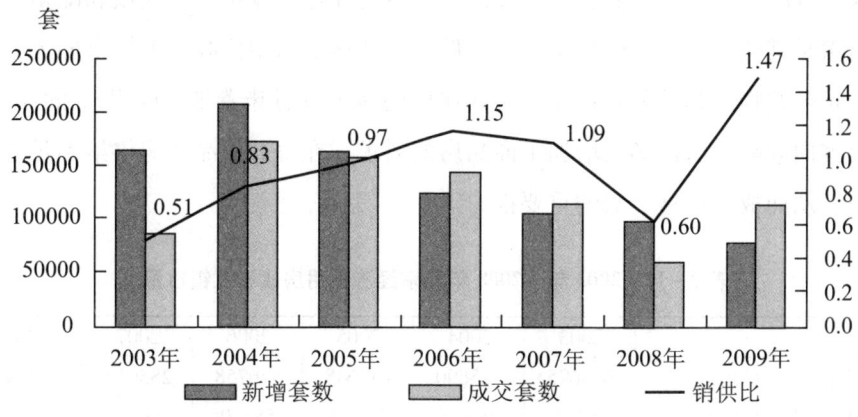

图 2-4　2003年~2009年北京商品住宅（不含保障性住房）销供比

数据来源：中国指数研究院数据信息中心、中国房地产指数系统。

（7）保障性住房供给减少

1998年，在内需不旺和东南亚金融危机的背景下，中国房地产市场启动。

当时设想城市80%的家庭可以购买经济适用房,提出以经济适用房为主的住房供应体系。经济适用房的建设开始大规模建设,但是2003年国务院"18号文"提出逐步实现多数家庭购买或承租普通商品住房,经适房的主体地位被商品房正式取代,并日渐被边缘化。北京的保障性住房数量很少,2006年经济适用房比例只有7.6%,2007年只有6.4%,2008年也只有12.2%。

表2–11 2006年~2008年住宅销售量及保障房销量(套)

	销售住宅合计	经济适用房	经适房比例%	限价商品房	限价房比例%
2006	178740	16311	7.6	—	—
2007	146345	9324	6.4	—	—
2008	110524	13461	12.2	13746	12.4

资料来源:根据历年北京建设年鉴、北京统计年鉴计算。

北京的保障性住房数量不大,连续多年占市场的份额都在10%以下。2005年以来经济适用房竣工面积连年下降,2008年经济适用房竣工面积只有101.1万平方米,不到2005年的1/3。销售面积也是连年向下降,2008年稍有回升,也只有2003年的1/3。经济适用房供应面积过小,意味着政府没有承担起应有的责任,为中低收入者提供最基本的保障。廉租房的建设和配租数量也是微乎其微,甚至可以忽略不计。保障性住房是为中低收入者提供的公共住房,是公共物品和准公共物品,公共住房的减少就意味着把90%以上的居民,统统推向商品住房市场,增加了商品房的需求,在普通商品住房供给不足的情况下,从而成为价格上涨的重要推力。

表2–12 2003年~2008年北京经济适用房建设及销售量

	2003	2004	2005	2006	2007	2008
完成投资(万元)	686695	725690	447648	446758	283013	359547
施工面积(万平方米)	802.5	793.2	783.4	551.9	440.1	544.9
竣工面积(万平方米)	322.8	298.8	325.6	270.1	188.6	101.1
竣工套数(套)	27790	27399	29409	25422	17223	9966
销售面积(万平方米)	320.0	306.3	304.0	176.3	100.1	108.3
销售套数(套)	27533	28054	28821	16311	9324	13461

资料来源:历年北京统计年鉴。

第二章 北京城镇居民住房状况与住房政策分析

（8）地价上涨推高房价

2009年北京土地出让合同金额928亿元，实际收入494亿元，政府收入大幅增加，但是地价过高则推高了房价。在经历了2008年的低迷以后，2009年北京土地市场空前活跃，地王频出，楼面地价连创新高，对开发商、投机投资者以及一般居民的心理和期待都产生了震动。在众多创纪录地王中，顺义后沙峪天竺开发区22号住宅用地以50.5亿元的成交价，占据2009年度北京住宅土地成交市场成交额榜首。紧随其后的是亦庄新城F地块居住和配套用地，成交额为48.3亿元，在年中引起震撼效应的朝阳区广渠路15号地块，则以40.6亿元位列第三。顺义后沙峪地王以29859元/平方米的高价，高居2009年北京土地市场成交楼面均价排行榜的首位，朝阳东风乡高井村用地则以23506元/平方米的价格排名第二，亦庄新城F地块居住和配套用地以18014元/平方米的价格排列第三。尽管大龙地产毁约导致顺义天竺22号地没有最终成交，但是2009年地王频出的消息，不断刺激着人们的神经，提高了对房价的预期并实际推高了房价。

表2-13 2009年北京土地楼面成交价前十排行榜（住宅）

名次	宗地名称	规划用途	竞得人	成交金额（元）
1	顺义区后沙峪镇天竺开发区22号住宅用地	住宅及住宅公共服务设施	北京市大龙房地产开发有限公司	29859
2	朝阳区东风乡高井村居住混合公建用地（原北京市第三印染厂及东风乡部分集体用地）	住宅混合公建	保利（北京）房地产开发有限公司	23506
3	亦庄新城III-1街区F地块居住及配套项目用地	居住及配套等	北京远东新地置业有限公司	18014
4	北京市朝阳区百子湾路14号住宅混合公建用地（原北京市第一建筑构件厂余留用地）	住宅混合公建用地	北京雅居乐房地产开发有限公司	17123
5	朝阳区奥运村乡安立路西侧居住用地	居住及公共服务设施	北京金力投资有限公司	14920
6	朝阳区广渠路15号居住及公共服务设施项目用地	居住及公共服务设施	中化方兴投资管理（北京）有限公司	14494

续表

名次	宗地名称	规划用途	竞得人	成交金额（元）
7	北京市朝阳区广渠门外10号居住用地	居住及公共服务设施	北京富力城房地产开发有限公司	14097
8	丰台区六里桥住宅项目用地	居住	北京景旭房地产开发有限公司	13669
9	西城区德外居住项目（原德外危改f1地块）	居住、配套	北京华融基础设施投资有限责任公司	13332
10	海淀区西三旗居住、商业金融项目	居住、商业金融	北京西三旗高新建材城经营开发有限公司	13310

三、北京居民的住房负担

（一）想当"房奴"不容易

2008年北京城镇居民人均可支配收入24725元，户均可支配收入64285元。其中20.%的高收入户人均可支配收入为47110元，户均可支配收入为122486元。20%低收入户人均可支配收入只有10681元，户均可支配收入27770元。2008年北京住房市场出售商品住宅平均面积110.7平方米，按照2009年13940元/平方米的均价，购买这样的一套房需要154万元，相当于一般家庭24年的可支配收入，也就是说房价收入比达到24∶1。2009年11月的平均价格17810元/平方米计算，需要支付197万元，相当于一般家庭31年的可支配收入，房价收入比31∶1。即使购买一套90平方米的房子，也需要160万元，也需要25年的家庭可支配收入。

对于高收入的家庭，按照2009年全北京均价购买一套商品房需要12年的家庭可支配收入，如果在四环五环之间购买，需要16年的可支配收入。对于低收入家庭，按照2009年均价购买一套普通商品房，需要支付54年的家庭可支配收入，如果在四环五环之间购买一套普通商品房需要支付70年家庭可支配收入。对高收入家庭来说，这也是一个比较沉重的负担，而对低收入家庭来说，连在北京当"房奴"的机会都没有了。

表 2-14 2007 年~2009 年城镇住户收入状况

指标名称	单位	2007 年	同比增长（%）	2008 年	同比增长（%）	2009 年	同比增长（%）
家庭总收入	元	24683	14.7	27678	12.6	30674	10.8
其中：可支配收入	元	21989	13.9	24725	12.4	26738	8.1
其中：20% 低收入户	元	10435	15.9	10681	2.4	11729	9.8
20% 高收入户	元	—	—	47110	15.9	50816	7.9

资料来源：历年北京市国民经济与社会发展统计公报。

（二）谁家欢乐谁家愁

房价的飞涨对于亿万富翁、千万富翁房地产商甚至地方政府来说都是好事，意味着利润的增加、资产的增加、财税的增加。而对于普通居民，对于社会中层、中下层和下层来说，则意味着负担的加重和改善机会的减少，也意味着社会地位的相对下降。房价的快速上升本身也是对社会财富的再分配，使更多的财富向社会上层集中。

表 2-15 镇居民家庭基本情况（按收入水平分）   单位：元

年份	低收入户 20%	中低收入户 20%	中等收入户 20%	中高收入户 20%	高收入户 20%	高收入户 20%/低收入户 20%
2008	10681	16713	21888	28453	47110	4.4
2007	10435	15650	19883	25353	40656	3.9
2006	9798	14439	18369	23095	36616	3.7
2005	8580.9	12485.2	16062.8	20812.9	32967.7	3.8

资料来源：历年北京统计年鉴。

按照五等分法，把北京居民按照收入多少排序计算，2008 年 20% 的低收入户人均可支配收入只有 10681 元，而 20% 的高收入户人均可支配收入达到 47110 元，后者是前者的 4.4 倍。而根据王小鲁的研究，我国高收入阶层中存在大量隐性收入，使国民收入分配越来越向高收入阶层倾斜。目前城镇最高与最低收入10%家庭之间的人均收入差距约为31倍，而不是统计显示的9倍。①那么，北京市高收入者同样存在隐性收入，他们甚至有更多的隐性收入。所以我们估计北京的10%高收入者与10%低收入者的差距应当在31倍以上。北京居民收入差别巨大，导致购买力差距也非常之大，最终导致住房上也形成了巨大的反差。

（1）上层——北京的富豪们

2009年的住房市场是北京高收入者的狂欢与盛宴，他们本身就拥有高档住宅、超大住宅或者拥有多套住宅。在通胀预期下，他们轻而易举地购买一般住宅，贷款购买豪华住宅也不费劲。有些人甚至一次购买多套住宅来保值增值，或者投资投机。2009年北京的高端住宅市场也异常火爆，富豪们显然发挥了威力。

（2）中上层——中小企业主、高级白领、各单位中高层领导

他们家庭年收入20万元以上，购买目标是250万元以上、地段好、小区环境好的房子。他们具有投资意识，也具有投资的能力，在信贷政策宽松的情况下，也可以贷款投资房产，2009年他们中间有不少人也加入了投机和投资的大军。

（3）中层——普通白领

家庭年收入在10万~20万元之间，他们在2009年涨价浪潮中花费大量的精力，且在贷款的情况下才可以买到普通商品房或者二手房，终于可以成为"房奴"一族；或者庆幸自己前几年就借贷买了房子，否则更沉重的包袱就会临头。

（4）中下层——小白领、技术工人

家庭年收入在10万元以下，多年的积蓄在2009年不够支付新建商品房的首付。他们等了好几年终于盼来了年初住房价格下跌，还希望房价再降一点，不成想正在观望时房价又一次狂飙起来。论实力，他们只能支付得起经济适用房和两限房，但是由于经济适用房和两限房数量过少，于是他们把目光转向二手房市场，却发现二手房价格也不断蹿升，很难抢到手。近几年新参加工作的

---

① 王小鲁：《灰色收入拉大居民收入差距》，载《中国改革》，2007年第7期。

年轻人多属于这个群体,他们要么靠父母买房,要么自己在市场上租房子。

(5) 下层——普通工人、退休者、下岗失业人员、无业人员

家庭收入在 6 万元以下,论实力他们只能购买经济适用房。但是因为经济适用房数量有限,或者因为某项指标不符合经济适用房购房准入条件,或者因为年龄较大没法贷款,他们中的部分人也对老旧小的二手房感兴趣,由于出价能力有限,2009 年看好的房子往往被别人抢走。他们中更多的人看着房价上涨望房兴叹,只好申请排队等候经济适用房、廉租房。

(6) 外来人口

外来人口成分比较复杂,绝大部分是农民工,还有一部分是活跃在写字楼里的白领,也有少部分人是大小企业主。大企业主们往往是豪华住宅的投资者,中小企业主也能买到普通的商品房。除了外来的大中型企业主、高级经理、高级白领有私宅以外,白领们能当上"房奴"算是比较幸运的了。更多的外来白领也就是"北漂们"租房居住,北京的房屋租赁市场主要是靠他们支撑。2009 年随着房价攀升,房租价格也跟着向上走,他们的房租负担加重。也有不少小白领们群租住房,有的跟农民工一样住进城中村和地下室。农民工们一般就不考虑买房的事,有个能遮风挡雨的地方睡觉就行了,工棚、简易房、地下室里几平米大的空间就是他们恢复体力的地方。

四、北京住房问题的对策

房价过高是普通居民无法承受的。2009 年,北京的两限房也步入 8000 元时代,这对中低收入群体来说仍然是沉重的负担。多年以来,北京政策性住房建设力度不大,欠账太多。因此,增加保障性住房建设,完善住房政策体系,还有很长的路要走。为了解决广大居民"住有所居"的问题,需要从以下几个方面着手。

(一) 打击投机和投资住房、抑制房价过快增长

2005 年北京市有关机构调查结果显示,北京的投资性购房比例为 17%。2007 年投资投机者比例上升,2008 年投资需求下降,炒房者撤出。到 2009 年,

投资需求又一次升温。北京住房投资需求出现升温趋势。从亚豪机构代理的金隅·可乐＋、金泉时代两项目来看，投资客的比例约占到三成以上。金泉时代项目的投资性购房者中，预计投资周期在5～10年的客户占到了绝大多数。据金泉时代项目的内部统计显示，一期认购的468套物业中，有40%是购买了多套物业的，其中5%是购买了4套以上的，购房的面积多在80～100平米区间，套总价在110～130万区间。① 北京链家地产副总裁林倩表示，2010年初北京四环以内住房开盘价已经达到了3.5万元/平方米左右，主要购买人群除了国内的投资者外，就是外籍人士。2009年，外籍人士购买北京市住宅比例已经达到5%。②

投资和投机性购房行为猛增是2009年北京房价飞涨的直接原因。所以要抑制房价首先就要抑制房地产投机和投资。这就必须把自主性需求、改善性需求和投机投资需求区别开来，实行差别贷款和差别税收政策。差别贷款政策和差别税收政策需要进一步细化，还需要严格的审核和执行，才可能真正发挥作用、以实现抑制投机的政策目标。这需要银行和税收部门大量的扎实的工作，所以相关的部门一定要负起责任，督促落实和评估，否则政策目标就会落空。在经济回升稳定的情况下，适时调整信贷政策和利率，控制流动性过剩。存款准备金和利率政策的操控和实施的权力集中在高层，实施起来不会打折扣，效果会更好，但是时机的选择需要审慎。

（二）完善住房政策体系、保障基本住房权利

公共住房政策起源于上个世纪初的英国和美国，1909年英国颁布《住宅与城镇规划法》，规定扫除贫民窟，向个人家庭提供廉租房；1901年纽约城、1902年芝加哥市颁布了建造经济公寓和普通住房的法律，简陋的公共住房建立起来。③ "二战"结束以后，发达国家和新兴市场国家都有自己比较完善的

---

① 张达：《北京楼市成交量下降投资性购房升温》，http://fang.koubei.com/news_fang/qt/20090522522.html。
② 贾海峰：《北京全面叫停购房优惠抑制投资性购房或具示范作用》，http://nf.nfdaily.cn/21cbh/content/2010-02/24/content_9447850.htm。
③ 杨伟民：《社会政策导论》，中国人民大学出版社2004年版。

住房保障体系，发展中国家尽管政府财力有限，但是也都在努力运用住房政策努力为贫民解决基本的住房需求。实施公共住房政策，保障居民的基本需求，普遍被认为是政府的基本责任。荷兰的公共住房比例为42%，香港居民有48%住进了公屋和居屋。新加坡更是有84%①的居民租赁或购买了政府提供的廉价组屋，只有16%的富人购买没有优惠政策的商品房。以美国为代表的住房政策体系是特惠模式的，只有少数贫困人口才有机会享受政策待遇；新加坡为代表的住房政策体系为普惠模式的，大多数居民可以享受住房政策待遇；香港为代表的住房政策体系为中间模式的，有半数居民可以享受政策待遇。

2003年到2007年，北京住房价格不断攀升，但是经济适用房建设的力度却在逐年减小。2008年，加上两限房建设，政策性住房的力度才开始加大，但是多年来欠账较多，政策性住房需要补课。2009年政策性住房包括两限房、经济适用房、廉租房竣工面积也只有229.5万平方米，占当年住房竣工面积的14%，政策性住房面积比例过小。这就导致中低收入无房居民不得不超负荷贷款，在住房市场购置商品房，从而过上"房奴"的日子，低收入居民甚至想当"房奴"都没有机会。

住房政策的完善应该围绕以民生为重点的社会建设，真正把最广大的群众作为政策对象。北京的住房政策应该把60%的人纳入保障政策体系，20%的中等收入者及中低收入者可以享受两限房政策，20%的中低收入者可以租赁公租房和经济适用房，20%的低收入者可以享受经济适用房、公租房和廉租房政策。目前，北京市的政策性住房数量太小，所以政府应该不断完善保障性住房体系，加大力度建设政策性住房。保障性住房是公共物品和准公共物品，是通过公共财政和划拨土地建设的，所以对保障性住房以及两限房的购买资格要求严格审查，杜绝高收入者钻空子。

2009年北京市土地出让收入达到494亿元，应该主要用于政策性住房及相关基础设施建设。北京在已有的两限房、经济适用房、廉租房政策基础上，出台了政策性租赁房即公租房政策，这一政策弥补了以往政策的不足，对于

---

① 陈劲松：《公共住房浪潮——国际模式与中国安居工程的比较研究》，机械工业出版社2006年版。

30岁以下未婚年轻人、部分困难群体以及部分外来人口的住房问题会起到一定的作用，也使住房政策体系越来越完善。

两限房、经济适用房建设力度的加大，同样会带动房地产相关产业的发展，也同样可以为经济建设做出贡献。至于占居民比例40%的中高收入者和高收入者，他们可以通过商品房市场满足居住需要，他们有能力购买商品房，也具有实力推动北京商品房市场的发展。

（三）深入调查研究、制定住房规划和保障法规

在我国来说保障性住房实践的历史还比较短，北京的住房保障政策也是在摸索之中，保障性住房政策目标和具体的保障范围、保障力度多有变化，摇摆不定。政策的颁行依赖政府文件，执行的力度往往打了折扣，政策的执行情况也缺少监测评估。北京的住房建设规划中，针对中低收入居民住房比例过小。所以有必要通过立法和规划，扩大保障性住房的比例并严格执行建设规划。全国性的住房保障法正在研拟中，北京市也有必要开始研拟北京的住房保障法规，通过立法保障政策性住房的建设目标、建设比例、建设进程，并保障政策目标的实现。政策的制定要公开透明，听取社会各界的呼声，尤其是要听取普通市民的心声。

保障性住房是公共物品和准公共物品，是通过公共财政和划拨土地建设的，所以对保障性住房以及两限房的购买资格要求严格审查，杜绝高收入者钻空子。10多年来，保障性住房建设、配售、配租中积累了不少经验，也有不少的教训。要进一步完善资格审查和公示等办法，消灭高收入者购买经济适用房的现象。

第三章　北京城镇居民住房发展水平报告

有学者指出，居者有其屋是中国梦的一部分。[①] 在中小城市，通过辛勤努力和劳动所得，实现自己的住房梦，也许不是非常困难的事情。但是在北京、上海、广州、深圳这样的一线超大城市里，普通劳动者包括白领阶层要实现住房梦绝非易事。

一、北京住房市场面临的形势

根据北京市统计局、国家统计局北京调查总队发布 2012 年北京宏观经济数据：全年实现地区生产总值 17801 亿元，按常住人口计算，去年全市人均地区生产总值 87091 元，折合 13797 美元。2012 年，北京城镇居民人均可支配收入 36469 元，扣除价格因素后，实际增长 7.3%，增幅高于上年 0.1 个百分点。但是，北京的房价也随着时间的推移不断上涨。

最近，媒体上热烈讨论着五道口单价 10 万元/m^2 的二手房，把北京住房单价推上一个新的纪录，实际上单价 6 万元以上的房子在北京并不少见。根据中国指数研究院的统计，2013 年 2 月北京住房均价已达到 25290 元/平方米的新高。

2013 年 2 月，位于东北五环和六环之间的朝阳区孙河乡西甸村 G 地块二类居住用地楼面地价已达 26357.99 元/平方米，门头沟的一块居住、托幼用地

[①] 郑永年："居者有其屋可以换来 20～30 年的稳定"，见 http://finance.ifeng.com/news/special/fzgf2013/20130323/7814573.shtml。

（配建公共租赁房）楼面地价也达到 10766.28 元/平方米。楼面地价这么高，建成之后的住宅价格也不会低，因而楼市调控不容乐观。

表 3-1　2013 年 2 月北京住宅用地楼面地价排行

	宗地名称	区县	成交楼面地价（元/m²）
1	朝阳区孙河乡西甸村 G 地块二类居住用地	朝阳区	26357.99
2	朝阳区孙河乡西甸村 F 地块二类居住用地	朝阳区	25929.55
3	门头沟区门头沟新城 MC10-033、MC10 二类居住、商业金融、托幼及社会停车场库用地	门头沟区	13101.00
4	门头沟区门头沟新城 MC10-037、MC10 地块二类居住、托幼用地（配建公共租赁房）	门头沟区	10766.28
5	大兴区孙村组团三期 B-07 地块二类居住用地项目	大兴区	8917.23
6	房山区长阳镇 01-08-03、01-11-04 等地块二类居住、商业金融用地	房山区	7635.48
7	顺义区第 20 街区 20-28、20-37、20-40 地块 F3 其他类多功能用地、U2 其他市政公共设施用地	顺义区	7093.59
8	昌平区小汤山镇 B-04、B-05、B-07 地块公建混合用地（配件限价商品住房）	昌平区	6676.37

资料来源：中国指数研究院，http://fdc.soufun.com/data/topdata/landtop_bj.htm。

二、北京城镇居民平均住房面积和住房保障

2010 年城调总队的调查显示，被调查家庭中居住 70 平方米以下的住房的家庭占 50.9%，这表明半数以上的家庭住房并不宽敞。拥有产权的家庭中，39.2% 的家庭居住面积在 70 平方米以下；租借住房的家庭中，80.8% 的家庭居住面积在 70 平方米以下。全市城镇居民家庭只有 20.6% 住房面积在 100 平方米以上，这部分家庭住房宽敞，有 6.5% 的家庭住房面积在 150 平方米以上，属于住房富裕家庭。

表3-2 北京城镇家庭住房建筑面积

户均建筑面积（平方米）	拥有房产家庭		租借住房家庭		全市平均	
	比重	位次	比重	位次	比重	位次
40以下	5.2	5	39.3	2	14.8	3
40~70	34.0	2	41.5	1	36.1	1
70~100	34.9	1	12.1	3	28.5	2
100~150	18.1	3	4.0	4	14.1	4
150以上	7.8	4	3.1	5	6.5	5
合计	100	—	100	—	100	—

数据来源：国家统计局北京调查总队2010年开展的北京城镇居民住房需求及满意情况调查。

2010年，北京市实有住宅建筑面积达到38454万平方米。2006~2010年，每年净增住宅建筑面积平均1447万平方米，以此增长率计算，2012年北京实有住房面积当有41349万平方米。而根据北京市2012年国民经济和社会发展统计公报，2012年全市城镇居民人均住房建筑面积29.26平方米。随着经济社会的全面发展，北京居民的住房条件得到了快速的发展，住房面积不断扩大，住房设施不断完善，住房的质量不断提高。

表3-3 北京市城镇住宅实有建筑面积

	2006	2007	2008	2009	2010
年末实有房屋建筑面积（万平方米）	57069	60565	63937	66911	68413
年末实有住宅建筑面积（万平方米）	32665	34661	36270	37736	38454

资料来源：《北京统计年鉴（2012）》，中国统计出版社2012年版。

2012年北京新开工建设、收购各类保障性住房18万套，基本建成10万套。全市政策性住房完成投资857.5亿元，比上年增长14.9%。12月末，全市政策性住房施工面积为4821万平方米，增长18%；新开工面积为1112.3万平方米，下降35.6%；竣工面积为752.6万平方米，增长46.5%。从下表可以看到北京的住房保障力度逐步加大，保障水平逐步提高。保障型住房的投资、施工面积、新开工面积大幅增加。

表3-4 北京保障性安居工程建设情况

项目	2010	2011	2012	项目	2010	2011	2012
完成投资(亿元)	382.8	746.1	857.5	竣工面积(万平方米)	715.9	513.8	752.6
经济适用房(亿元)	67.9	71.9		经济适用房(万平方米)	203.9	113.7	
限价房(亿元)	108.5	140.8		限价房(万平方米)	331.0	155.7	
公租(廉租)房(亿元)	12.6	38.7		公租(廉租)房(万平方米)	14.5	83.4	
定向安置房(亿元)	193.9	494.8		定向安置房(万平方米)	166.6	161.0	
施工面积(万平方米)	2792.0	4084.4	4821	本年新开工面积(万平方米)	1081.2	1726.8	1112.3
经济适用房(万平方米)	756.2	596.1		经济适用房(万平方米)	190.5	96.0	
限价房(万平方米)	800.4	705.2		限价房(万平方米)	219.6	278.8	
公租(廉租)房(万平方米)	51.5	269.0		公租(廉租)房(万平方米)	12.1	106.3	
定向安置房(万平方米)	1183.9	2514.0		定向安置房(万平方米)	659.1	1245.6	

数据来源：2012年北京统计年鉴和2012年北京国民经济和社会发展统计公报。

三、北京户籍城镇居民的住房质量

（一）北京城镇居民家庭卫生设备情况。92.9%的家庭有厕所浴室，0.8%的家庭有厕所无浴室，2.4%的家庭使用公共厕所和浴室，3.9%的家庭无卫生设备。

（二）北京城镇居民家庭卫生饮用水情况。90.4%的家庭饮用自来水，5.6%的家庭饮用矿泉水，4.0%的家庭饮用纯净水。99.2%的家庭独用自来水，0.8%的家庭公用自来水。

（三）取暖设备拥有情况。91.3%的家庭使用暖气，0.4%的家庭使用空调，8.3%的家庭使用其他取暖设备。

（四）炊用燃料使用情况。81.8%的家庭使用管道天然气，15.8%的家庭使用液化石油气%，1.6%的家庭使用管道石油气，0.4%的家庭使用煤炭，4%的家庭使用其他燃料。

总体来看，绝大多数北京户籍城镇居民家庭住房质量较高，空间可以满足基本需求，部分家庭居室宽敞。绝大多数家庭拥有厕所和浴室；饮用自来水、矿泉水和纯净水，没有家庭饮用井水、河水；日用水绝大多数独用自来水；绝大多数家庭使用暖气设备取暖，少量家庭使用空调和其他取暖设备；大多数家庭炊用燃料是管道煤气和液化石油气，少量家庭使用煤炭和其他燃料。

表3-5 2011年5000户城镇居民家庭居住质量构成情况（%）

取暖设备拥有情况	无取暖设备	0.0	卫生设备拥有情况	无卫生设备	3.9
	空调设备	0.4		有厕所浴室	92.9
	暖气	91.3		有厕所无浴室	0.8
	其他	8.3		公用	2.4
饮水情况	自来水	90.4	炊用燃料使用情况	液化石油气	0.0
	矿泉水	5.6		煤炭	0.4
	纯净水	4.0		罐装液化石油气	15.8
	井、河水	0.0		管道液化石油气	1.6
用水情况	独用自来水	99.2		管道煤气	0.0
	公用自来水	0.8		管道天然气	81.8
	井、河水	0.0		柴油	0.0
	其他	0.0		其他燃料	0.4

数据来源：《北京统计年鉴（2012）》，中国统计出版社2012年版。

四、北京城镇居民家庭住房户型与产权

根据第六次人口普查，北京市户均人口 2.45 人。北京 81.3% 城镇居民家庭居住二居室、三居室、四居室或者独栋住宅，大多数家庭房间基本够用，达到 1 人 1 间，部分家庭住房很宽敞。89.6% 的居民居住在成套住宅里，只有 0.8% 的居民住在普通楼房里，9.6% 的城镇居民住在平房或者其他住宅里。

表 3-6 2011 年北京 5000 户城镇居民家庭住房构成情况（%）

住房户型	单栋住宅	0.1	房屋产权情况	租赁公房	11.5
	四居室	1.4		租赁私房	4.1
	三居室	24.0		原有私房	5.7
	二居室	55.8		房改私房	41.9
	一居室	8.3		商品房	33.8
	普通楼房	0.8		其他	3.0
	平房及其他	9.6			

数据来源：《北京统计年鉴（2012）》，中国统计出版社 2012 年版。

根据国家统计局北京调查总队 2010 年开展的北京城镇居民住房需求及满意情况调查报告，北京逾七成居民家庭拥有房产，调查显示，拥有房产的居民家庭占 72.8%，其中，政策性住房占 35.1%，商品房占 32.6%，旧有私房及自建房占 5.1%；此外，租房和借住亲朋好友住房的家庭分别占 24.4% 和 2.8%。而北京市统计局的数据显示，2011 年北京城镇居民拥有产权房包括原有私房、房改私房和商品房的比例达到 81.4%，租赁公房的占 11.5%，租赁私房的占 4.1%，其他占 3.0%。北京城镇居民拥有产权房的比例远远高于伦敦、纽约和东京等世界城市。没有产权房的家庭有 11.5% 租赁公房，只有 4.1% 的城镇居民租赁私房。可见，除了部分无房户，北京城镇居民住房问题的基本需求大体得到满足，正处于追求住房质量的阶段。

五、外来常住人口的住房状况

以上对北京城镇居民住房数量和质量的分析建立在北京城镇居民5000户家庭调查的数据基础上的，并未包括常住人口中的外来人口。

像中国其他城市一样，北京也是个双二元结构格局的城市，既有城乡之间的二元结构，也包括城镇中户籍居民和外来移民的二元结构。2012年年末，北京常住人口2069.3万人，比上年末增加50.7万人。其中，常住外来人口773.8万人，占常住人口的比重为37.4%。常住人口中，城镇人口1783.7万人，占常住人口的86.2%。实际上外来人口工作生活在城镇，很少有在农村工作生活的，所以，城镇人口中，外来人口的比例更大，达到43.4%。

根据第六次人口普查数据计算：外来的就业人口中，国家机关、党群组织、企业、事业单位负责人占（主要是私营企业负责人）2.3%，专业技术人员占13.1%，商业服务业人员占48.1%，农林牧渔水利业生产人员占1.5%，生产运输设备操作人员及有关人员占24.6%。以此推算，外来人口中有企业负责人17.8万人，专业技术人员101.4万人，商业服务业人员372.2万人，农林牧渔水利生产人员11.6万人，生产运输设备操作人员及有关人员190.4万人。

外来人口中的私营企业负责人和部分专业技术人员在北京购买了商品房，其中有很多老板购买了多套住房。北京对外来人口限购住房以前，商品房的三分之一被外来人口购买。限购令实行以后，外来人口买房的比例大大下降，2011年，外省市个人占期房购买者的比例只有10.1%。2011年，外省市个人在北京购房仅有21948套。绝大多数的外来常住人口由于没有能力在北京购房，只能选择租房居住。

由于北京住房租金逐年上涨，外来常住人口住房压力也越来越大，住房状况甚至恶化。2011年，北京租赁市场成交142.8万套，首都功能核心区和城市功能拓展区住房平均每套月租金达到3100元，全市住房平均租金49.1/平方米，同比涨幅11%。[①] 2011年北京的人均工资为56061元，如果在东城租一套

[①] 《北京房地产年鉴》（2012），中国质检出版社2012年版。

房子，需要付租金40896元，是平均工资的72.9%；在朝阳租一套房子要付租金37200元，是平均工资的66.4%，即使在昌平租一套房子租金也要达到平均工资的43%。

表3-7 北京各区房屋月租金　　　　　　　　　　　　单位：元·套

区县	首都功能核心区		城市功能拓展区				城市发展新区		
	东城	西城	朝阳	海淀	丰台	石景山	通州	大兴	昌平
2010	3272	3458	3084	3017	2662	2845	1790	2180	2425
2011	3408	3460	3100	3050	2670	2900	1737	2308	2411

数据来源：北京房地产年鉴2012，中国质检出版社2012年版。

能租赁成套住房的大体上是外来人口中的精英群体，即其中的企业负责人和专业技术人员。占外来常住人口比例84.4%的新移民工人，大多数只能选择租住城中村的农民住宅、地下室、工棚以及群租房等非正规住房来存身。根据侯佳伟的研究，外来人口中租房居住的比例为81.4%，单位提供住宿占15.5%，居住在雇主家的比例为1.5%，自购商品房的占0.7%，借住的占0.5%，自建的占0.4%。租住农民平房的占70.9%，租住楼房的占10.8%，住工棚的占7.1%，租住地下室的占5.6%。流动人口的住房人均使用面积为5.6平方米。流动人口住房的屋内设施也很缺乏，有自来水、厨房、厕所、洗澡间的分别仅占32.0%、14.5%、10.1%、8.2%[①]。

六、北京住房发展水平国际比较

北京城镇到底有多少套住房？官方没有公布这方面的数据，民间也未见有这方面的数据。官方统计部门公布的只有实有住房面积、开工面积、竣工面积、销售面积、待售面积等。笔者在2010年曾经推算，截止2009年底北京城镇住房套数可达542.1万套。到2010年末，北京城镇住房总套数可达557万套。2010年北京市城镇居民有1685.9万人（包含外来常住人口），641.7万户

---

① 侯佳伟：《北京流动人口聚集地：趋势、模式与影响因素》，光明日报出版社2010年版。

（包括集体户）。平均每户拥有住房0.87套，即每户不到一套房。平均每套住房住有居民2.92人。而日本在1968年家庭住房已达到1.01套，1978年户均住房达到1.08套，1988年达到1.11套，1998年达到1.13套，2008年达到1.15套。① 波兰的城市住房2002年每套住有居民2.82人，2008年，每套住房住有居民2.63人。日本大致在1968年就实现了家庭户数和住房套数持平，1975~1976年大致达到1人1室的水平。但是，北京目前还达不到1户1套的水平，距离1人1室的水平还差很远。

北京城镇户籍人口的住房平均水平已经超过1人1套的水平，然而北京的新正式移民（2008年以后户籍迁入北京的居民）大多数无法承受过高的房价，很多人在等候限价房和公租房。而北京的非正式移民还未被纳入住房保障体系。

经济发达国家在住房发展方面普遍经历了三个阶段：（1）"二战"以后，各国住房普遍不足，有些国家的城市里出现房荒，于是掀起了住房建设的高潮，这个时候着重解决住房有无的问题，即注重住房数量的阶段；（2）随着住房短缺的缓和，住房水平向一户一套的水平靠拢，在保障数量的前提下开始注重质量，进入数量和质量并重的阶段，从国外的统计数据看，人均GDP达到3000美元时，住房紧缺状况逐步缓解，可以达到全国存量住房套数与家庭户数相当；（3）人均GDP达到5000美元时，住房水平进一步改善，由一户一套向一人一间靠拢，对住房的质量、功能、环境提出了更高的要求，进入重视质量的阶段。经济发达国家在20世纪70年代普遍进入了提高质量和改善人居环境的阶段。② 2012年北京的人均GDP已经达到13797美元，然而，北京的住房总体上还相当于西方国家20世纪60年代的水平，住房数量的问题还未解决。由于社会的极化，部分人开始追求住房的质量，而另外一部分人住在地下室、城中村等非正规住房里，还有部分人选择群租住房，使得大量的正规住房非正规化。可见，北京常住居民的收入落后于经济增长，北京的住房发展水平也远远落后于经济发展。

---

① 建设部住房改革发展司：《国外住房数据报告》（NO.1），中国建筑工业出版社2010年版。
② 建设部住房改革发展司：《国外住房数据报告》（NO.1），中国建筑工业出版社2010年版。

第四章　北京城市居民住房分化研究

"住有所居"是社会建设的重要目标,也是改善民生的重要领域。"住有所居"也一直是中国人民不断追求的生活目标,是实现个人"中国梦"的组成部分。自1998年房地产全面市场化改革以后,我国的城市住房质量不断攀升,越来越多的人实现"住有所居",但是由于住房价格的飞速上涨,也给很多无房户或者想改善住房的居民带来了巨大的压力和负担。住房市场化之后,保障性住房供给的比例很小,无房和住房困难的居民住房问题主要靠市场解决——或者购买、或者租赁。由于居民的收入差距也越来越大,在住房方面的支付能力差异也很大,这就造成了北京城镇居民住房改善的同时,住房也日益分化。本文根据2000年和2010年两次全国人口普查的数据和近年来的统计年鉴和统计公报全面地分析2000年以来北京城镇居民住房水平的提高与住房的分化情况。

据北京市统计局数据调查显示,北京市2013年全年城镇居民人均可支配收入达到40321元,比上年增长10.6%;扣除价格因素后,实际增长7.1%,全市城镇居民人均住房建筑面积31.31平方米,而2012年全市城镇居民人均住房建筑面积29.26平方米,2013年人均住房面积比上一年增加了2.05平方米。①

---

① 数据来源:北京市国民经济和社会发展统计公报(2012,2013)。

一、2000年以来北京城镇居民住房水平的变化

自住房改革以来，大量商品房投入市场，原有公有住房逐步私有化，并随着我国居民收入水平的提高，住房的面积也越来越大，住房的质量越来越高，家居配套设施、物业管理、社区服务等各种相关管理和服务水平越来越高，人们在拥有住房的同时享受着越来越好的居住环境和服务。从2000年第五次全国普查资料和2010年第六次全国普查资料提供的数据上来看，其住房水平的提高主要表现在以下两个方面。

（一）人均住房面积增加、住房间数减少

根据第六次全国人口普查数据显示，2010年北京的家庭人均占有住房建筑面积为27.93平方米，2000年人均住房建筑面积为21.59平方米，10年间，北京市人居住房面积增长了6.34平方米，但仍低于全国平均水平，这是北京的人口规模巨大的特殊市情所决定的。10年来北京人均占有的房间数也从2000年的人均0.98间/人降到了2010年的0.85间/人，平均每户的房屋间数也从2000年2.80间/户降至2010年1.98间/户。① 从以上数据可以看出，近10年来，北京的人均住房面积增加较快，但是拥挤程度并未缓解，大户型住房供给过度，小户型的住房供给严重不足。这意味着住房的公摊面积过大，客厅、厨卫等空间和卧室的面积比例失衡。人均住房间数和户均住房套数是衡量住房水平和质量的重要指标，单纯追求人均建筑面积，实际导致住房资源的浪费，需求和供给错位明显，加剧住房矛盾。

（二）住房质量有所改善

与10年前相比，住房质量随着经济的飞速发展也有着翻天覆地的变化。2010年在自来水管道拥有率大幅低于2000年，下降了11.06%，厨房的拥有

---

① 数据来源：2000年和2010年北京市全国人口普查资料。

率提高了 2.12%，洗澡设施提高了 14.13%，厕所拥有率提高了 8.70%，总体来看与 10 年前相比，北京市城镇居民住房质量得到了较大的改善。

二、2000 年以来北京城镇居民住房的分化

（一）不同职业阶层住房分化

根据全国普查数据，职业有六大类别：国家机关、党群组织、企业、事业单位负责人；专业技术人员；办事人员和有关人员；商业、服务业人员；农、林、牧、渔、水利生产人员；生产、运输设备操作人员及有关人员。根据 2000 年和 2010 年两次人口普查资料数据，我们将从以下三个方面对其职业地位与住房分化状况进行对比分析，以期能够清晰地看出 10 年间职业地位对其住房状况的发展变化和影响程度。

1. 住房来源的分化

由于北京 2000 年至 2010 年发展变化巨大，不同职业的于房屋来源也发生了极大的变化，从总体数据（表 4-1）上看，主要体现为，2010 年购买商品房的比重大大增加，自建房比重大大下降，租赁房屋的比重增加，购买公有住房的比重下降，最明显的一个变化是，2010 年二手房买也占有了一定的比例。

与 2000 年相比，国家机关、党群组织、企业、事业单位负责人自建住房和购买原公有住房的比重大大下降，租赁其他房屋和购买商品房的比重大大增加。办事人员和有关人员的住房来源变化与之相似。

与 2000 年相比，专业技术人员购买原公有住房比重也大大下降，购买商品房的比重增加，就自建住房而言 10 年间变化不大，可以说明该类从业人员基本上没有自建住房。

2000 年商业和服务业人员超过 50% 的居民依靠租赁房屋生活，还有 21.69% 自建住房，2010 年时自建住房的比重大幅下降，然而租赁房屋的比重略有提升，说明 10 年间该类职业的住房来源变化不大，主要依靠租赁房屋生活。

表4-1 2000年与2010年北京市按户主的职业、住房来源分的家庭户户数（城镇）百分比

来源 职业大类	年份（年）	合计（户）	租赁公有（廉租）住房%	租赁商品（其他）住房%	自建住房%	购买商品房%	购买二手房%	购买经济适用房%	购买原公有住房%	其他%
总计	2000	259828	23.02	8.54	33.47	4.54	0.00	2.24	24.29	3.88
	2010	317385	1.76	44.45	4.11	22.28	3.88	5.56	12.46	5.49
国家机关、党群组织、企事业单位负责人	2000	20824	22.94	5.57	16.38	9.55	0.00	3.07	39.20	3.30
	2010	14521	0.85	22.02	2.50	45.16	4.79	5.98	14.47	4.23
专业技术人员	2000	73287	0.99	26.64	1.39	34.69	6.38	8.54	16.48	4.88
	2010	76579	0.97	26.29	1.74	35.35	6.43	8.18	15.99	5.05
办事人员和有关人员	2000	31981	28.94	2.66	15.74	5.60	0.00	3.15	40.39	3.52
	2010	62475	0.98	24.73	4.04	32.12	4.77	8.40	18.61	6.36
商业、服务业人员	2000	50661	28.17	22.65	21.69	3.88	0.00	1.73	15.37	6.50
	2010	115134	2.22	64.85	4.44	12.88	2.39	2.64	5.77	4.81
农、林、牧、渔、水利业生产人员	2000	37805	1.52	1.60	92.66	1.22	0.00	0.76	0.66	1.57
	2010	5249	0.69	17.49	63.31	7.56	1.70	1.62	2.17	5.47
生产、运输设备操作人员及有关	2000	75753	24.05	9.10	37.80	3.76	0.00	2.15	19.14	4.00
	2010	71047	2.40	52.12	11.08	11.13	2.73	3.06	10.58	6.89

数据来源：北京市2000年与2010年人口普查资料。

2000年的数据和2010年数据相比较发现，最后两大类职业的变化最为显著，其中农、林、牧、渔、水利业生产人员在2000年，92.66%的居民都是自建住房，10年之后租赁房屋的比重接近了20%；而生产、运输设备操作人员及有关人员在2000年37.80%的居民自建房，另外还有19.14%的居民购买原公有住房，这两类型的住房来源超过了50%，然而2010年该职业54.52%的居民依靠租赁房屋来生活，租赁成为了该职业大类最重要的住房来源。

表 4-2　2000 年与 2010 年北京市按户主的职业分的家庭户住房状况（城镇）比较

职业大类	年份（年）	户数（户）	人数（人）	平均每户住房间数（间/户）	人均住房建筑面积（平方米/人）	人均住房间数（间/人）
总计	2000	266297	762787	2.80	21.59	0.98
	2010	347100	807653	1.98	27.93	0.85
国家机关、党群组织、企业、事业单位负责人	2000	21649	61585	2.73	25.81	0.96
	2010	15719	41565	2.55	39.85	0.97
专业技术人员	2000	42968	112259	2.29	24.00	0.88
	2010	76662	179828	2.15	35.07	0.92
办事人员和有关人员	2000	32252	89741	2.45	22.77	0.88
	2010	62591	153557	2.22	33.53	0.90
商业、服务业人员	2000	54504	143846	2.19	17.55	0.83
	2010	115685	248503	1.67	21.51	0.78
农、林、牧、渔、水利业生产人员	2000	37982	129127	4.66	23.75	1.37
	2010	5260	15528	3.44	33.04	1.17
生产、运输设备操作人员及有关人员	2000	76942	226229	2.79	20.12	0.95
	2010	71181	168670	1.87	21.29	0.79

数据来源：北京市 2000 年与 2010 年人口普查资料。

2. 住房间数的分化

10 年间北京的人口急速膨胀，住房资源越来越紧张，住房结构也发生着巨大变化，不同职业的住房数量在 10 年的时间里也发生了巨大变化。总体而言，与 2000 年相比较，北京市居民户均住房间数和人均间数都有下降，但是人居住房面积却有所提高。可以看出这 10 年来北京市住房的供给中，大户型成了主流，住房消费超前，资源有所浪费。

国家机关、党群组织、企业、事业单位负责人这一职业大类的显著变化是人均住房面积大幅度提高了，增加了 14.04 平米，达到人均 39.85 平米，超过平均数 11.92 平米。然而平均每户住房间数略有减少，从 2.73 间/户降至 2.55 间/户，人均住房间数则从 0.96 间/人增至 0.97 间/人。专业技术人员、办事人员和有关人员的变化趋势与国家机关、党群组织、企业、事业单位负责人职业大类一致，户均住房间数下降，人均间数上升。

和以上的三类职业相比，商业和服务人员的户均间数下降较大，从户均 2.19 间下降到 1.67 间，并且人均住房间数也是下降的，从 0.83 间/人降至 0.78 间/人，这与上述三种职业的变化趋势是不同的。并且人均住房建筑面积的增加也不明显，可以看出 10 年来该职业地位变化不明显，住房条件没有明显提升。

另外，农、林、牧、渔、水利业生产人员在 2000~2010 年间住房间数减少幅度较大。这和北京市城市化飞速发展，城中村拆迁改造有关。他们的平均住房间数从 4.66 间/户降至 3.44 间/户，人均住房面积从 23.75 平方米/人增至 33.04 平方米/人，人均住房间数则从 1.37 间/人降至 1.17 间/人。

生产、运输设备操作人员及有关人员的变化与上述诸类职业变化都不太相同，该类职业平均每户住房间数下降明显，从 2.79 间/户降至 1.87 间/户，人均住房间数从 0.95 间/人降至 0.79 间/人，并且人居住房建筑面积提升不明显，从 20.12 平方米/人变化为 21.29 平方米/人。

3. 无房户租房状况

由于房价过高，想要有一套自己的住房是比较困难的，从普查数据来看，北京市的房屋自有率远远低于全国平均水平。所以，在北京工作的人员中存在一大批无房户。

表 4-3 2000 年与 2010 年无房户各类职业所占百分比

职业 年份	国家机关、党群组织、企业、事业单位负责人	专业技术人员	办事人员和有关人员	商业、服务业人员	农、林、牧、渔、水利业生产人员	生产、运输设备操作人员及有关人员	总计
2000 年	7.24%	16.98%	12.32%	31.40%	1.44%	30.62%	100%
2010 年	2.27%	13.26%	10.20%	49.06%	0.61%	24.61%	100%

数据来源：北京市 2000 年与 2010 年人口普查资料。

无房户中，商业服务人员的比例最大，达 49.06%，其次是生产、运输设备操作人员及有关人员，专业技术人员，办事人员和有关人员，国家机关、党群组织、企业、事业单位负责人，农、林、牧、渔、水利业生产人员中无房户最少，仅有 0.61%。

为了考察他们的居住状况与职业分层的关系，我们采用无房户每月租金支付来分析对比 2000 年与 2010 年的变化，这里涉及物价和货币价值的问题我们不做讨论，重点关注其趋势的变化，具体数据如下表（表 4-4、4-5）所示：

表 4-4 2000 年北京市按户主的职业、月租房费用分的家庭户户数（城镇）百分比

租金＼职业	合计（户）	20 元以下	20~50 元	50~100 元	100~200 元	200~500 元	500~1000 元	1000~1500 元	1500 元以上
总计	82009	9.30%	24.70%	19.18%	30.12%	11.72%	3.02%	1.24%	0.73%
国家机关、党群组织、企业、事业单位负责人	5936	7.18%	23.13%	16.69%	27.95%	12.38%	6.20%	3.39%	3.08%
专业技术人员	13924	9.19%	30.25%	21.04%	27.80%	6.15%	2.73%	1.75%	1.08%
办事人员和有关人员	10107	10.06%	30.06%	19.94%	31.42%	5.60%	1.51%	0.89%	0.51%
商业、服务业人员	25748	6.65%	17.53%	15.69%	31.46%	21.35%	5.02%	1.60%	0.70%
农、林、牧、渔、水利业生产人员	1181	17.61%	20.83%	23.03%	31.16%	6.27%	0.85%	0.17%	0.08%
生产、运输设备操作人员及有关人员	25113	11.88%	27.36%	21.81%	29.98%	7.49%	1.08%	0.27%	0.11%

表 4-5 2010 年北京市按户主的职业、月租房费用分的家庭户户数（城镇）

租金＼职业	合计	100 元以下	100~200 元	200~500 元	500~1000 元	1000~1500 元	1500~2000 元	2000~3000 元	3000 元以上
总计	157411	6.77%	14.35%	41.90%	13.76%	6.31%	5.88%	7.61%	3.43%
国家机关、党群组织、企业、事业单位负责人	3571	6.02%	8.23%	19.83%	12.41%	10.98%	12.77%	16.33%	13.44%
专业技术人员	20872	7.62%	10.32%	19.15%	12.97%	10.76%	12.62%	19.48%	7.08%
办事人员和有关人员	16060	12.00%	13.62%	23.62%	11.79%	8.09%	9.34%	14.35%	7.19%
商业、服务业人员	77222	4.18%	10.74%	48.20%	17.39%	6.17%	4.95%	5.71%	2.66%
农、林、牧、渔、水利业生产人员	954	12.26%	31.13%	37.42%	10.90%	3.35%	1.89%	1.99%	1.05%
生产、运输设备操作人员及有关人员	38732	9.24%	24.16%	51.31%	7.95%	3.11%	2.11%	1.54%	0.57%

国家机关、党群组织、企业、事业单位负责人这一职业大类在 2000 年主要月租金范围大致在 20~200 元之间,其所占的比例高达 67.77%,2010 年数据表明该职业类别的租金出现平均化,但可以看出其职业支付能力大幅度提高,支付能力在月租金 1500 元以上的超过了 50%。

专业技术人员职业在 2000 年其月租金支付大部分在每月 200 元以下,其比例高达 88.29%。2010 年后该职业阶层的月租金支付也得到了大幅度提高,支付 1500 元以上的达到 39.18%。

办事人员和有关人员在 2000 年的月租金支付有着十分明显的特点,集中体现为支付较少,绝大部分支付每月不足 200 元,200 元以下的比例高达 91.48%。10 年后,该职业阶层的人员支付仍然没有得到较大改善,其支付能力在每月 1500 元以下的比例达到了 30.97%。

商业业和服务人员这一职业类别,在 2000 年时其月租金花费在 100~500 元之间的比例就已经超过了 50%,横向对比的话,该职业类别在 2000 年同其他职业相比,其租金支付相对较高。然而在 2010 年时,该职业每月租金花费在 1000 原以下的比例超过了 80%,支付 1500 元以上的仅为 13.32%。

农、林、牧、渔、水利生产人员和生产、运输设备操作人员及有关人员两大职业类别从其租金支付数据上看,在 10 年间这两大类别的职业的租金支付并没有得到太大的变化,从租金支付金额上看,这两类职业支付 1500 元以上的分别仅为 4.93%、4.22%。

4. 住房面积分化

如上文所述,现代住房建筑风格的变化,一套房屋从设计上套间数减少,但是每间面积增大,人均占有面积增大,总体房屋建筑面积增大,从 2000 年到 2010 年这 10 年间不同的职业阶层在住房面积上也发生了变化,正如下表(表 4-6)所示:

表4-6 2000年与2010年北京市按户主的职业、人均住房建筑
面积分的家庭户户数（城镇）百分比

职业大类	年份（年）	合计（户）	19平方米以下	20至49平方米	50平方米以上
总计	2000	599803	50.73%	45.03%	4.25%
	2010	347100	41.41%	41.59%	17.00%
国家机关、党群组织、企业、事业单位负责人	2000	37604	40.35%	50.63%	9.02%
	2010	15719	15.76%	52.78%	31.47%
专业技术人员	2000	111882	43.52%	51.22%	5.26%
	2010	76662	18.79%	55.53%	25.68%
办事人员和有关人员	2000	66361	46.20%	48.69%	5.11%
	2010	62591	22.89%	53.82%	23.29%
商业、服务业人员	2000	140794	63.21%	33.22%	3.57%
	2010	115685	60.14%	28.59%	11.27%
农、林、牧、渔、水利业生产人员	2000	87561	38.92%	55.55%	5.53%
	2010	5260	29.41%	48.99%	21.60%
生产、运输设备操作人员及有关人员	2000	155601	55.70%	42.42%	1.88%
	2010	71181	58.16%	33.93%	7.91%

数据来源：北京市2000年与2010年人口普查资料。

国家机关、党群组织、企业、事业单位负责人在10年间其职业地位得到了长足的发展，从其住房人均占有面积我们可以看出，2000年该职业从业人员人均住房面积在19平方米以下的有40.35%，人均50平方米以上只有9.02%。然而，2010年人均19平方米以下的住户比例大幅下降至15.76%，而人均住房面积50平方米以上超过了30%。

专业技术人员、办事人员和有关人员的基本状况相似，在总体间数大幅增加的基础上，人均住房面积在19平方米以下的比例都大幅下降，同时人均住房50平方米以上的比例上升。另外，农、林、牧、渔、水利业生产人员的变化趋势和以上两类职业大类变化趋势基本相同。

商业、服务业人员，生产、运输设备操作人员及有关人员从2000年到2010年人均住房面积有所改善，但是改善的幅度在几类职业中最小。

（二）不同教育程度住房分化

之前我们分析了不同的职业阶层对住房分化的影响，而在当今社会，职业

分层大部分和教育程度紧密相关，高学历、高教育程度比低学历、低教育程度的从业人员更容易获得职业地位较高的工作，根据全国人口普查资料以及研究报告分析，我们将教育程度分为七个大类，我们通过分析教育程度与住房来源及月租金花费状况来分析教育程度与住房分化之间的关系。

1. 住房来源分化

总体上看，与2000年相比较而言，2010年的租赁房屋与购买商品房来源比重大幅度提高，而自建住房的比重大幅度下降。2000年普遍租赁房屋的来源是租赁公有住房，与现在的租赁私房有着本质的不同。同时2010年购买公有租房的比重略有下降，但由于总数的不同，实际购买公有住房的人数不降反升。具体数据如下表（表4-7）所示：

表4-7　2000年与2010年北京市按户主的受教育程度、住房来源分的家庭户户数（城镇）百分比

住房来源 教育程度	年份（年）	合计（户）	租赁廉租（商品）住房	租赁其他（原公有）住房	自建住房	购买商品房	购买二手房	购买经济适用房	购买原公有住房	其他
总计	2000	372861	6.67%	24.63%	32.66%	3.83%	0.00%	2.05%	26.83%	3.33%
	2010	559530	1.53%	35.20%	7.42%	20.76%	3.52%	5.66%	19.88%	6.03%
未上过学	2000	23316	3.24%	23.96%	53.13%	1.58%	0.00%	1.37%	13.72%	3.01%
	2010	10677	1.41%	27.17%	20.85%	8.27%	1.65%	4.08%	29.26%	7.36%
小学	2000	62773	6.42%	19.38%	51.08%	1.99%	0.00%	1.44%	16.71%	2.98%
	2010	42828	1.58%	35.84%	17.21%	9.64%	1.77%	3.64%	23.12%	7.20%
初中	2000	145116	9.69%	20.82%	42.91%	3.34%	0.00%	1.79%	17.74%	3.72%
	2010	173508	2.21%	49.17%	12.66%	10.01%	1.91%	3.14%	14.24%	6.66%
高中	2000	62239	6.21%	35.32%	20.48%	4.82%	0.00%	2.44%	27.14%	3.59%
	2010	125129	1.67%	36.81%	5.87%	17.67%	3.40%	5.51%	22.57%	6.50%
大学专科	2000	37416	3.29%	30.41%	4.55%	6.72%	0.00%	3.41%	48.91%	2.70%
	2010	77401	1.07%	26.92%	2.23%	28.81%	4.48%	7.44%	23.17%	5.87%
大学本科	2000	35568	2.12%	24.02%	1.70%	5.54%	0.00%	2.51%	61.36%	2.76%
	2010	101377	0.73%	20.30%	0.80%	37.18%	5.50%	8.62%	22.39%	4.49%
研究生	2000	6433	2.39%	30.61%	0.36%	5.46%	0.00%	2.04%	55.59%	3.56%
	2010	28610	0.80%	20.74%	0.27%	40.91%	7.43%	9.84%	16.19%	3.82%

数据来源：北京市2000年与2010年人口普查资料。

2000年的数据显示,未上过学的居民超过半数(53.13%)自建住房,23.96%的居民租赁公有住房,这两部分是未上过学居民主要的住房来源。

小学教育程度的居民绝大多数在2000年仍然依靠自建住房生活,除此以外,19.38%的人租赁公有住房,16.71%的人购买原公有住房。

初中教育程度的居民在2000年是人口构成的主体部分,初中教育水平的居民人口最多。其中有42.91%依靠自建住房生活,2010年后的北京市初中教育程度的居民接近半数(49.17%)的人依靠租赁其他住房生活。

高中教育程度的居民在2000年大部分(35.32%)依靠租赁公有住房,还有27.14%的居民住房来源是购买原公有住房,这两大部分构成了高中教育程度住房来源的主体,这与2010年的情况类似。

在2000年,教育程度在大专以上的居民购买商品房的比重随教育程度的提高而升高,购买商品房不是2000年时住房的主要来源,基本上80%以上的居民购买或者租赁公有住房,然而2010年超过3成的居民购买商品房。

2. 无房户租房状况

受教育程度高的人有大城市聚集性倾向,然而对于刚刚毕业的高学历毕业生想要一毕业就能够在北京拥有一套住房几乎是不可能的,尤其是对于高学历非北京户口的人。因而就教育程度分层来看,在京无房户中各种教育程度都有,唯一能够将其住房质量分化开来的指标就是看其月租金支付的多少,究竟月租金支付与受教育程度有什么样的关系,2000年和2010年这10年间又发什么变化,具体数据如下表所示(表4-8)。

以上数据可以清晰地看出,2000年由于本科生和研究生总数较少,各个教育程度的租金支付差别不大。但是到了2010年,从数据可以看出租金支付因教育程度而受到明显的影响。未上过学的人中66.61%住月租金在200元以下的房屋,小学和初中学历的人员在2000年和2010年的比例变化不大,但考虑到价格因素和货币价值问题,实际上小学和初中教育程度的居民在北京的住房水平是下降的。

表 4-8 2000 年和 2010 年北京市按户主的受教育程度、月租房费用分的家庭户户数（城镇）百分比

教育程度 \ 租金范围	年份（年）	合计（户）	200元以下	200~1000元	1000~1500元	1500元以上
总计	2000	116687	57.96%	40.58%	0.92%	0.55%
	2010	205517	29.01%	48.34%	6.13%	16.52%
未上过学	2000	6342	70.45%	29.39%	0.08%	0.08%
	2010	3046	66.61%	21.70%	4.27%	7.42%
小学	2000	16194	59.95%	39.56%	0.35%	0.14%
	2010	16026	38.75%	49.03%	4.44%	7.78%
初中	2000	44270	52.80%	46.12%	0.75%	0.33%
	2010	89149	27.58%	60.30%	4.47%	7.65%
高中	2000	25849	63.26%	35.45%	0.81%	0.48%
	2010	48145	33.85%	46.03%	6.21%	13.91%
大学专科	2000	12610	59.82%	37.95%	1.28%	0.95%
	2010	21671	25.03%	39.10%	8.95%	26.92%
大学本科	2000	9299	55.30%	40.48%	2.43%	1.80%
	2010	21316	18.97%	25.41%	10.44%	45.18%
研究生	2000	2123	49.03%	44.56%	3.96%	2.45%
	2010	6164	16.88%	16.40%	10.26%	56.46%

数据来源：北京市 2000 年与 2010 年人口普查资料。

从高中教育程度开始，2010 年的统计资料和 2000 年相比较就有了明显的变化，高中及以上教育程度在月租金支付上，尤其是 1500 元以上的比重都有了明显的增加，由此可以看出，教育程度越高其月租金支付能力越好，即使没有自己的住房，教育程度高的人也能够改善自己的居住条件，这也反映出教育程度对住房分化的影响。

三、结 论

第六次全国人口普查资料中关于住房的数据，为我们详细说明了新世纪以

来第一个十年北京居民住房条件变化及住房分化状况，为我们认真反思、总结、制定对策，更好地解决好民生问题提供了良好条件。对于北京这样的大城市而言，有着不同于全国总体发展趋势的独特状况，例如全国家庭住房自有率已经高达93.15%的水平，北京城镇居民家庭住房自有率却只有60%左右，远远低于全国平均水平。租金支付的提高，也说明了北京市城镇居民住房消费成本的提高。另外，2010年的数据表明，人均住房面积在19平方米以下的比重虽然减少，但是基数仍然较大，其中必然存在部分人均住房面积不足8平方米的居民，因此必须加强保障房建设，尽全力解决困难家庭的住房问题。最后，职业和教育对住房分化影响较大，在解决人民住房问题的同时必须处理好职业分层和教育分化的问题，不同职业和不同教育程度者在北京分工合作、共同发展才能形成良性循环，不能一味地接纳高教育程度人员入京，排斥低学历或者体力劳动者。在发展的过程中不仅要注重效率，也要注重公平。

第五章　北京朝阳区地下非正规住房研究

在中小城市，通过辛勤努力和劳动所得，实现自己的住房梦，也许不是非常困难的事情。但是在北京、上海、广州、深圳这样的超大城市里，普通劳动者包括白领阶层要实现住房梦绝非易事。

非正规移民是未取得北京户籍的常住人口，他们或来自农村，或来自其他城市，已经长期在北京居住、生活和工作。像中国其他城市一样，北京也是个双二元结构格局的城市，既有城乡之间的二元结构，也包括城镇中的北京户籍居民和外来的非正式移民的二元结构。2012年，年末北京常住人口2069.3万人，比上年末增加50.7万人。其中，常住外来人口773.8万人，占常住人口的比重为37.4%。常住人口中，城镇人口1783.7万人，占常住人口的86.2%。实际上外来人口工作生活在城镇，很少有在农村工作生活的，所以，在北京城镇人口中，非正式移民的比例更大，可以达到43.4%。

根据第六次人口普查数据计算：北京外来的就业人口中，国家机关、党群组织、企业、事业单位负责人占（主要是私营企业负责人）2.3%，专业技术人员占13.1%，商业服务业人员占48.1%，农林牧渔水利业生产人员占1.5%，生产运输设备操作人员及有关人员占24.6%。以此推算，外来人口中有企业负责人17.8万人，专业技术人员101.4万人，商业服务业人员372.2万人，农林牧渔水利业生产人员11.6万人，生产运输设备操作人员及有关人员190.4万人。

非正式移民中的私营企业负责人和部分专业技术人员在北京购买了商品房，其中有一些老板购买了多套住房。北京对非正式移民限购住房以前，商品房的三分之一被外来的非正式移民购买。限购令实行以后，非正式移民买房的比例大大下降,2011年,外省市个人占期房购买者的比例只有10.1%。2011年,外省市个人在北京购房仅有21948套。绝大多数的外来常住人口由于没有能力在北京购房,只能选择租房居住。

由于北京住房租金逐年上涨,外来常住人口住房压力也越来越大,住房的状况甚至恶化。2011年,北京租赁市场成交142.8万套,首都功能核心区和城市功能拓展区住房平均每套月租金达到3100元,全市住房平均租金49.1/平方米,同比涨幅11%。① 2011年北京的人均工资为56061元,如果在东城区租一套房子,需要付租金40896元,是平均工资的72.9%;在朝阳区租一套房子要付租金37200元,是平均工资的66.4%,即使在昌平区租一套房子租金也要达到平均工资的43%。

表5-1 北京各区房屋月租金　　　　　　　　　　单位:元·套

区县	首都功能核心区		城市功能拓展区				城市发展新区		
	东城	西城	朝阳	海淀	丰台	石景山	通州	大兴	昌平
2010	3272	3458	3084	3017	2662	2845	1790	2180	2425
2011	3408	3460	3100	3050	2670	2900	1737	2308	2411

数据来源:北京房地产年鉴2012

能租赁成套住房的大体上是外来人口中的精英群体,即其中的企业负责人和专业技术人员。占外来常住人口比例84.4%的新移民工人大多数只能选择租住城中村的农民住宅、地下室、工棚以及群租房等非正规住房来存身。根据侯佳伟的研究,外来人口中租房居住的比例为81.4%,单位提供住宿占15.5%,居住在雇主家的比例为1.5%,自购商品房的占0.7%,借住的占0.5%,自建的占0.4%。② 租住农民平房的占70.9%,租住楼房的占10.8%,住工棚的占7.1%,租住地下室的占5.6%。流动人口的住房人均使用面积为5.6平方米。流动人口住房的屋内设施也很缺乏,有自来水、厨房、厕所、洗澡间的分别仅占32.0%、14.5%、10.1%、8.2%。③

---

① 《北京房地产年鉴》(2012),中国质检出版社2012年版。
② 侯佳伟:《北京流动人口聚集地:趋势、模式与影响因素》,光明日报出版社2010年版。
③ 侯佳伟:《北京流动人口聚集地:趋势、模式与影响因素》,光明日报出版社2010年版。

北京城镇户籍人口的住房平均水平已经达到 1 人 1 套的水平，然而北京的新正式移民（2008 年以后户籍迁入北京的居民）大多数无法承受过高的房价，很多人在等候限价房和公租房。而北京的非正式移民还未被纳入住房保障体系。

经济发达国家在住房发展方面普遍经历了三个阶段：（1）"二战"以后，各国住房普遍不足，有些国家的城市里出现房荒，于是掀起了住房建设的高潮，这个时候着重解决住房有无的问题，即注重住房数量的阶段；（2）随着住房短缺的缓和，住房水平向一户一套的水平靠拢，在保障数量的前提下开始注重质量，进入数量和质量并重的阶段，从国外的统计数据看，人均 GDP 达到 3000 美元时，住房紧缺状况逐步缓解，可以达到全国存量住房套数与家庭户数相当；（3）人均 GDP 达到 5000 美元时，住房水平进一步改善，由一户一套向一人一间靠拢，对住房的质量、功能、环境提出了更高的要求，进入重视质量的阶段。经济发达国家在 20 世纪 70 年代普遍进入了提高质量和改善人居环境的阶段[1]。2012 年北京的人均 GDP 已经达到 13797 美元，然而，北京的住房总体上还相当于西方国家 20 世纪 60 年代的水平，住房数量的问题仍未解决。

由于社会的极化，部分人开始追求住房的质量，而另外一部分人住在地下室、城中村等非正规住房里，还有部分人选择群租住房，使得大量的正规住房非正规化。

北京是我国房价最高、住房问题最突出的城市之一，和其他超大城市最大的不同就是有 100 多万人居住在地下室，这些人的境况被认为比"蚁族"还惨，被称为"鼠族"。地下室被认为隐患多多，地下室的居民时不时地要被驱赶和清理。北京的住房政策主要针对本地城镇居民，以流动人口为主体的地下室居民多数没有资格享受住房政策。

随着住房市场化改革和住房价格的快速上涨，关于流动人口住房困境和住房保障的研究最近几年逐步增加。吴维平、王汉生对上海北京的流动人口住房

---

[1] 住房和城乡建设部住房改革与发展司、中国建设设计研究院、亚太建设科技信息研究院：《国外住房数据报告 No.1》，中国建筑工业出版社 2010 年版。

状况进行了深入的调查研究，他们发现租赁是流动人口解决住房的基本方式，单位提供宿舍是另外一种方式，也有少量是私自搭建的棚户。流动人口居住条件差，面积小，但是对住房的满意度要高于城市居民。流动人口被排斥在住房体制之外。廉思在《蚁族》中，涉及大中专毕业不久的青年群体住房面积和租金情况，但是，没有进一步探究相关的住房政策问题。鉴于我国的住房政策过于依赖市场，唐钧指出，中国只有房地产政策，而没有住房政策。因而研究现有的住房政策体系的缺陷、制定合理的政策目标、设立政策对象标准，就成为迫切的需要。

  2011年9月19号的国务院会议要求，"继续大力推进保障性安居工程特别是公租房建设，加快实现住有所居的目标。公租房面向城镇中等偏下收入住房困难家庭、新就业无房职工和在城镇稳定就业的外来务工人员，以小户型为主，单套建筑面积以40平方米为主，租金标准由市县政府结合当地实际、按略低于市场租金的原则合理确定。各地要逐步实现廉租房与公租房统筹建设、并轨运行。"北京的廉租房、经济适用房、限价房以及公租房目前都还没有向非正式移民开放，根据国务院的精神，北京市的政策也到了该调整的时候了。然而，北京市在非正式移民住房政策面临着两难问题，过度的保障会使人口继续激增，不予保障又显然有损于社会公平，因而深入研究北京地下室居民及其他流动人口的基本居住状况、居住需求，研究国外移民住房保障的经验，就很有必要。

  对于中国流动人口的住房问题、对于城市住房保障问题研究的文献已经有不少，但是对于地下室居民的住房状况的研究却比较少。地下室居民到底是什么人？一般认为地下室居住的都是进城务工的农民，事实到底是怎样？除了农民工还有什么人住在地下室？情况并不清楚。一般认为地下室暗无天日，居住条件恶劣也不安全。真相到底是怎样？在现代科技条件下的地下室是不是可以用作居住用途？是不是比城中村、比宿舍更差？地下室的住房房租是不是更便宜？这些问题都需要通过实证研究来回答。

一、城市地下居住空间研究及相关政策

在旧石器时代，人类就学会了对天然洞穴的改造，这是人类处于穴居社会建立的原始文化。我国黄土高原的窑洞建筑就是个很好的例子，不仅分布广泛，且延续至今。[①]在河南西部的三门峡、山西运城、甘肃陇东的庆阳及陕西的部分地区，至今还有一些地坑院。地坑院当地人也称为"天井院"、"地阴坑"、"地窑"，是古代人们穴居方式的遗留，被称为中国北方的"地下四合院"，据说已有约四千年历史。地坑院曾经很好地利用了地下空间满足居住需求。新中国成立后，我国城市里大量兴建人防工程，包括部队建设、各单位建设和各地方建设等类型。到了上个世纪80年代，随着改革开放和城市建设的发展，各类地下空间迅猛增加，一些居民和外来人口把半地下室、地下室作为居住空间使用，也有些个人和单位利用地下空间开办旅店。从互联网的租房信息中搜索可以看到，北方的大城市沈阳、青岛、西安、长春、济南、郑州都有不少地下室出租用于居住。南方城市杭州、南京、深圳、广州等地也有关于地下室租赁住人的报道和信息。而北京、天津两大直辖市的地下空间居住着数以十万计的住户，仅北京据估计就有近百万人住在地下室里。

（一）地下居住空间市场越来越大

"十一五"期间，北京市人防工程的规模增长迅速，全市新增人防工程750万平方米，占人防工程总量的近40%。据北京市民防局最新统计数据，截止到2010年11月20日，北京市在用人防工程5283处、1218.5万平方米，占全市人防工程总量61.5%。其中，用于开设旅馆、散租住人、员工宿舍的人防工程3045处、275万平方米，占在用人防工程面积的30%，共计床位20万张，居住群体约15万人。[②] 2012年北京市现有的处于散租状态的800余处地下空间年底合同到期，届时，有关部门将按照市政府236号令依法进行治理清

[①] 李浩洋：《地下建筑及湘潭市地下空间资源的开发》，载《基建优化》，2002年第2期。
[②] 王芳洁：《居民楼禁令再出，地下室旅馆被禁》，载《第一财经日报》，2006年9月15日第C07版。

空。根据数据统计,这 800 余处地下室占到目前北京市散租地下空间的 80% 以上,涉及地下室散居或群居人员达数十万人①。也有报道认为,北京地下室居住约 100 万人。

2006 年,从租赁房源来看,以小户型公房、地下室、平房为主体的北京市低端租赁市场长期处于供不应求状态,供需比例为 1∶2.8。② 北京的大学毕业生往往首选留在北京工作,外地大学毕业生也争相进京工作,加剧了北京低端租赁市场的需求;随着考研热的来临,高校周边的地下室一房难求。他们生活在北京的地下空间里构筑了"另一个世界"。国家统计局综合司副司长盛来运日前在北京举行的第四届中国全面小康论坛上表示,农民工城市化的最大障碍也是必须解决的问题就是住房问题,仅 0.8% 农民工在城里买了房。③ 2012 年北京市在制造业领域的用工约 180 万人,其中超过 40% 是外来人口。④ 传统服务业中的农民工比例更大,北京的制造业和服务业已经无法离开外来工人,解决他们的住房需求问题是当务之急。

(二)地下室居住空间存在的问题

高房价伴随着高房租,近年来房屋价格的飘升使各地出现了越来越多的"蚁族"、农民工等住房困难群体,他们绝大多数聚集在城中村、城乡结合部和市区内的地下室,居住环境、住房条件、生活质量都比较差,备受蜗居生活的煎熬⑤。其中,地下室因空间位置特殊,被认为存在较多隐患。

第一,破坏主体结构。为了牟利,一些承租人擅自将自己或租用的楼房进行改装,随意改变房屋结构,甚至破坏承重墙,导致不少房屋存在坍塌的危险。

---

① 彭斐:《"鼠族"——我的家何处安放》,载《民主与法制时报》,2011 年 1 月 24 日第 C02 版。
② 王芳洁:《居民楼禁令再出,地下室旅馆被禁》,载《第一财经日报》,2006 年 9 月 15 日第 C07 版。
③ 崔立勇:《国家统计局综合司副司长盛来运表示买不起房阻碍城市化》,载《中国经济导报》2009 年 12 月 24 日第 B06 版。
④ 谢良兵:《京城居不易 60 万人挥别》,载《经济观察报》,2012 年 9 月 3 日第 012 版。
⑤ 马俊、于瑶:《银川为外来工提供"一元钱"公寓》,载《新华每日电讯》,2010 年 5 月 9 日第 003 版。

第二，治安混乱。地下室容易成为藏污纳垢之所，卖淫嫖娼、聚众赌博、盗窃斗殴时有发生。2009年7月20日，北京东方容和物业管理有限公司被告上了法庭，诉称被告没有尽到安全保卫义务，对彭某进出没有任何登记、盘问和检查，彭某残忍地杀害小袁后还能轻松地离开。①

第三，消防隐患。一些地下室租住人员常常使用炉具、电炉子、电热杯、热水器等超负荷违规电器，造成种种火灾隐患。② 管理者大多是"睁一只眼闭一只眼"。多数用作住宅的地下室内，木头、棉布等易燃物品随意堆放，还有居民喜欢捡拾废品，有的地下室内已无法落脚。消防部门表示，地下室内杂物堆放过多是引发火灾的首要风险。③ 由于地下室空间有限，出入口少，发生火灾时，氧气消耗快，温度急剧升高，烟雾浓烈，不仅地下室人员逃生困难，而且消防官兵扑救火灾也十分艰难，会受到空间、光线等诸多限制，常常造成严重的损失和伤亡。④

第四，潮湿洪水。雨水或融雪会渗入土壤，如果房屋处于低洼处，水就会经过地基墙裂缝进入地下室。此外，防潮层大面积破裂，水管堵塞、断裂，地下排水不畅引起水位上升，长期接触不到阳光等，都是地下室潮湿的原因。进入雨季，地下室居民更是要做好防洪的斗争，目前国内地下排水仅靠潜水泵抽水，只能依靠物业管理人员和居民用棉被、沙土乃至大米在地下室入口处堆砌"特殊的防洪堤"⑤。

第五，污染物沉积。地下室经常处于半密闭状态，通风不畅。由于一些有机物的腐败分解，日积月累，产生和积累了窒息性气体，这些气体会让人窒息晕厥，甚至死亡。南华大学城市建设学院副教授罗清海告诉《北京科技报》，减少室内氡浓度、挥发性有机物、甲醛和二氧化碳最常用、最高效的方法就是通风。地面上有自然风，但是地下空间如果没有必要的通风设备，那么空气根本无法流通，有害污染物就只能越积越多。他曾对北方某市一地下建筑物进行

---

① 张宁、潘靓：《地下室——群租者的生态》，载《法制参考》，2009年10月。
② 王芬芬：《地下空间租住管理》，载《现代物业》，2005年第12期。
③ 徐行号：《地下空间如何防御火灾》，载《生命与灾害》，2011年第7期。
④ 王忠喜：《沈阳地下室放火警示录》，载《上海消防》，2005年第8期。
⑤ 王发枝：《榕城水灾考问城市房地产开发》，载《福建工商时报》，2005年10月14日第002版。

调查，结果发现，仅氡浓度一项，在最高时就超出国家标准近 3 倍。氡与人体的脂肪有很高的亲和力，能在脂肪组织、神经系统和血液中广泛分布，引发肺癌。① 还有，地下室防水墙在粉刷后，很难"放味"，在通风不佳的狭小环境中接触高浓度的苯蒸气（送风 5h 后苯 STEL 为 340.4mg/m³），容易引起急性重度苯中毒，导致死亡或者昏迷。② 此外，液化气的比重比空气大，同体积的液化气比空气大约重 0.5 倍，如果在地下室里使用液化气，一旦泄漏出来，很容易在较低处积聚。液化气长时间积聚，可能形成爆炸性混合物，是很危险的。由于地下室里空气流通不好，缺少氧气，可能使液化气燃烧不完全，从而产生大量的一氧化碳。为了节约成本，有些地下室的通风设备根本没有按要求使用。

第六，光照环境引起的健康等问题。地下空间光环境的优劣影响到人的心理、生理健康和行为活动。人们根据自然光形成的昼夜节律和二十四个节气变化的日光节律进行活动，然而现在却随着人工照明的应用而发生巨变，人体节律也发生了紊乱，对女性生殖功能的不良影响尤其突出。人工照明对女性生殖功能的影响，可能是通过激素调节完成的。如人脑中松果体可分泌一种褪黑激素，该激素对女性下丘脑—垂体—卵巢轴有调节作用，而人工照明对视觉系统的刺激，可抑制褪黑素的分泌，从而造成不孕不育。③ 地下空间的封闭性给人闭塞感、压抑感；空间照明不足导致人产生恐惧、不安全感；看不到自然环境和光线失去方向感、时间感。地下空间光环境影响着人的心理活动。有数据表明，地铁因其幽蓝、昏暗的色调成为自杀率较高的地点；地下通道、地下停车场等地下空间也因环境阴暗、闭塞成为犯罪率较高的地点。④

第七，卫生防疫困难。地下室往往老鼠泛滥。由于地下建筑具有特殊的地理环境，有些生活垃圾缺乏管理、封存不加盖，且温度湿度相对稳定，气候适中，鼠可在货架、管道、顶板之上筑巢，因地形复杂，鼠活动空间大，室内管道复杂，大量的货物为鼠类提供了充足的食物来源以致其繁殖极快。⑤

---

① 孙燕燕、张星海：《氡——地下商城里的"杀手"》，载《北京科技报》，2010 年 4 月 19 日第 024 版。
② 张程、刘薇薇：《4 例急性重度苯中毒事故报告》，载《中国工业医学杂志》，2008 年第 2 期。
③ 冯瑶、顾德宁：《光污染影响人类多种功能人工照明尤甚》，载《新华日报》，2006 年 03 月 15 日。
④ 李明丽：《基于北京旧城改造与地铁建设的地下空间光环境研究》，中央美术学院学位论文，2011。
⑤ 卢世堂：《城市地下场所灭鼠技术应用》，载《中国地方病防治杂志》，2006 年第 3 期。

地下室蟑螂泛滥。地下室通常阴暗潮湿，通风很差，环境比较安静，冬暖夏凉而温度变化较小，是适于蟑螂栖息的场所。蟑螂多栖息在各种管道和电缆的间隙中、杂物堆内等。此外，潮湿的环境最易滋生微生物，从而威胁人的健康。温度适宜和通风不畅，会让空气中大量的真菌和厌氧菌快速繁殖。这些微生物个体微小，可以很长时间悬浮在空气中并容易传播。其中包括脑膜炎双球菌、结核杆菌、百日咳杆菌、军团菌、肺炎支原体等。尤其是夏季，在人员密集的地区，高温、高湿再加上人体本身要流汗并且排出一些有害废物，都造成了地下空间环境的进一步恶化。①

第八，租住门槛低导致外来人口大量涌入。地下室的租住人群往往是一些低收入群体。如果一个城市租房门槛过低，不仅会使得大量外来人口涌入，造成城市的人口膨胀，而且还很容易导致各种低端产业的出现。比如小商店、小餐馆等，这些产业是专门为流动人口服务的。这个二级市场并不规范，但它却会随着人们数量的增长而盲目扩大，反之也会带动人口的增长，这就形成了恶性循环，对城市的发展不利。②

然而，也有专家从环境卫生学的角度研究了沿海城市半地下室的居住环境，认为半地下室的居住环境对居住者没有什么明显的不适影响。尽管沿海城市地下水位高以及有梅雨的影响，半地下空间居住环境与地面居住环境略有差异。但是对长期居住者全面的、系统的调研结果，无明显不适反应，居住环境相当于高层建筑底层一楼水平。因而提出沿海地区半地下空间居住环境，不同季节室内温度以 10.7℃—25℃，相对湿度 71%—85% 为宜。在统一规划下，半地下空间居住环境，应列入大城市开发的组成部分，并加以推广。③

总的来说，除了极少数的半地下室，绝大多数地下空间设计功能并非用于居住，要改为居住用房需要在专业人员指导下投入大量资金才有可能。因为地下室达不到居住建筑的标准，也不符合相关法规，地下室住房基本都是非正规

---

① 姜志宽、吴光华：《蟑螂防治（六）——不同场所蟑螂的防治》，载《中华卫生杀虫药械》，2009 年 12 月第 15 卷第 6 期。
② 李金金：《地下空间清理不能盲目》，载《北京科技报》，2011 年 1 月 24 日第 005 版。
③ 曹钟兴、朱玉华、于继慧、郑明龙、张云琴、徐恩鸿：《半地下室空间居住卫生学研究》，载《中国公共卫生》，1995 年第 4 期。

住房，对居住者的健康不利，也存在着很多安全隐患。

（三）地下室的居住政策

1. 北京市地下室政策变迁

20世纪80年代中期，北京市规定新建建筑必须同时建设地下防空工程。除非地质条件不允许，否则，人防工程是必须要建的，如果不能建，须交纳一定费用，由政府另行择地修建。

20世纪90年代，是北京人防工程开发利用的兴盛期。90年代初期，大量人防工程被空置，北京市开始鼓励地下室出租，既解决了流动人口住宿难问题，弥补了城市地下空间管理费用的不足，又较好地发挥了人防工程的社会经济效益。根据1990年生效的《北京市实施〈旅店业治安管理办法〉细则》，并未排除利用地下室和人防工程开办旅馆的情况。

2005年北京开始规范地下室的使用安全。2005年1月1日北京颁布的《北京市人民防空工程和普通地下室安全使用管理办法》规定，未经产权人（管理单位）同意，擅自出租使用；擅自拆改结构，影响安全使用的；不具备上下水、卫生间、用电设施的居住场所会被停用。此外，人员居住过密、使用上下床、人均居住面积达不到4平方米等问题的普通地下室将会受到停业整顿的处罚。

2006年北京市政府法制办公布的《北京市旅馆业安全管理规定》规定：自2006年9月30日起，任何单位和个人不得在居民楼内或者利用人防工程、普通地下室的地下二层以下开办旅馆及对外居住性出租。

在2006年3月1日颁布的中华人民共和国国家标准住宅建筑规范中，地下室是指房间地面低于室外地平面的高度超过该房间净高的1/2者，半地下室是指房间地面低于室外地平面的高度超过该房间净高的1/3，且不超过1/2者。住宅的卧室、起居室（厅）、厨房不应布置在地下室。当布置在半地下室时，必须采取采光、通风、日照、防潮、排水及安全防护措施。同时指出，住宅地下室应采取有效防水措施。①

---

① 《中华人民共和国国家标准住在建筑规范》第385号。

2008年，在北京奥运会前，北京不少区县已开始停止批准人防工程的散租住人。

2010年初，北京市民防局制定了清退人防工程散居户的三年计划。自2010年8月1日起，北京市民防部门已不再新批用于散租住人的项目，执行只出不进的政策，以消化历史存量。对人防工程的清理整治，一方面是政府部门按照条文依法行政，另一方面是北京市出于对人口调控的迫切需要。①

2011年8月24日正式发布的《北京市人民防空工程和普通地下室安全使用管理办法》要求，禁止把违法建设的地下室进行出租，并禁止将规划为非居住用途的地下室进行出租居住，而所有对外出租的地下室需按照相关程序办理登记手续。如果地下室使用人员利用地下空间从事旅店业，设置宿舍，房间内人均使用面积不得少于4平方米，并且不能设置上下床。利用地下室做旅馆但人均使用面积小于4平方米或者设置上下床的违规者也会被处以500元以上3万元以下罚款。

同时，北京的各个区县都开始着手准备开展地下空间的清理和整治工作。北京市民防局局长王永新在"海淀区利用人防工程为公益服务经验交流会"上公开表示，将用半年到一年时间，集中清退人防工程中的散居户。丰台区明确提出将投入2.4亿元清理地下空间，禁止地下室作宿舍、分租或经营旅店，将改作停车场等用途。

2012年5月9日，北京市发布《关于公布我市出租房屋人均居住面积标准有关问题的通知（征求意见稿）》，规定出租房人均面积不少于5平方米，且一个房间最多只能住2人。目前流行的隔断住房以容纳更多租户的群租房和地下室都属于违反规定的。

2. 其他省市地下空间管理规定

自2009年3月1日起施行《天津市地下空间规划管理条例》第22条明确指出：地下空间不得建设住宅、敬老院、托幼园所、学校等项目②。

---

① 彭斐：《"鼠族"——我的家何处安放》，载《民主与法制时报》，2011年1月24日第C02版。
② 天津市地下空间规划管理条例，http://www.tjwq.gov.cn/guihj/zcfgui/200911/64e3ada2d13d45debe-bd839fb8f4d3f8.shtml。

安徽省六安市在城区范围内实行租赁房屋信息登记报告制度，规定不得将厨房、卫生间、阳台和地下储藏室出租供人员居住。①

3. 地下室租赁相关的法律政策

财政部、国家税务总局《关于具备房屋功能的地下建筑征收房产税的通知》（财税〔2005〕181号）中指出，凡在房产税征收范围内的具备房屋功能的地下建筑，包括与地上房屋相连的地下建筑以及完全建在地面以下的建筑、地下人防设施等，均应当依照有关规定征收房产税。上述具备房屋功能的地下建筑是指有屋面和维护结构，能够遮风避雨，可供人们在其中生产、经营、工作、学习、娱乐、居住或储藏物资的场所。②

2011年2月2日起施行的《商品房屋租赁管理办法》中第8条规定，出租住房的，应当以原设计的房间为最小出租单位，人均租住建筑面积不得低于当地人民政府规定的最低标准。厨房、卫生间、阳台和地下储藏室不得出租供人员居住③。

4. 国外地下室管理政策

在密歇根肯特县的住房管理条例中规定，半地下室在采光要求和绝缘防湿要求达标的情况下是可以用作住宅的，而全部处于地下的地窖是不能用作住宅的。地窖或地下室全部或部分位于地下，并且地板到天花板的高度低于相邻地面平均坡度的是不能用作住宅或住宅单位的，除非地板和墙壁能防潮湿防渗漏；或是总窗口区域面积等于10%的房间的居住面积，窗玻璃可开启45%的面积。总窗口应完全位于相邻地面以上。④

纽约州的相关法律规定，私人住宅地下室不可出租或占用，除非条件满足最低要求，包括采光，通风，卫生和出口，并已得到建筑部门的批准文件。⑤从美国纽约的房屋规划中可以看出，在满足基本生活的情况下，地下室也是可

---

① 新华网安徽频道，http：//www.ah.xinhuanet.com/2012-12/24/c_114137771.htm。
② 《关于具备房屋功能的地下建筑征收房产税的通知》（财税\〔2005\〕181号）。
③ 《商品房屋租赁管理办法》（中华人民共和国住房和城乡建设部令第6号）。
④ "Housing Regulations For Kent County"，*Michigan*，p. 503.
⑤ New York City Department of Housing Preservation and Development：Useful Information about Housing Rules and Regulations。

以作为住宅的。

总的来看,中国各地的法规都限制地下非居住用途的空间住人,美国的一些县市也限制地下室出租住人,除非达到居住的最低要求并得到建筑部门批准才可以居住。

二、地下居住空间的非正规性研究

(一) 研究的背景

据北京市住建委2009年的统计数据显示,北京的1.7万套普通地下室中,还居住着近80万人口。这意味着,在北京的地下空间中,住着近百万的流动人口,超过北京常住外来人口的10%。数量庞大的外来人口支持了北京众多产业的正常运行和都市的快速发展,但不断上涨的房价和住房租金迫使许多人把眼光投向了北京市区内的地下室空间。由于交通便利、价格便宜、条件凑合,于是部分打工者成为了地下空间的租户,地下空间也成为北京市大量外来流动人口的集聚地。长期以来,地下室被认为是藏污纳垢之所,卖淫嫖娼、聚众赌博、盗窃斗殴时有发生,常被贴上"治安混乱""消防隐患"和"脏乱差"的标签。地下空间规划用途一般都是非居住用途,地下空间的自然环境不经过特殊的处理一般也达不到住宅建设的环境标准。

高房价伴随着高房租,近年来房屋价格的飙升使各地出现了越来越多的"蚁族"、进城务工人员等住房困难群体,他们绝大多数聚集在城中村、城乡结合部和市区内的地下室,居住环境、住房条件、生活质量都比较差,备受蜗居生活的煎熬。[①] 根据建设部和北京市的房屋出租管理规定,地下储藏室和规划为非居住用途的住房不能用于出租住人,因此地下空间的住房是不合乎法规的。虽不符合城市住宅建设标准,但地下居住空间仍成为一种大量存在的非正规住房。

[①] 马俊、于瑶:《银川为外来工提供"一元钱"公寓》,载《新华每日电讯》,2010年5月9日第003版。

非正规住房是城市里未经政府部门许可、脱离政府监管或未经城市规划批准形成的，不符合政府规定的程序和标准的住房类型。非正规住房主要包括非正规自有和非正规租赁等类型，在我国主要包括城中村住房、地下室住房和群租房等形式。

国外的非正规住房的研究可以划分为以下阶段：第一阶段，"二战"后至20世纪60年代中期。"二战"之后，城市的移民自建区快速膨胀，这些新移民被认为是社会的包袱甚至是社会稳定的潜在威胁，城市规划者主张清除非正规住房。第二阶段，20世纪60年代中期至70年代中期。有学者提出非正规住房为城市新移民提供了进入城市的落脚之处，有利于他们逐步适应环境，使他们最终融入城市社会。第三阶段，20世纪70年代中期至今。有学者认为有关非正规住房属于贫困文化以及"边缘性"的观念已经不合适，非正规住房应该放在范围更广的市民参与、国家权力以及经济依赖的政治学研究领域中讨论。

国内关于非正规住房的研究始于近10多年，秦晖认为，资本主义时代特有的弊病在于国家与开发商的合谋使得城市主城区穷人"本来就很恶劣的居住条件"也无法维持。赵静认为，发展中国家的城市非正规住房供给包括非法占住、非法再分和非正规租赁等不同类型。魏立华等认为，城市住房政策侧重于"正式高端商品房"，但"非正式住房市场"的重要贡献却被政府忽略掉。吴维平、王汉生对上海北京的调查发现，租赁是流动人口解决住房的基本方式，流动人口被排斥在住房政策之外。

国内外许多学者对贫民窟、棚户区以及城中村等非正规的住区和住房进行了研究，探究社会下层非正规聚居区和非正规住房的形成机理。但是对城市地下非正规住房研究很少涉及。只有一篇研究卡尔加里的地下室非法居住问题的文献，指出卡尔加里市政府对地下室的非法居住是默许的。[1]

2011年，北京开始集中清理人防工程中的地下室居民，意在加强对流动人口管理和控制抑制人口过快增长、消除安全隐患等。但实际上地下空间的非

---

[1] Alina Tanasescu, Ernest Chui Wing-tak, Alan Smart. "Tops and bottoms: State tolerance of illegal housing in Hong Kong and Calgary", *Habitat International*, 2010 (3), pp. 478 – 484.

正规居住形式还在持续增加，本研究意在通过北京市朝阳区地下室研究，还原地下室百万居民的真实生活和地下非正规住房的基本特征。

（二）研究方法

本研究采用了抽样调查、深度访谈以及参与式观察等研究方法。调查于2011年10月到2011年12月期间进行，调研组对朝阳区地下住区展开了基本居住情况调查。根据事先拟定的调查表，以租房者的身份对抽取的地下居住空间居住环境进行了细致观察和询问，之后根据获得的信息填好调查表。最终，我们在朝阳区潘家园地区、望京地区、国贸地区完成了90个地下住区的居住情况的调查表，并利用spss软件对数据进行了整理和分析。本次调查的分析单位是地下住区（每个地下住区都是有30~100多个房间的地下空间）。同时采用深度访谈法对地下室住房管理员、地下室居民进行访谈，收集相关资料。2012年3月到2012年6月期间，调研组成员分别租赁朝阳区的4个地下住区，住进地下空间，通过参与式观察收集资料。

（三）北京市朝阳区地下非正规住房的基本情况

1. 楼道情况

75%的地下室不是毛坯房，做了简单的贴砖防潮装修，但仍有25%的地下室是毛坯房，显得很潮湿。有89%的楼道都很干净、没有垃圾或积水等。多数小区内用于出租的地下空间为双层结构，即地下一层属于半地下室，屋内有窗户，可见到阳光；地下二层是全地下室，全封闭，楼道内有通风设施和取暖管道，通过观察我们发现，地下室虽然白天黑夜都开着走廊灯，但一半地下室为了省电，楼道灯不开启，楼道内光线比较昏暗；另一半地下室光线适中，能够看清四周墙壁和脚下的路。

2. 室内基本条件

所有的地下室房间内除了有基本的床铺外，仍有17%的地下室不提供桌子，39%的地下室不提供椅子，柜子等家具就更为罕见，衣物等杂物可以打包放在床底下。而且有的床铺极为简陋，就是几条凳子支撑一块床板或是一张单人床旁边加块板就摇身一变成了一张双人床，多数住户是自带被褥的，直接拎包入住的少。33%的地下室屋内安装有暖气，但室温偏低，在屋里要穿着外衣，裹着棉被。95%的地下室可以洗澡，是公共浴室，洗一次5元。

一个地下室的住户A表示，这个地下空间基本没通风口，屋内更是没有窗户，厕所上面有个窗户，但也常被人关上，空气非常不好。厕所味道蔓延到了整个楼道，即使关上屋门也还是可以闻到，晚饭时有人在房间里或楼道里炒菜，油烟味道非常呛人。另一个地下室的居民B表示，这个地下室的通风非常不好，没有通风设施，有时候在里面会觉得很憋，出不来气，所以自从不供暖以来，他的屋子就一直是敞着门拉着帘的，我们观察到，其他邻居也多是同样的情况。

3. 安全情况

通过调查发现，91%的地下室有摄像头，88%的地下室有消防设施。通常在管理员的房间内，放置有灭火器和监控的闭路电视。住户A表示，地下室非常安全，只是偶尔跳闸时一片漆黑，有点吓人。住户B表示，这里冬天也不让用电热毯，而且有消防设施和摄像头，正好对着他屋子的楼道，楼门口也贴了安全制度，他表示住在这里应该很安全，刚来到北京住地下室的时候，也想过诸如着火跑不出去之类的。他还表示，盗窃倒是不怕，家里没放什么东西，不会有太大损失，而且住这里三年也没听见过地下室着火或盗窃的事情。

4. 卫生情况

地下室内都有卫生间，卫生间蹲位男女各两个到三个不等，有的不分男女卫生间，仅靠一道门保护隐私，一些卫生间较臭较脏。在调查的90家地下室中，有82%的地下室的厕所比较干净，但其中33%的厕所味道很重。A住户表示对厕所不太满意，厕所水房垃圾桶都清理得不勤。这一点我们也有同感，尤其是周末或节假日，垃圾桶都溢出来了。B住户表示对卫生不太满意，表示厕所比较脏，离他的屋子非常近，味道很大，水房使本来已经又寒又潮的地下室更阴冷了。

5. 网络及手机信号情况

有94%的地下室可以提供网线，包月上网；92%的地下室可以接收到手机信号。A住户的房中有电视，但是没有闭路电视线路，基本是摆设。上月购置了笔记本电脑，而且安宽带了，下班后大家都各自上网，每月60块钱包月，以前他同屋三人都是打牌来打发时间的。B住户屋子里有个电视机，接了有线，我们进去时屋里开着电视，明显能感受到这个电视质量和画面清晰度不怎么好，而且这个电视只能收到为数不多的几个频道。A住户表示，"手机信号非常差，部分屋子里完全没有信号，只有屋门口和楼道里还有信号。但我房间的信号还是很好的，不仅可以打电话，还可以用手机登陆qq"。B住户表示，"手机信号不好，尤其是移动的电话，每次都要去外边打电话，别人打过来也联系不上我"。

6. 租金及其他费用

地下室的租金并不便宜。以笔者租的一间例，屋子6平方米，租金是500元/每月，水费是每人10元/月，垃圾费10元/月，开水费是5元32次，电费1元/度，押金是租金在500元以上的押200元，就是一个月的基本费用是535元，合每月每平方米需要89元。

A住户的地下室400元/每月，面积8平方米，是老板给租的，同屋还有两个工友，人均面积2.67平，每平方米50元/每月。B住户表示，租赁地下室的原因是方便和便宜，住在郊区虽然便宜但太不方便，一般在城里干活，路上就要花费好几个小时，所以只能选择城市中的地下室。B表示，最便宜的还是地下室，他这间房250元/每月，面积4平方米，他和妻子两个人住，人均面积2平方米，每平方米62.5元/每月。

地下室的租金折合成每平方米的单价实际上并不便宜，跟地面上的套房折合成平方米的单价不相上下。但是，地面的套房最小的户型也在30平方米以上，最低的租金也在2000元以上，这个价格对地下室的居民来说是不可承受的。地下室的单价不低，但是隔成5~10平方米的小间出租，每个出租单位200~600元，对地下室居民来说，是价格可以承受的求之不得的合适居所。

表 5-2 地下室租金与其他收费

	租金（间）	租金（m²）	水费（月）	电费（度）	洗澡费（次）	垃圾费（月）
均价（元）	483.8	77.1	8	1.1	4.8	1.9

7. 居住者对地下室的评价

居住在地下室的舒适程度，有53%的人选择一般，有17.2%的人选择舒服，有10.2%的人选择很舒服，仅有9.8%的人选择不舒服，还有6.5%的人从来没有考虑过这个问题。从居住者对地下室的满意程度表中，我们也可以看出，最满意的是地下通道畅通度，其次是防火设施完备，第三位的是楼道照明灯和摄像头满足需要；最不满意的是公共厨房，因为大多数地下室都没有公共厨房，其次是电视机，因为绝大多数地下室不提供电视机，多数居民是用笔记本电脑，不满意程度排在第三位的是电话信号和足够的晾衣空间，电话信号不好，打不出去电话发不出去短信，无法用手机上网。没有足够的晾衣空间，主要是因为地下室楼道内潮湿，晾衣服不容易干，而且住的人比较多，洗的衣服也比较多，大家晾在一起，湿衣服把干衣服弄湿是司空见惯的事。

（四）清空地下室的政策

从上世纪80年代，地下空间多处在闲置状态。因缺少专项基金维护，又缺少专人管理，许多地下人防工程垃圾成堆，日渐破败。为了改变地下人防工程这种脏乱差的状况，上世纪90年代，政府提出"以用促管，以洞养洞"的方针，鼓励大家使用人防工程，并收取一定的使用费。当时的承租人开始利用人防工程开办地下旅馆，但数量并不多。到了上世纪90年代末，随着大量外来人口的涌入，人防工程和普通地下室出租住人逐年递增。

2011年8月24日北京正式发布《北京市人民防空工程和普通地下室安全使用管理办法》，禁止把违法建设的地下室进行出租，并禁止将规划为非居住用途的地下室进行出租居住，而所有对外出租的地下室需按照相关程序办理登记手续。如果地下室使用人员利用地下空间从事旅店业，设置宿舍，房间内人均使用面积不得少于4平方米，并且不能设置上下床。利用地下室做旅馆但人均使用面积小于 4 平方米或者设置上下床的违规者会被处以 500 元以上 3 万元以下罚款。同时，北京的各个区县都开始着手准备开展地下空间的清理和整治工作。

在谈及清空地下室政策时，一个地下住区的管理员表示清空地下室的风波并没有平息，现在也一直说要清空地下室，按理说这家地下室早应该在北京市出台清空地下室政策时，就被全部清空的，但由于承包人跟上面关系比较好，人都比较熟，一直拖着。

数百万外来常住人口和数百外暂住人口中，绝大多数没有能力租赁地面的套房，非正规住房成为他们无奈的选择，地下室对许多人来说是求之不得的居所。

受当前住房保障体系和保障能力的制约，把所有外来人口纳入现有的住房保障体系有很大难度。但外来人口住房保障不能永远游离于体制之外，今天城市发展和城市建设的成果都离不开外来人口辛勤的劳动和付出，他们对城市的贡献有目共睹。未来城市的住房保障要扩大化，一方面可以为外来打工人员提供基本的生活居住条件，另一方面也便于流动人口集中管理和服务。在大中城市普遍陷入高房价的今天，外来人口又陷入高房租的困扰，保障房政策需要重新考虑。也许外来工公寓是未来不得不考虑的必要措施，有必要采取政府供地、减免税费、企业出资的办法，建设外来务工者公寓，根据农民工的工作时间、实际收入、家庭人口、住房条件等设定准入资格，让更多城市的农民工享受到保障性住房。如果不提供正式的合法住房，要消灭非正规的住房是绝无可能的。

对于外来流动人口，北京市推行"以证管人、以房管人、以业控人"的管理模式，这一模式被认为是可行的管理办法受到推崇。然而，如果不提供保障房，如何以房管人？关于人口管理的问题，北京市政府工作报告中的变化如下：2008 年是"健全房屋租赁和居住证管理体系"。2009 年是"探索建立人口调控目标责任制"；2010 年是"探索建立综合调控机制，通过城市功能疏解、产业结构升级和布局调整，促进人口有序迁移与合理分布"；2011 年是"探索区域人口调控综合协调机制"；2012 年为"实有人口服务管理全覆盖"①。从人口政策的调整中,我们可以看出提供基本的住房保障和服务,也许才是社会管理的根本之道,也是地下空间居民住上地面的希望所在。否则,不管地下空间能不能达到住房标准,还是会有人不得不在地下非正规甚至非法居住。单单由政府出面解决数百万流动人口的住房或许是个无法承受的负担,那么由社会各界共同努力,设立一笔基金,用来建设流动人口公寓,或由外来务工、求学人员相关单位提供补贴,解决他们的居住问题,也许是可以尝试的解决之道。

三、地下室住什么人——阶层视角的地下室居民

随着中国城市化的进程和大城市的扩张,城市人口急剧增加,北京的城市住房价格和租金也节节攀升。导致部分居民无法承受昂贵的住房租金,他们无奈地选择居住在地下室这种非正规住房为生。在京津地区以及其他大城市里,地下空间的居住者成为城市生活中一个数目庞大的不可忽视的社会群体。长期以来,这一群体都带着一层神秘的面纱,人们提及地下室群体,总会联想到"脏、乱、差"这一类的词语。地下空间居住的究竟是什么样的群体?从社会阶层的视角看,他们属于哪些阶层?结构是什么样的?我们通过对北京市朝阳区三环至五环之间 80 个地下空间 511 份问卷的数据分析,从社会阶层结构的视角尝试揭开地下室居住群体的神秘面纱。

(一) 研究的背景

北京地下空间用于居住始于上个世纪 90 年代。2004 年 11 月,北京市人民政府第 152 号令对外发布了《北京市人民防空工程和普通地下室安全使用管理办法》,该办法第二条规定:"本办法适用于本市行政区域内用于生产经营、居住、办公等人员聚集场所的人民防空工程、普通地下室(以下统称"地下空间")的安全使用管理。"这一办法的实施为地下室经营管理提供了直接的政策依据。此后,随着住房市场租金的逐年攀升,北京市地下室租赁经营市场

---

① 谢良兵:《京城居不易,60 万人挥别》,载《经济观察报》,2012 年 9 月 3 日。

异常火爆,据北京市住房和城乡建设委员会2009年的统计数据显示,北京市当时有1.7万套普通地下室,居住人口近80万。

2011年8月,北京市人民政府第236号令决定对《北京市人民防空工程和普通地下室安全使用管理办法》进行修改,规定"禁止将违法建设的地下空间出租,禁止将规划用途为非居住用途的地下空间出租居住"。这一政策的变化引发了地下室租赁行业的"大地震"。各区县人防主管部门纷纷采取措施关闭现有经营的地下室,仅丰台区2011年就关闭地下空间2000余处,涉及人口8万~10万人,2011年北京市各区县"两会"上,拥有大量社区地下空间的东城、西城、朝阳和丰台等区政府都将清理地下空间纳入政府工作的重要部分。

北京地下室居住者并不是一个小数目。据估计2012年已经有100万人。北京市2011年常住人口2018.6万人,其中外来常住人口742.2万人。假定地下空间的人口都是外来人口,那么,他们的比例占北京常住人口的4.95%,占外来人口的13.47%。

当前,国内外对地下空间开发利用的研究比较多。这些研究大都是从建筑学、环境学、城市规划学理论视角来探讨地下空间的开发利用。对于以居住为目的的地下空间开发研究很少,对于这个居住群体的研究更是匮乏。已有的关于地下居住空间研究的英文文献是 Alina Tanasescu, Ernest Chui Wing-tak, Alan Smart 的关于加拿大卡尔加里市地下空间居住问题的研究[1],他们的研究表明,卡尔加里政府对地下室的非法居住是默许的。国内有学者研究了地下空间居住的可行性,认为从理论上分析,经过各种技术手段的综合处理后,人在这样的地下室是适宜居住的,但这一结论还需要实践来检验。[2] 也有专家经过试验指出:沿海城市受到地下水位高以及梅雨的影响,半地下空间的居住环境和地面居住环境略有差异。但是对长期居住者的调研结果显示,并无明显不适反应,居住环境相当于高层建筑底层一楼水平,因而指出,在统一规划下,半地下空

---

[1] Alina Tanasescu, Ernest Chui Wing-tak, Alan Smart, "Tops and bottoms: State tolerance of illegal housing in Hong Kong and Calgary", *Habitat International*, 34 (2010), pp. 478–484.
[2] 谢维舟、陈立道、王璇:《高层建筑半地下室改造为居住空间的研究》,载《地下空间》,1991年第3期。

间居住环境应列入大城市开发的组成部分,并加以推广。① 北京市社会科学院北京城区角落课题组曾经调查过宣武区②的地下空间,指出地下空间的数量和面积惊人,且继续增多。宣武区就有1000多处,面积140万平方米;其用于居住的260多处,用于经营旅馆的110处。地下空间人员十分复杂,甚至有犯罪分子隐迹其中,因而地下空间有可能成为危害北京城市社会安全的一个黑洞。③

尽管关于地下居住空间的研究不多,但是很多报刊对地下室居住群体做过一些调查和评论。《凤凰周刊》2008年第19期报道了北京清空四环以内的地下室,涉及地下居民30万人。《南风窗》杂志2011年第3期以《北京地下空间生存战》为题对北京市清空地下室行动进行了报道,其中对地下室群体的报道为:"他们被称为'鼠族',普遍从事低端服务业、收入微薄,其中也有复习考研的大学毕业生。""随着北京市人口的不断膨胀,越来越多的外来人住进了地下室。"《人民日报》2011年9月20日以《北京严管地下空间使用,怎样居住更安全》报道指出,北京市的新《办法》仍允许利用地下空间从事旅店业、设置宿舍,以及作为其他居住场所,但按照"安全至上"理念,制定了更严格的规定。《工人日报》2012年9月5日第4版以《北京地下室居住安全依然堪忧》为题的报道中提到:"记者调查发现,分布在各个区域的地下室大多租户众多,一般为农民工、刚毕业的学生。"这些报刊等媒体的报道和评论有三个特点:第一,在身份的界定上,大都将地下室居住者报道为"农民工"或者"刚毕业的学生"、"外来人口"、"外来务工人员"这样的称谓;第二,在收入水平上,"收入微薄"、"低工资"、"较低的工资"等词汇频繁出现。根据记者的调查和报道,地下空间的居民无疑属于社会底层。那么,地下室居住群体真如媒体报道所言是社会底层?他们是否都为外来人口?多数是农民工?还有没有其他人?

---

① 曹钟兴、朱玉华、于继慧、郑明龙、张云琴、徐恩鸿:《半地下室空间居住卫生学研究》,载《中国公共卫生》,1995年第4期。

② 2010年,国务院批准撤销北京市宣武区,归入北京市西城区。——作者注

③ 北京市社会科学院"北京城市角落调查"课题组:《北京城市角落调查(NO.1)》,社会科学文献出版社2005年版,第76—90页。

（二）社会阶层和底层研究回顾

对于社会阶层的研究一直是中国社会学恢复以来的一个中心主题。合理的阶层研究划分标准能够帮助我们把握和预测社会阶层构成情况，从而对社会的良性运行作出科学判断，对社会政策的制定和调整，起着重要的作用。社会学史上阶级阶层划分标准影响最大的是马克思和韦伯，马克思划分的依据是生产资料的占有状况，也就是经济地位。在《路易·波拿巴的雾月十八》中提出："既然数百万家庭的经济条件使他们的生活方式、利益和教育程度与其他阶级的生活方式、利益和教育程度各不相同并互相敌对，所以他们就形成一个阶级。"[1] 他进行社会阶级划分的主要依据是经济状况，即有无资产。而韦伯的阶层理论是多元分层理论，他划分阶级的依据是财富（经济地位）、权力（政治地位）和声望（社会地位），认为阶级是生活机会、商品占有和经济收入有一致利益的群体，他甚至把生活机会放在第一位。[2]

中国学术界的社会阶层研究，影响比较大的主要有孙立平、李强、陆学艺的社会分层研究。孙立平提出"断裂的社会"论。断裂社会在现实意义上首先指明显的两极分化，富裕与贫穷、城市与乡村、上层与下层，社会沿着这条主要断裂带展开，几乎分裂为两个不同的世界。这种断裂的含义既是空间的，也是时间的，既是经济层面的，更是社会结构层面的。可以说，断裂社会的实质是几个时代的成分并存，而互相之间缺少有机的联系与整合机制。[3] 李强提出"碎片论"和"倒丁字形"理论。"碎片论"强调社会分化的特征，认为在社会转型过程中，社会碎片化不可避免，个人可以通过不同途径达到阶层的升迁，也有个人随着整个阶层下沉。但无论是上升还是下沉，这种现象都是零散的、四分五裂的，没有集聚的现象，这就是"碎片化"最重要的特征。"倒丁字型的社会结构"理论认为，中国的总体社会结构既不是"橄榄型"的，也不是"金字塔型"的，而是呈现出一个倒过来的"丁字型"的

---

[1] 马克思：《马克思恩格斯选集》第一卷，人民出版社1972年版，第692—693页。
[2] 马克斯·韦伯：《经济与社会》（上），林荣远译，商务印书馆1997年版，第267—271页。
[3] 孙立平：《断裂——20世纪90年代以来的中国社会》，社会科学文献出版社2004年版，第102—103页。

社会结构。一般认为,"金字塔型"社会结构是一种很不合理的结构,由于底层巨大容易产生社会矛盾。"倒丁字型"的社会结构,问题比"金字塔型"结构还要严峻,由于底层更大,社会就更不稳定,更容易产生社会冲突。[1] 陆学艺等人提出"十大阶层论"。陆学艺等人以职业分类为基础,以组织资源、经济资源和文化资源的占有状况为标准作为划分社会阶层的依据,根据这种分层原则,把中国当代社会阶层分成10个社会阶层和5个社会经济地位等级。10大阶层分别是国家与社会管理阶层、经理阶层、私营企业主阶层、专业技术人员阶层、办事人员阶层、个体工商户阶层、商业服务人员阶层、产业工人阶层、农业劳动者阶层和城市无业、失业和半失业阶层。五个社会等级分别是社会上层、中上层、中中层、中下层、底层;而社会底层包括"生活处于贫困状态并缺乏就业保障的工人、农民和无业、失业、半失业者。他们认为中国社会是个洋葱头型的社会结构,已经形成现代社会结构的雏形,正朝着一个橄榄形的社会发展"。[2] 中国社会学家关于社会结构的研究表明,经过30多年的改革开放,中国社会已经发生了社会分化,也形成了庞大的底层社会。

由于社会分化剧烈,敏感的作家们创作了很多描写底层的文艺作品,文学评论家们也发表了许多关于底层文学的研究文献。同样,社会底层也受到了社会学家特别的关注。胡建国认为,近10年来中国社会阶层结构变化中一个需要引起关注的现象是:在中上阶层快速崛起的同时,社会底层也在扩大[3]。张莉[4]、邱卫军[5]、杨明芳[6]等指出我国社会底层向上流动困难,流动空间越来越小。曾颖指出目前社会底层逐渐失去原本的政治资源优势,无论从维护社会稳定的现实功利考量,还是从法律追求的基本公平正义价值出发,他们都是属于最需要制度关照和保护的一个群体。[7] 总之,社会底层向上的空间不大,需要

---

[1] 李强:《社会阶层十讲》,社会科学文献出版社2008年版,第239—263页。
[2] 陆学艺:《当代中国社会阶层研究报告》,社会科学文献出版社2002年版,第8—23页。
[3] 胡建国:《中国社会底层新变》,载《人民论坛》,2010年第7(下)期。
[4] 张莉:《从公正的角度谈底层向上流动的困境》,载《吉林省经济干部管理学院学报》,2008年第4期。
[5] 邱卫军:《中国底层群体的社会上升之路》,载《西安工程大学学报》,2008年第5期。
[6] 杨明芳:《我国社会底层人群向上流动困难问题研究》,载《岳阳职业技术学院学报》,2011年第5期。
[7] 曾颖:《社会底层劳动权益保护的缺失》,载《法制与社会》,2010年第4(下)期。

社会政策予以支持。

英国社会学家 Arderne John Rex 和 Robert Moore 发现，白人中产阶级一般能够通过市场机制获得私人产权的郊区住宅，白人劳工阶级则可以通过政府分配机制获得郊区公共住宅资源。他们把城市居民按照住房状况分为七个住房阶级：第一，拥有大型住宅的全部产权，且住在令人满意的区域的居民；第二，通过抵押贷款的方式而拥有该类住宅；第三，住在政府兴建的公共住宅的租户；第四，住在政府兴建的等待拆除的贫民窟型的公共住宅的租户；第五，住在私人出租的住宅者，通常在内城区；第六，那些将房屋改成宿舍租出去的房主；第七，租住以上宿舍的租户。[1] 除此之外的居民（主要是移民），不得不在内城过渡区内寻找栖身之所。泽兰尼根据转型前匈牙利的研究提出六种住房阶级，一是租住国有部门的新公寓，享有最高的住房补贴者；二是租住国有部门的旧公寓，享受较少的住房补贴者；三是通过市场途径获得私人住宅，享有一定补贴者；四是新住宅的自建者，享有极少补贴；五是破旧住宅的私有者；六是无房者[2]（Konrad, Gyorge and Ivan Szelenyi, 1969）。李君甫根据北京城镇居民的住房状况把北京居民非为五类：第一是住房上层，住房属于豪华型住宅，包括别墅、大公寓、超大户商品房或者有3套以上住宅、独院私房；第二是住房中上层，住房是富裕型，包括大户型商品房、大户型房改私房或有2~3套住宅；第三是中层，住房属于温饱型，包括一般商品房、老经济适用房、中小户型房改私房、两限房；第四是住房中下层，住房属于紧张型，包括租赁公房、狭小房改私房、新经济适用房、廉租房、狭小私房；第五是住房下层，属于住房短缺型，包括单间户、合居户、群组户、城中村和地下室住户。[3]

中国的住房阶层研究近几年逐渐增加，刘祖云、李斌、毛小平、魏万青等对住房分层的研究日渐深入，但住房底层的研究还有待于进一步的调查研究和探讨。

---

[1] John Rex, "The Sociology of a Zone of Transition", in C. Bell & H. Newby, eds. *The Sociology of Community*, Frank Cass and Co Ltd, 1974, p. 178.

[2] Konrad, Gyorge and Ivan Szelenyi, "Sociological Problems in the Distribution of Housing", *Valosag*, 1969, No. 8, pp. 28 – 39.

[3] 李君甫：《北京城镇居民住房状况及政策分析》，载陆学艺主编：《2010 年北京社会建设分析报告》，社会科学文献出版社 2010 年版，第 36—48 页。

(三) 研究的理论依据和方法

1. 研究的理论依据

为了弄清地下室居民的社会阶层结构,我们根据陆学艺提出的"以职业分类为基础,以组织资源、经济资源和文化资源的占有状况为标准来划分社会阶层的理论框架",把地下室居民放进十大阶层的框架中进行对照,并根据地下室居民的职业和经济社会资源占有情况分析地下空间居民的阶层特征。

2. 研究方法

(1) 问卷调查法:通过问卷的形式对地下室居住者进行调查,主要了解他们的性别、年龄、籍贯等基本情况,职业、工资收入等工作情况,住房面积、租住形式、居住条件等住房情况,居住环境对自身的影响,未来自身发展展望等方面的情况,在调查中共发放问卷550份,回收问卷530份,有效问卷511份,有效率在90%以上。

(2) 参与式观察法:研究人员以租客的形式租住南磨房地区地下室共2个月的时间,在这一过程中进行参与式观察,主要观察地下室居住群体间的互动形式、地下室居住群体的生活状况等,同时通过与地下室居住者的沟通了解他们的经历和心理感受等。

(四) 地下空间居住群体阶层构成

我们利用SPSS数据统计工具对所得511份调查数据中的职业调查情况进行了频率统计(除去学生及缺失值),得出以下数据:

表5-3 地下室居民的职业构成

职业	频数	百分比	职业	频数	百分比
公务员	10	2.0	服务业者	252	50.0
专业技术人员	76	15.3	个体经营者	32	6.4
经理人员	20	4.0	打零工	25	5.0
建筑业工人	34	6.8	无业失业待业者	21	4.2
制造业工人	27	5.4	合计	497	100.0

根据调查的数据，结合陆学艺提出的十大社会阶层划分标准，我们确定北京市地下室居住群体中包括六大阶层，分别是：专业技术人员阶层、办事人员阶层、个体工商户阶层、商业服务业员工阶层、产业工人阶层、城乡无业失业半失业者阶层。

1. 专业技术人员阶层：指在各种经济成分的机构（包括国家机关、党群组织、全民企事业单位、集体企事业单位和各类非公有制经济企业）中专门从事各种专业性工作和科学技术工作的人员。在我们的调查数据中，这类人员主要包括专业技术人员和中小企业的底层经理人员，占17.3%。

2. 办事人员阶层：指协助部门负责人处理日常行政事务的专职办公人员，主要由党政机关中的中低层公务员、各种所有制企事业单位中的基层管理人员和非专业性办事人员等组成。调查数据中的公务员即属于这一阶层，占调查总量的2%。地下室居住的经理人员主要是中小企业的底层经理人员，并不占有太多的权力和经济资源，因而也属于办事人员阶层，他们所占比例为4.0%。总体来看，办事人员阶层在地下室群体中占6.0%。

3. 个体工商户阶层：指拥有较少量私人资本（包括不动产）并投入生产、流通、服务业等经营活动或金融债券市场而且以此为生的人。在地下室群体中，这一阶层主要是地下室经营者和部分以小买卖为生的个体经营人员，约占6.4%。

4. 商业服务业员工阶层：指在商业和服务行业中从事非专业性的、非体力的和体力的工作人员。在我们的调查中，此类人员所占比重最高，达到了50.0%。这类人员主要包括从事餐饮、环卫、安保、娱乐、物业、家政等各类工作的人员。在全部252名商业服务业员工阶层中，从事餐饮、环卫和家政工作的占到了约80%的比例。

5. 产业工人阶层：指在第二产业中从事体力劳动、半体力劳动的生产工人、建筑业工人及相关人员。主要包括制造业工人和建筑业工人，占总调查数据的12.2%。

6. 无业失业半失业者阶层：指无固定职业的劳动年龄人群（学生排除在外）。这里主要包括打零工者和无业或待业人员两大部分，占比为8.2%。

表 5-4 地下室群体的阶层构成

阶层	百分比	阶层	百分比
专业技术人员阶层	17.3	商业服务业员工阶层	50.0
办事人员阶层	6.0	产业工人阶层	12.2
个体工商户阶层	6.4	无业失业半失业者阶层	8.2

通过以上数据分析可以看出，地下室居住群体中并非单一的阶层，而是由从事不同职业、不同身份的人混合而成的复杂群体。

（五）地下室居住群体阶层特征分析

通过以上分析我们发现，地下室居住群体并非像各类媒体报道的一样单纯由外来的农民工和刚毕业的学生组成，也并非都是低端收入群体，而是由不同层次、不同职业的六大阶层组成。

1. **阶层构成特征**：各阶层构成比例相差很大。表 5-4 是对地下室群体阶层构成的统计结果。可以看出，第一，阶层构成比例差异很大。地下室居住群体中占比最大的一个阶层是商业服务业员工阶层，占到了总就业人数的 50.0%，比例最小的阶层是办事人员阶层，也就是初级公务员和初级经理人员，占总就业人数的 6.0%，极值之间的差距达到了 44 个百分点，说明阶层构成比例相差很大。第二，地下室居民是中国社会的中下阶层。地下室居民中没有人属于高等级的国家与社会管理者阶层、经理人员阶层、私营企业主阶层，也没有农业劳动者阶层。从五大社会经济等级划分标准来看，地下室居民的六大阶层是中国社会的中中层、中下层和底层。其中底层的比例不大，只有 8.2%，绝大多数是中中层和中下层，没有中上层和上层。

2. **从业特征**：地下室居住群体主要由低端职业阶层构成。商业服务业员工阶层、产业工人阶层和城乡无业失业半失业者阶层这三个阶层的职业构成占到了全部职业阶层的 70.4%，而其他三个阶层只占 29.6%。

3. **教育特征**：各阶层受教育程度普遍偏低。受教育程度是衡量社会成员文化水平高低的重要标志，也是衡量社会成员社会地位的重要因素。从地下室居住群体的受教育程度来看，普遍呈现出较低的水平。在被调查中，接受过初中以下教育的占 38.4%，这是一个相当大的比例，而接受过大专以上教育的仅占总人数的 19.8%，整体上呈现出受教育程度低的特点。然而，从中也可以看出，接受大学教育的人比例也相当可观。

4. 年龄结构特征：各阶层在年龄结构上呈现年轻化。根据联合国世界卫生组织 2001 年提出的新的年龄划分标准，将人的一生划分为五个阶段，即：44 岁以下为青年人；45 岁到 59 岁为中年人；60 至 74 岁为年轻的老年人；75 岁到 89 岁为老年人；90 岁以上为长寿老年人。在地下室居住群体中，44 岁以下的青年人的比例占到了 89%，其中 18 岁及 18 岁以下的青少年占 2.4%，由此可见，地下室居住群体中大量的从业人员都是青年人，各个阶层均表现出年轻化的年龄结构特点。

5. 阶层收入特征：收入普遍较低，阶层间的收入水平差距不大。表 5-5 是根据各阶层收入状况和从业人数计算出来的各阶层平均工资水平。根据这一数据显示，由六大阶层构成的地下室群体平均工资相差不大。工资最高的初级公务员每月工资收入 3305.55 元，相当于 2011 年北京市平均工资 4762 元的 69.4%。众所周知，经济差异或者经济不平等是社会阶层分化的基础，在相对较小的收入差距面前，所呈现出来的必然是相对稳定的心理状态和相对平衡的社会阶层结构，生活在这一空间中的群体成员之间减少了因"比"而带来的心理压力，相反，表现出来的是彼此之间的相安而居。

表 5-5　各阶层平均工资对照表　　　　　　　　　　单位：元

阶层	工资	阶层	工资
办事人员阶层	3305.55	商业服务业阶层	2549.30
专业技术人员阶层	3170.59	产业工人阶层	2699.07
个体工商户阶层	2772.73	无业失业半失业者阶层	2211.54

通过对地下空间居住群体阶层构成情况的分析，我们发现：第一，地下室居民的阶层构成比较复杂，包括六个社会阶层。有专业技术人员阶层、办事人员阶层、个体工商户阶层、商业服务业员工阶层、产业工人阶层、城乡无业失业半失业者阶层。第二，从户籍来看，绝大多数是没有北京户籍的非正式移民。虽然在北京长期工作、长期居住，但是并没有成为北京市民。非北京籍占

95.3%，农业户籍的占70.8%，非农业户籍的占29.2%。第三，从从业状态来看，他们多数属于非正规就业群体。他们从事的大多是这个城市的传统服务业，特别是餐饮、安保、家政等不需要太多文化资源的行业，为服务业、建筑业、各类工业用人提供了充足而能干的劳动力。第四，住房分层和社会分层出现错位现象。北京地下空间的居民无疑是北京住房阶层的底层，但是除了少量无业、失业和半失业人群真正属于社会底层外，其他人属于社会的中下层，也就是说住房分层和社会分层有了错位现象。北京地下空间的居民中有23%的居民属于专业技术人员阶层和办事人员阶层，这部分人本来属于社会中层和中下层，但是却住在条件最差的地下非正规住房里，成了住房底层。

那么，为什么部分属于中中层和中下层的专业技术人员阶层和办事人员阶层居住在非正规的地下住房呢？这就需要我们深刻反思住房政策以及其他社会政策到底出了什么问题，导致这么多的各阶层的人住进地下室这种非正规的、被认为违章违规的住房。面对这样一个达百万人的地下室居民群体，是听之任之，还是把他们驱赶出去，这就带来了治理的难题。

改革开放以来，随着市场经济体制的确立，劳动力和人才开始自由流动，不论是乡城之间流动的农民工，还是城城之间迁移的劳动力和人才，都形成了不可阻挡的滚滚潮流。然而，由于社会管理体制依然沿用计划经济年代的控制手段，社会福利的分配是以户籍和身份为依据的。这些外来劳动力和人才中除了少部分成为正式移民以外，大部分是非正规移民。非正规移民在经济方面被吸纳是由于经济发展需要廉价劳动力和人才，而在社会、政治和文化方面被排斥是由于城市地方政府不愿意和他们分享经济发展的成果。尽管他们经济上有巨大的贡献，尽管他们也要照章纳税，但是，享受不到应有的公共服务，特别是住房方面的服务。

1998年实行住房改革以后，特别是2003年开始，中国的住房政策受新自由主义的影响，实行美国式的特惠模式。城市居民的住房的新增需求主要靠住房市场的商品房供给来解决，但是由于地价高昂、供不应求和通货膨胀等原因，住房价格增长了10倍左右，普通居民特别是中下层居民难以承受过高的商品房价。然而，保障性的住房数量供给过少，分配也不公平。截止2010年，北京城镇居民住上廉租房的仅有1.67%，住上经济适用房的仅有5.11%，两者加起来比例不过 6.78%。很多北京城镇居民尚且享受不到各类保障房，更何况来自外省、外市的非正规移民？

中国的住房租赁市场上小户型或者单间的廉价住房太少。商品住房市场上小户型的比例很小，住房租赁市场上也是如此，大户型普通居民租不起，小户型又供不应求，租金负担相对于普通劳动者的收入来说是太重了。随着城市城区更新和城中村的改造，城市中可供非正规移民栖身的廉价出租房越来越少。于是在中国的大城市里群租房日益增加，地下空间也被利用来住人。北京、天津地下室居民比较多，青岛、沈阳、大连、郑州、西安等北方城市也不少，南京、上海、杭州、深圳也有地下室住人的报道，从互联网上的房屋出租信息看，一二线城市大多数都可以找到用于住人的地下室。

第六章 地下空间的邻里关系：以 S 地下空间为例

一、引 言

随着中国的经济社会转型，市场经济的发展，单位制的改革，快速的城市化，新住宅小区的扩张，城区的改造和拆迁，城市社区的具体形态也发生了前所未有的巨大变化，以单位社区为基础的邻里关系也发生着明显的变化。原先我国城市居民聚集区大多是单位办社会的模式，一个社区之中的邻里大多在一个单位工作，彼此之间交往密切。然而新的城市社区商品房林立，社区主要是由不同阶层不同身份的陌生人构成，公寓式住宅更是将每家每户隔绝到自己的私密空间之中，邻里之间空间位置上接近，却缺乏交流与互动。在城市的边缘，大大小小的流动人口聚居在城中村里，也使城市社区的类型更加多元化。同时，老城区也逐步被大量涌入的外地人占据，形成了本地居民和流动人口混居的状态。快节奏的工作、生活压力使得流动人口居住地也只是一个栖身恢复体力的空间，他们很少有精力和热情去维系邻里之间的感情。因此，一般认为，随着中国城市的进一步城市化，城市社区消失论的观点在中国的城市进一步得到应验。

最近几年，北京开始清理地下室的居民，关于地下空间到底能不能作为居住空间也引起了比较大的争议。事实上，北京很多地下空间已经有了 20 多年的人类生活史（人类的穴居史的历史就更为久远），地下室能不能住人似乎是个不需要讨论的事实。笔者走访过很多地下室，地下室居民一般是外来务工者，当然，里面不全是来自农村的，也有很多来自其他城镇的居民。他们中间一部分流动性很大，但也有一部分长期居住。笔者常去一个地下室观察，时间长了发现一个有趣的现象，在城市社区消失论不断应验的今天，在这个地下空间自发形成的社区，邻里关系却表现出与地上空间的城市商品房社区所不具备的特点。因而，笔者认为研究地下空间的邻里关系，也许对我们进一步认识地下社区、流动人口社区和城市的社区关系有重要的启示。

二、邻里关系的研究回顾

德国社会学家滕尼斯于1887年出版的《共同体与社会》一书中第一次提出社区的概念。"Gemeinschaft"在德文中一般可以翻译为"共同体"，表示任何基于协作关系的有联系的组织形式。随后该词语被美国学者翻译为"community"，与"society"一词相对。滕尼斯在其著作中认为"社区"的构成受人们"本质意识"的影响，是通过血缘、邻里和朋友关系建立起的人群组合，强调的是人与人之间情感基础为纽带的社会关系。而"社会"的构成主要基于人们的"选择意志"，主要强调人们的理性抉择，人与人之间的联结与交互基于一种纯理性的思维（滕尼斯，1999）。[①] 滕尼斯还认为，随着现代工业社会的不断发展，传统的社会组织形式必然会受到冲击导致消失，"社区"作为人类的基本组织共同体，必然会被"社会"所取代，在现代化的城市扩张和生活模式下，"社区"的功能和特征将会变得模糊不清甚至消亡。

从上世纪以来，西方关于城市邻里关系的研究形成了不同的理论，分别是"社区消失论""社区继存论"和"社区解放论"。[②] 社区消失论源于芝加哥学派关于城市邻里关系的研究，也被称作城市性研究，主要代表人物是美国社

[①] 滕尼斯：《共同体与社会》，林荣远译，商务印书馆1999年版。
[②] 夏建中：《现代西方城市社区研究的主要理论与方法》，载《燕山大学学报（社会科学版）》，2000年第5期。

学家沃斯。他认为城市具有三种生态学上的特质：人口众多、高密度、异质性。城市人之间的接触是肤浅的、短暂的、支离破碎的、非人格的，城市人的关系是次级关系为主的而不是初级关系的。滕尼斯所讲的社区在城市中已经不复存在，所以称之为"社区消失"。

刘易斯和甘斯对沃斯的观点提出质疑，他们的观点被称为"社区继存"论。刘易斯在1952年发表了《未崩溃的城市化》一文，指出墨西哥村民移居到墨西哥市以后人际关系并未解体，社会合作和人情味仍然强大，他认为许多大城市的人仍保留着小圈子内的活动，圈内人之间保持着亲密和互信的关系。"小意大利"、唐人街、犹太人区等就是鲜明的例子。甘斯在《都市村民》中描述了波士顿意大利移民的生活，他发现当地的人际关系跟刘易斯的观察非常相似。少数民族住宅区如唐人街、犹太人区自成一个小社会，初级群体关系紧密，社会生活丰富。他认为所谓城市性不是城市生态环境造成的，而是跟人口的构成相关，不同的人口组合会出现不同的结果。

费舍尔、威尔曼和雷顿的理论被称为"社区解放"论。费舍尔认为大城市人口众多，各种人都有，不同类型人都可以找到足够数量的同伙，形成一个小圈子，也就是亚文化群体。这样就出现了两种并存的现象：群体内部的凝聚与整合和群体之间的摩擦与冲突。一般来讲，城市居民在公开的人际关系中是戒心重重、冷漠、自私的；而在私人关系中则是热情、乐于助人、相互信任的。威尔曼和雷顿1979年发表了《社会网络、邻里关系和社区》，他们指出，一直到20世纪70年代，社区生活和人际关系的研究局限在同一地域的邻里关系之间。应当打破对邻里关系的强调，重新思考社区的概念。社区居民应该从地域和场所的局限解放出来，建立超出邻里关系的初级社会群体关系。一些人可能将自己的社会关系主要局限在邻里之间，但更多的人应与居住地之外的各种关系保持社会交往。越是收入和教育程度高的居民，交往的地域越广泛，同时亲缘关系的成分越少。滕尼斯曾指出，社区包括三种类型，血缘共同体如家庭、地缘共同体如邻里和精神共同体如教会。精神共同体包括基于友谊、同道和共同爱好的各类群体，这些群体打破了基于血缘和邻里的社区关系，大城市中这类社会关系越来越多。

欧美的社区研究从社区消失论、社区继存论到社区解放论，对城市社区邻里关系的认识是逐步加深的,越来越切合现代大都市社会关系的实际,反映了城市社会人际关系的多样性和复杂性。

"五户为邻、五邻为里",邻里曾经是我国历史上最基层的社会管理单位。目前在台湾省还实行村里制度,台湾农村的基层管理单位为村,选举村长管理村务。城市的基层单位为里,选举里长管理里务。里长之下设邻长,由里长选定,协助里长工作。邻里"守望相助"是对我国传统邻里关系的高度概括。几乎在与芝加哥学派进行城市社区研究的同时,中国社会学的燕京学派开始了中国的社区研究,费孝通就是其中的代表。他在其著作《乡土中国》中提出了"差序格局"的概念,鲜明准确地揭示了中国乡村社区内邻里关系与社会交往的基本模式是基于血缘和地缘关系的,而西方的社会关系是"团体格局",是基于职业和宗教的社会关系[1]。杨善华、侯红蕊[2]认为以血缘关系为中心的差序格局变得越来越多样化、理性化了,亲属之间的亲疏取决于他们生产经营中合作的有效和互惠来维持,这就是差序格局的理性化。贺雪峰[3]也认为中国农村社会已经变成了半熟人社会,人际关系与经济利益越来越紧密地挂上了钩,越来越理性化了。

在我国的大都市里,社会急剧的变迁使得单位社区逐渐减少,居住小区逐渐增加。社区之中最基本的邻里关系逐渐淡漠化,初级群体的特征模糊化,逐步被新的组织机构所替代,这加速了传统城市社区的消亡。今天我们提到城市社区或者社区建设,一般意义上就是指政府划定的行政社区,也就是政府划定的基层社会管理单元。王彦斌和吴晓亮的调查发现,城市社区邻里的互动频率低且深度有限,小区邻里之间不了解,很多人不知道邻居家的人口数、姓名、职业和性格等,尽管如此,对邻里互动还是很渴望的。[4] 马静等发现,"人际互动契机的减少"是影响我国住区邻里交往衰落的根本因素,增进邻里交往

---

[1] 费孝通:《乡土中国》,人民出版社2008年版。
[2] 杨善华、侯红蕊:《现阶段中国农村社会中"差序格局"的"理性化"趋势》,载《宁夏社会科学》,1999年第6期。
[3] 贺雪峰:《新乡土中国》,广西师范大学出版社2003年版。
[4] 王彦斌、吴晓亮:《城市住宅小区居民生活方式与生活意愿——对昆明752个调查对象资料的基本分析》,载《昆明高等专科学校学报》,2000年第7期。

的关键在于互动契机的营造。① 新建小区居民之间缺少相识基础，这就造成邻里关系的淡漠。因此，如何聚集人群，建立妥善的人群结构关系是至关重要的。② 桂勇③在城市邻里与农村邻里比较分析的基础上，提出了有关城市社区之所以不"可能"的一项解释：城市邻里对个人的工作生活而言只具有相对较为微小的意义。总之，在城市里"社区消失"或者在"走向消失"，社区已经不再"可能"。

与此相反，很多人的研究支持社区"可能"论。冯钢指出，城市社区存在的可能性与人性有关。从个人的心理需求、心理体验的角度出发，将会发现城市社区对于满足个人的心理需求有着重要价值。如果能够创造像社区成员之间的互惠这样的社会资本，就可能在成员中建立社区归属感与共同利益。④ 王小章也认为，中国城市邻里存在着"社区的生长点"，人们与其家庭所在的地方总存在着一些特殊的联系、特殊的利益关联，从而会促成个人对地域的归属感、认同感及共同利益的产生。⑤ 王春光认为，社区不是单位的替代品，社区还是为新的社会空间提供了有效的整合机制。⑥

近20多年来，在我国的大城市和东南沿海的工业乡镇出现了与传统乡村和城市社区不同的外来人口聚居社区，其表现形式多种多样，如城中村、老城的外来人口聚居区、城区的群租房小区、地下空间社区等。其中有些是纯外来人口社区，也有的是外来人口与本地人口混杂的混合社区。那么，这些外来务工人员在城市中自生的社区有什么特点？他们的存在呼应了国外的社区消失论、社区继存论、社区解放论，还是国内的社区可能论、社区不可能论？笔者将以自己在北京市三环与四环之间的S小区内S地下室长期调查的经历来回答以上问题。

---

① 马静、施维克、李志民：《城市住区邻里交往衰落的社会历史根源》，载《城市问题》，2007年第3期。
② 薛丰丰：《城市社区邻里交往研究》，载《建筑学报》，2004年第4期。
③ 桂勇：《城市"社区"是否可能？——关于农村邻里空间与城市邻里空间的比较分析》，载《贵州师范大学学报》（社会科学版），2005年第6期。
④ 冯钢：《现代社区何以可能》，载《浙江学刊》，2002年第2期。
⑤ 王小章：《何谓社区与社区何为》，载《浙江学刊》，2002年第2期。
⑥ 王春光：《控制还是聚合——对当前社区建设的几点反思》，载《浙江学刊》，2002年第2期。

三、S地下空间的居民与邻里关系

S地下室位于北京市三环与四环之间,是一座人防工程改造的地下居住空间,该地下空间一共有改建的地下住房32间,大小不等,最大的约有13平方米,最小的约5平方米。根据大小及通风程度月租金在一个月300~800元之间。现有长期住户25户,共36人,其中河南籍住户9户,河北籍住户5户,山西籍住户3户,湖北籍住户2户,安徽籍住户2户,山东籍住户1户,陕西籍住户1户,四川籍住户1户,吉林籍住户1户。其中男性占15人,女性21人,单人居住共17户,双人合住5户,三口之家3户。年龄最大者66岁,年龄最小者5岁。25户中未婚住户只有2户,23户均已婚,其中孕妇两名(至笔者截稿日,河南籍孕妇在北京产下男婴一名,河北籍孕妇回老家产下一名女婴)。

36位居民中,除了3名儿童及2名孕妇,从事餐饮业的9名,其他服务业8名,个体户5名,建筑业5名,公司职员3名,事业单位员工1名。25户房客中,在该地下室定居居住时间最长的为5年,最短的居住时间为5个月(至笔者截稿日)。其中2009年搬入该社区的有4户,2010年搬入的有1户,2011年搬入的有1户,2012年搬入的有6户,2013年搬入的有8户,2014年搬入的有5户。据管理员称,该地下空间搬入的房客多为熟客,部分房客会由于工作原因在几年内多次搬出又搬入。

2月的一天晚上7点钟,笔者来到S小区的S地下居住空间继续进行田野调查,看到了在地下空间值班室斜对面的房间里,正在煮着一锅热汽腾腾的饺子,而旁边的一个房子里有三个人正在忙着包饺子。饺子出锅了,先给一个5岁的小女孩、值班室的大爷和单身汉电工每人捞一份。接着,他们又下了两锅饺子,两对夫妻、一个单身打工妹、一个打工嫂共享了这两锅饺子。地下空间狭小的过道里不时传来他们的笑声,陆续下班回来的人们都打个招呼。"回来啦!""哦呀,吃饺子啦!"这情景恍若20多年前单位里筒子楼的锅碗瓢盆交响曲的生活场景,邻里关系看起来很像30年前的单位社区。经过持续的观察,发现S地下空间有下面的特点。

（一）住户之间关系较为密切、互动较多

这是一个利用人防工程改成类似地下旅馆式的地下居住空间。一般的群租房或者地下室经营者都会在周围散发广告用以招租，但是该地下社区管理员说，自从他经手以来，只有最初的半年在小区周围贴过小广告，其他的房客都是朋友成朋友式的熟人关系介绍过来的。管理员本身为河南籍人士，该地下空间中超过三分之一的房客为河南人，其中有一大半河南人与管理员是同一个地区的老乡。而其他非河南籍的房客中，有两三户原先就是朋友或者有共同的关系，25户之间虽然大部分房客不能直接叫出对方的全名，但是姓氏还是知道的，包括彼此的工作和生活规律大多有所了解。简言之，该地下社区的房客之间存在一定的社会关系，这也是该社区内部邻里关系密切的前提与基础。

笔者曾亲眼目睹一户家长到学校和幼儿园接回来三户家庭的小孩子，因为那天只有他可以请假早回家接孩子，就把邻居家的小孩都接了回来，如果其他孩子的家长加班到很晚，孩子晚饭也会在邻居家吃。另外，在天气突变的情况下帮着收衣服或者帮着领取快递这样的举手之劳之事，在该社区也十分常见。当然，这不意味着该社区的邻里之间就没有防备。大多数住户都秉承着一个原则，就是在没有邀请的情况下很少进入别人家，大多数是在门口走廊和别人聊天或打招呼，彼此之间也比较忌惮利益上的冲突和纠葛，但也正因为如此，彼此之间的交往更加单纯与频繁。每天在晚上18点至20点之间，都是地下社区内部最热闹的时候，这个时候大家纷纷下班归来，拎着的水果和蔬菜走在走廊里看到谁家大门开着都会主动问候或礼让一些。在夏天周末的晚上，地下空间的大多数住户会选择在地面上透气、纳凉、聊天，度过一个闲暇的周末，在这样为数不多的机会中，年轻一点的住户相互之间还能够喝点酒聊聊天，小孩子们多数能够在一起玩耍，放学归来的走廊里常能听到小孩子嬉戏打闹的声音。

（二）社区边界清晰、居民有社区意识

由于是人防工程改造的地下居住空间，这个社区是封闭的，只有一个出口。地下室的居民与地上空间的小区居民之间没什么联系，但是地下室居民之间交往较多，如有在工作单位附近遇到同一小区不同地下室居住的居民，多数

愿意结伴回家。另外，笔者经过多处不同社区地下室调查资料对比得知，本文的研究对象所处的小区是四环内一个较为成熟的住宅小区，地下空间内的居民与地上社区的居民之间没有大的矛盾，地上社区的业主并没有对地下社区的居民表示过不满或者恶意。但是就访谈资料来看，作为该地下室的居民，大多数人不太愿意和地上空间的居民有所交往，他们在心中为自己打上了地下居民的烙印，同时也表现出他们对自己生存生活空间地域性划分的看重，能够清晰地认识到自己的社区边界。

社区意识是社区居民在长期的共同生活中形成的对社区的认同感和归属感，该地下空间内部的居民自觉地将地下室看做自己的生活环境，愿意为了自己有更好的生活环境承担部分责任。笔者在刚去地下室调查的时候，曾多次受到该地下室住户的盘问，因为住户之间相互熟悉，他们一眼就能区分出是否是陌生人闯入了他们共同的生活空间，并且每一家住户都愿意为自己共同的生活环境承担自己的义务和责任。部分住户会主动打扫公共空间，交流后发现多数房客愿意维护自己的社区，对该社区有着一定的认同感。有一中年女住户表示，每次回北京回到该地下社区就有一种回娘家的感觉，邻里之间都比较亲热。

这里的住户全部都是常年在北京打工的外来务工人员，大部分来自乡村或者县城，这些居民相互之间能够相互理解和包容，认为大家都是来北京打工挣钱的外来者，不自觉将自己和邻居视为具有共同社会境遇的同类。同时，我们也能看出，虽然这些人在北京有的已经打拼了十多年，但是他们不自觉地将自己称作"农村人"，即使他们有的已经在北京生活了十几年。正是他们内心对自己的定位和认同，使得该社区的居民之间存在良好的邻里关系。

四、邻里关系何以形成？

在传统的社区关系之中，邻里关系是人与人之间最基本的关系，"远亲不如近邻"的说法体现了我国人民传统观念中对邻里关系的重视，并且邻里关系的研究能够更好地从微观角度反映出该社区居民对社区的认同感和归属感，是研究社区较好的切入点。然而随着城市空间和住宅结构的变化以及社会条件的改变，我国城市传统邻里关系逐步弱化，城市社区消失论的观点主要还是基于初级群体功能性的衰落和传统邻里关系的弱化。有学者曾提出城市社区消亡的原因可以归结为以下四点：人们交往多元化，社会流动性的加强，人们生活节奏的变化，人们交往的理性化[1]。从以上四个方面去分析城市社区功能逐步消失，其论点有理有据十分具有说服性。然而这个地下社区的发现似乎对社区消亡论提出了挑战，笔者将具体分析该地下社区的继存何以可能。

（一）公共空间是邻里关系的基础

与地上空间的生活小区不同，地下空间虽然也是一家一户有着自己的私密空间，但是地下室的走廊确实是大家活动较多的公共空间，洗衣做饭玩耍基本上都会在走廊或者公共盥洗室中完成，因而给地下空间的居民更多的面对面的交流机会和契机，基本的邻里关系也就因此形成并发展起来。其中，管理员的值班室更是大家常来常往的公共空间，该房间内的一应设施基本上都是可提供给房客借用的，大家经常在值班室附近和邻居们聊天，这也和管理员本身的热情好客有关。

（二）社区规模比较小，社区成员相对稳定

根据笔者的调查，北京四环以外的城中村或者地下室租住群体少则上百人，多的达上万人，规模和流动性大大高于四环以内的地下室，四环以外的地下室居民租住时间超过两年的不多，多为按月缴纳租金，流动性较强，不利于社区的形成。而笔者调查的S地下空间人口流动性频率相对较低，最重要的是很多房客在搬离该地下社区后常出现又搬回的情况，相对而言，该社区的流动性与"城中村"或其他地下社区相比较低，这为他们之间的邻里关系的发展提供了条件。

五、结 论

我国的城市社区是法定的行政管辖单位，而不是滕尼斯所说的传统社区。

---

[1] 邢晓明：《城镇社区和谐邻里关系的社会学分析》，载《学术交流》，2007年第12期。

随着市场经济的发展，传统社区的逐步消失，社区的整合功能逐渐弱化，人与人之间的关系不再亲密，人们的社区意识也逐渐淡薄，社区参与率低，社区公共事务无人关心，这样的发展趋势不利于我国构建和谐社会的发展目标。然而一些地下空间人员来自五湖四海，相互之间多数缺乏血缘地缘关系，却形成了较为亲密的新型邻里关系，这让我们认识到关系密切的邻里社区是可能的。为了不让社区消失，需要从多个方面去努力，一方面老社区不要轻易地拆迁，以维持社区人员的相对稳定；另一方面新建的社区规模也不要过大，同时要为社区居民规划共同活动的公共空间，增加邻里熟识和交往的契机。

第七章 住房权利视角下的北京群租房

一、绪 论

(一) 研究背景

改革开放近 40 年来，中国城市化的速度不断加快，大量的农村劳动力向大城市迁移。然而中国人口基数巨大并且存在严格的户籍制度限制，大规模的人口迁移势必导致迁入地和迁出地产生各种各样的问题。

北京，中国的首都，以其巨大的吸引力不断吸引着大量流动人口的迁入，大规模的迁入伴随着北京房价和物价的不断攀升。从 2002 年开始，北京的房价不断上涨，北京市的房地产市场开始畸形发展，出现了大量的囤房、炒房行为。这种行为严重破坏了房屋销售和租赁市场的正常秩序。2005 年以后国家房价调控政策迭出，本以为会对房地产中的投机者有所限制，不曾想到却催生出更加庞大的房地产租赁市场，出现大量"以租养贷"的现象。如果说十年前的北京存在大量投机者，以倒卖房屋赚取差价，是一种商人追逐利益的经济行为。那么今时今日，大范围的投机者采用房屋租赁收取高额租金以牟取暴利的行为，除了经济驱动以外，也正是由于北京城市化高速发展所造成的必然结果。因为居住问题是每一个在当地生活的居民都无法回避的问题。面临高不可攀的房价和房屋租金，大量的外来人口该如何在大城市中满足"衣食住行"的生活需求，实现"安居乐业"的基本理想？一种解决外来务工人员居住的新型模式——"群租"应时而生。

身处首都北京，对北京这样的大城市中的房屋供需矛盾有着更加直观的感受。大量的外来务工人员，这里不单单指农民工群体，还有不少想要扎根京城却迟迟没有获得当地户籍的白领高层和大学毕业生等。他们在这个城市中苦苦挣扎，渴望能够在这个城市中落下脚，然而高房价的现实却是残酷的。面对高昂的房价只能望房兴叹的他们退而求其次地选择租房，而租赁市场上的高额租金使大多数人为了能够节省更多的生活费选择了"群租"的模式，以此来使他们在北京能够继续生活下去。

群租房是一种不符合人们最低居住要求的非正规居住方式，对社会造成了十分消极的影响，产生了诸多的矛盾和纷争，社会对于北京群租的关注很多。自2010年以来，北京市政府对北京的非正规住房开始了一轮又一轮严格的打击与清理，在2013年年底更是实施强而有力的铁腕政策，力争在2014年一年内彻底清理北京四环以内的非正规住房。

"以业控人，以房管人"是政府调控管理人口的基本手段，控制人口的需要，加上群租房这样的非正规住房存在着诸多的安全隐患或者其他不合规的问题，政府开始对其进行"一刀切"式清理，无差别地对群租行为进行管制。可是，当北京市政府介入了群租房的清理和整治运动以后，社会上又出现了不同的声音。大多数被赶出群租房的外来务工人员面临着在北京无法生存的问题，媒体开始开始关注该群体的住房权利是否得到了尊重和保障，他们的居住权利将何以安放，群租是否是外来人口生存在北京的最后底线。

本文希望通过对群租现象以及群租客的研究来分析北京当下群租泛滥的真实状况和群租客的生活现状，以及他们的住房权利。考察生活在同样一个城市中的人们为何有人可以安然无恙地居住高楼大厦，有人就只能朝不保夕地蜗居群租，这背后除了个人收入等因素，还有什么其他因素影响着人们的居住选择的差异？这种住房权利和住房资源的差异遵循着什么样的逻辑？群租者的出路到底在哪里？

（二）研究意义

北京作为我国的首都和经济、文化中心，一直以来都有着独特而巨大的吸引力，每年都可以吸引大量流动人口向北京市迁移。根据北京市统计局的数据表明，截止到 2014 年年底，北京市的常住人口超过了 2100 万人，其中常驻外来人口超过了 800 万，比例高达 38% 以上，可见，外来务工人员已经构成了北京这座城市不可或缺的重要组成部分。

2000 年以来，尽管房价经过了史无前例的攀升，商品房价上升了 10 多倍，应该说北京户籍居民住房状况还是得到了巨大的改善。然而，北京的外来人口，在北京的大量的外来务工人员，其中大部分人基本的住房权利还是没有得到保障。他们没有当地户籍，购买房屋的权利与当地户籍居民有差异，即使有了这样的权利，他们绝大多数也缺少购买的能力；同时没有户籍也没有办法享受保障性住房的福利政策照顾，也就是说他们没有享受到本应有的住房权。通过北京市群租问题的研究和透视，可以引起大家对住房权问题的关注，也可以弄清楚为什么有那么多的人选择居住群租房，从而为解决这一社会问题奠定认识基础，对于减少社会排斥，加强社会融合，促进政府更好地完善法律法规、健全相关的制度安排，努力实现居者有其屋的美好愿景，具有重要的现实意义。

从学术角度看，我国学者关于群租的研究文献数量不是很多，研究领域多集中于法学角度，关注群租的法律概念和边界问题以及政府在整治群租房过程中的行为是否得当；另外一些研究是从管理学的角度出发，为政府提供一套完善的管理策略建议，旨在提升政府的公共管理水平。在社会学领域内，对群租现象的研究也不是很多。因而，笔者以群租现象为切入点，以住房权利为理论视角，研究北京市群租房的基本情况，梳理归纳北京市群租客的基本特征，从而分析北京群租现象何以大量存在的现实原因和内在逻辑。将通过当地居民与群租客享受不同的住房权利作为切入点，引入差序住房权的概念，总结北京市之所以长久以来无法有效解决群租现象的内在逻辑。

(三) 文献回顾

1. 关于"群租"的研究

群租现象自2006年起，开始在北京、上海等大城市兴起，蔓延速度较快，几年内遍布了全国各大城市。群租房的出现不能说是我国独有的特殊社会现象，世界各国在发展的过程中都有类似的境况，比如孟买现象，巴西里约热内卢的城市贫民窟现象，都是在大都市高速城市化发展转型过程中出现的房屋供给与城市人口膨胀不相适应所产生的问题。这些现象与我国的非正规住房现象在本质上具有一致性，但其具体表现形态又各自不同。

（1）国内"群租"相关研究

群租是多个承租人对同一房屋的租赁关系，出现"二房东"或者多个承租人的出租关系，订有书面或口头租约以满足多方之间的约定关系。如果从政府管理部门的角度看，目前社会上出现的群租主要是指住宅小区的正规住房固有结构被改造以增加卧室或者床位出租以获取利益的行为。

国内专家从不同的角度去研究群租现象。顾骏从社会学的角度指出："针对群租现象采取一定的整治措施是必要的，但无视生活逻辑，出于某些狭窄目标随意扭曲生活逻辑，有可能导致人类需求及其满足发生困难，社会出现功能性失调，公共管理面临难题。"[①]

卫志民（2006）从经济学的角度去解释群租。他认为："在我国城市畸形发展的高房价条件下，群租的出现是一个必然的结果：高房价、低收入将不以我们的意志与法律的规定为转移地将我们的城市、将我们的中低收入者带入一个'宿舍时代'。现在的房价已经严重背离了我们的平均收入水平，在没有政府介入，由政府提供廉租住房的情况下，'拼房'就是一个必然的选择，不论法律是否允许。"[②] 因而，"群租"问题愈演愈烈的根本原因不在于法律缺失，

[①] 龚燕凌：《上海市住宅区群租现象治理研究——以中远两湾城为例》，硕士学位论文，华东师范大学2010，第3页。

[②] 卫志民：《"群租"问题愈演愈烈的根本原因不在于法律缺失而在于经济原因》，载《中国青年报》，2006年10月23日。

而在于经济原因。①

同样是从经济学角度出发，王盛认为，群租属于租赁市场的一种形式，我们可以用经济学的框架进行解释。通过对需求量和收入水平的比较，他认为群租的供给在房地产市场的调整转型期也将大量存在并持续下去。②

对于群租现象的生成逻辑，国内学者也从不同侧重点进行了区分。孟星（2008）认为，导致群租现象产生的直接原因是在房屋的租赁市场中，能够提供的可租赁房源不能够满足需求，无论是从房价还是区位上都无法大规模满足那些低收入的外来务工人员的需求。孟星认为，深层次原因"在于我国城镇住房制度市场化改革进程中存在的缺陷"③。同样是针对群租出现的原因，钟乙认为，群租现象的出现具有必然性和特殊性，主要是我国在市场经济快速发展过程中社会各类矛盾深层次的综合反映，暴露了社会结构、市场结构和综合管理三方面的缺失问题。④

在群租如何治理的政策建议方面，刘生敏认为，群租出现必然有其社会需求基础，而且很难消除，有关部门必须制定相关的政策，引导社会各方面的力量，通过合理合法的途径满足大量外来务工人员的"廉住"需求。⑤ 傅渊认为，"群租现象"确实给社会管理带来了一系列负面问题，大城市的房价居高不下，廉租房体系仍然不够完善，在市场条件下廉租房的全面实现终究不太现实，所以，他认为，在治理群租问题时，疏导政策比封堵政策更为有效。"在确认合法的前提下，对租赁当事人提出相关的限制条件、对行政执法部门赋予相关的监管权力，是一个较好的出路。"⑥

此外，卫志民认为："群租固然会带来一系列社会问题，但这不能成为立法禁止群租的理由。城市政府是受纳税人之托为社会提供公共服务的，不能只听从富有者阶层的呼声和诉求、剥夺穷人的居住权利，更何况群租问题的根源

---

① 志民：《面对"群租"，是取缔还是规范？》，载《观察与思考》，2006年第10期，第59页。
② 王盛：《关于"群租"现象的经济学分析》，载《上海房地》，2007年第12期。
③ 孟星：《住房群租与房改缺失》，载《城市管理》，2008年第11期，第72—76页。
④ 钟乙：《"群租"现象剖析与政策走向研究》，载《上海房地》，2007年第9期，第4—8页。
⑤ 刘生敏：《"群租"现象及管理对策》，载《现代物业》，2007年第5期，第10—11页。
⑥ 傅渊：《"群租"问题的治理途径探讨》，载《上海房地》，2007年第3期。

在经济，而不在法律。"①

从以上我国学者对于群租问题的研究可以发现，经济学、法学、管理学以及社会学等不同学科对群租的研究视角多有不同，但是总体而言，研究局限在对群租概念的剖析，群租生成的经济原因分析。对于群租问题产生的深层的结构性原因还有待深化，提出的措施也不见效。我们认为，需要从住房权的视角出发，分析住房权的不平等及住房资源分配不公的根源。

（2）国外"群租"相关研究

国外学者对于住房问题的研究十分深入，无论是其研究历史还是研究覆盖的范围都比国内的研究更加深广。早在19世纪，工业革命开始后的欧洲出现了大范围的人口迁移，大批的农村工人被吸引到正在进行工业化转变的大城市中，当大量的外来人口涌入城市中，住房就开始出现了短缺。恩格斯曾经对当时的状况进行过精辟的剖析：

> "它是资产阶级社会形式的必然产物；没有住宅缺乏现象，就不能存在这样一种社会，在这种社会中大多数劳动群众是专靠工资生活，也就是专靠他们的生存和繁殖所必需的生活资料总额过活；在这种社会中，工人大批地拥挤到大城市中，而且速度比现存条件下给他们修造住宅的速度更快，在这种社会中，甚至最龌龊的猪圈也经常能找到租赁者；最后，在这种社会中，房屋所有者以资本家的资格，不仅有权利，而且由于竞争，在某种程度上还有义务来无情从自己房屋中索取最高的租价。在这样一种社会，住宅缺乏并不是偶然的现象，它是必然的定例。"②

恩格斯在他的《论住宅问题》中就表明，对于伦敦、巴黎、柏林这样的作为工业中心而崛起的城市，住房短缺问题会在一段时间内急剧爆发，并且渐渐转为慢性病似地继续蔓延。③ 回望当年的欧洲，很多城市都存在严重群租房

---

① 卫志民：《面对"群租"取缔还是规范》，载《观察与思考》，2006年第10期。
② 参见《马克思恩格斯选集》第二卷，人民出版社1972年版，第495页。
③ 参见《马克思恩格斯选集》第三卷，人民出版社1995年版，第132页。

的现象。在曼城斯特、伦敦、利兹的阴冷的地窖里，挤满了产业工人和他们的家属。

恩格斯指出，英国工业革命产生了对劳动力的大量需求，从而刺激了大范围的人口迁移。这与我国改革开放以来，大量农村劳动力涌入城市，中西部的劳动力迁移至东部沿海的情况如出一辙。大量的人口迁移所造成的居住环境的恶化，其背后所反映的最典型特征是在城市化进程中住房供需不匹配的结构性矛盾，导致群租房在全球范围都有分布。

在英国，直到今天相互之间没有任何联系和交集的人共同承租一座房屋的现象十分常见，最为常见的现象是越来越多的外国留学生租住当地居民的房屋。有时候房东会把一整套房屋都出租给几个留学生租住，并且不限制租住人数，只要能够遵守和房东签订的契约，一般都会顺利租住此房屋直到毕业。

在德国，很多学校在放假期间会把学生公寓对外出租给部分外来务工人员，更有甚者，将同一个床位按照不同时段租出去给工人短时间的休憩。这种现象显然不符合学校的各项规定，然而只要不被举报，一般也不会有人出面进行管理。但如果被举报，该床铺的所有者仍然会受到处罚。

在美国，群租的现象超出了居民住宅的范围。在纽约曼哈顿区打工的年轻人想要租民居，房东一般都会要求租客的工资必须在房租的40倍以上，根据曼哈顿区的房租均价估算，能达到房东要求的租客，年薪需要达到10万美金。这种严苛的要求很少有人可以满足，因此不少年轻人合资租写字楼的办公室，在办公楼中多买几张沙发作为床铺，每日都挤在写字楼的办公室中休息。①

从以上全球范围内关于群租的现象可以看出，不同的时期群租现象在世界各国会以各具特色的形式出现。国际大都市在早期城市化过程中都经历住房在某段时间内极其短缺的阶段，以致出现了贫民窟的现象，并引发了犯罪率上升、教育水平降低、公共环境污染等问题。但是，与我国现如今的群租问题不同，发达国家的大都市在面对群租问题时，政府的介入，通过疏导与

---

① 王靓：《房租太贵，纽约客流行群租办公室》，见搜狐新闻，2007年5月11日。

封堵的方式并结合不同的策略手段，有效地将群租所引起的各种社会问题的负面效应降至最小。欧美的经济发展、住房及福利保障制度，使得大部分的中低收入人群能够获得住房，使得群租慢慢失去了继续生长的土壤。目前国外发达国家的群租问题并没有成为类似我国北京群租这种突出的社会问题，但是发展中国家特别是东南亚和拉美国家的非正规住房非常严重。我国是正在飞速发展的发展中国家，解决住房问题还需要一个过程，我们需要吸取其他国家的经验教训。

2. 关于"住房权"的研究

对于住房权利的研究可以追溯到公民权利的研究。因为公民的住房权利是公民社会权利的一个具体表现形式，住房权利是公民社会权利的一个外延。因此，我们先梳理一下公民权利研究的脉络。

（1）关于"公民权利"

①国外学者对于公民权利的研究

公民权利，最早应该追溯到古希腊时代的亚里士多德，当时的"公民"和"权利"两个概念是分开的。当时的公民，作为一种政治身份，代表着政治和经济上享有的特权，具有公民资格是参与城邦管理的前提和享有权利的必备条件。[①] 而"权利"的词源来自于拉丁文"Jus"，意思为正义或者公正，亚里士多德认为，权利是正义的标准，而正义意味着平等。

文艺复兴时期涌现的诸多学者，如约翰·洛克、托马斯·霍布斯、卢梭、孟德斯鸠等，在认识到以前的公民权利基于道德基础上的约束力已经无法发挥强大作用来促进社会发展的时候，他们整合并系统化地阐述了有关"天赋人权"的理论，将公民权利提升到了法律的高度，提倡人人应该生而自由平等地享受任何权利，不受他人干涉或者压迫，作为一国国民应当平等、公平地享有某些权利，具有某些资格，享受某些利益，得到生活保障和获得某些诉求。

随后，资本主义的飞速发展影响到了公民权利理论的发展，公民权利理

---

① 张顺：《公民权利视角下的中国农民民生问题研究》，载《东北财经大学学报》，2011年第10期。

论的繁荣也开始与商品经济的蓬勃发展紧密联系起来,同时资产阶级革命也推动了公民权利的规范化、法律化和制度化。从最早的英国的"宪章运动"到法国大革命,从美国独立运动的《独立宣言》到法国的《人权宣言》,保障公民权利的思想已经开始在全世界范围内扩张并得到支持和认可。

工业革命以后,大资本推动的全球经济体系开始建立,公民权利的核心思想更是在全球范围内受到了重视。市场经济的体制下,个人的能力想要得到充分的利用和发挥,其自身权利的实现和维护就必须受到良好的保障,因而社会保障制度的建立有效地促进个人创造更多的经济资源,经济资源的获取又使得人们渴望获得更多的权利。到了20世纪末期,对于公民权利的研究就不仅仅基于T. H. 马歇尔所提出的三个基本要素(民事权、政治权、社会权),而是有了更多的扩展和外延,诸如生命权、环境权、健康权、劳动权、住房权、文化权、教育权、福利权、医疗保障权等更为细化的公民权利。①

②国内学者对于公民权利的研究

国内对于公民权利的研究起始较晚,基本可以认为从新中国建立以后才开始关注于公民权利问题。从1954年我国宪法正式出台以后,"公民"的概念也正式出现,随后一部分学者开始在学术界探讨公民的基本权利问题。从那时以来,对于公民权利问题的研究大概可以细化为三个主要阶段。

第一阶段,主要是从新中国成立到改革开放这一段时期,该时期我国学者的研究大部分停留在关于公民权利的基本概念或者是对其外延进行阐释,受到当时国家政策的影响,研究多具有局限性。

第二阶段,主要是改革开放到上个世纪90年代初,由于受到历史的影响,很多研究认为"人权"是只存在于资本主义世界中,公民权利才是社会主义国家特有的,其权利的范围比"人权"更加广泛和优越。

---

① T. H. 马歇尔、安东尼·吉登斯等:《公民身份与社会阶级》,郭忠华、刘训练等译,凤凰出版集团2008年版。

第三阶段，是20世纪90年代后期至今，我国学术界关于公民权利理论的研究得到了长足的进步和发展。开始大量翻译和介绍国外著名公民权利理论著作，开始对公民权利理论进行比较分析并对国外的公民权理论发展历程进行梳理，在此基础上国内的公民权利研究也逐步扩展开来，从社会学、经济学、政治学各个角度进行研究，研究内容涉及公民权利意识、公民权利保障、弱势群体权利保障机制的建立与完善等问题。

（2）关于"住房权"

公民住房权属于社会权的范畴。住房权利的理念是随着社会权利理论的发展而建立起来的，对于公民权利理论的研究，必然会使我国学术界开始越来越多地进行住房权利理论的相关研究，对于住房权的研究是社会权利细化的表现，是对公民权利理论研究的更深一步。

作为人权的住房权的提出，最早是在1948年《世界人权宣言》第25条第1款中："人人有权享有为维持他本人及家属的健康和福利所必要的生活水准，包括食物、衣着、住房、医疗和必要的社会服务。"① 第一次明确提出住房权的概念则是在1966年颁布的《经济、社会和文化权利公约》中。直到1996年联合国人居署主持通过了《人居议程》和《伊斯坦布尔人居宣言》等重要文件，提出了"人人享有适当住房"的口号，并阐述了适足住房权的概念：住房权，又称适足住房权（Adequate Housing），指的是人人都享有满足基本生理需求，并且能够安全、和平、有尊严地生存在某一地域的权利，任何人都不得被从其住宅中驱逐，任何法律都不得允许任意将人从其住宅中驱逐。2007年，在我国，时任建设部部长公开宣布，将"人人享有适当住房权"作为公民的一项基本权利。②

对于住房权利的相关理论研究，王宏哲认为住房权应当被定义为"适足住房权"，强调了住房权中满足住房需求的含义。同时，王宏哲还通过研究国际人权法对于住房权的定义强调了国家对公民住房权给予尊重和保障的义务，

---

① 王富博：《居住权研究——我国物权立法的继受与创新》，中国政法大学博士论文，2006年。
② 建设部部长汪光焘表示：《中国将人人享有适当住房》，载《东方早报》，2007年5月20日。

并以这一标准梳理了我国的住房政策发展的历史变革与现状特征。①

金俭的《中国住宅法研究》是较早研究住宅权利的专门性论著②，书中重点分析了中国住房问题中存在的法律问题，探讨了公民的住宅权，认为公民的居住权益和私有财产应得到完善的保障，他运用民法理论和社会保障理论论证了住宅权的保护要立足于人权。③

张群、黄维分析了作为人权的住房权的具体特征，对弱势群体，特别是农民工、灾民等的住房保障问题进行了深刻的分析与探讨，认为我国政府必须重视对住房权的保障，尤其是加强对住房权的制度保障。④

此外，张群在另一部关于中国住房权历史研究的著作中，将住房权细分为以下三个方面：首先是作为民事权利的住宅财产权，即个人和家庭有通过合法途径获得、占有、使用、收益、处分住宅的权力。其次是作为人身自由权的住宅不受侵犯权，即没有居住者的允许，或者法律规定的情形，任何人不得进入、搜索或封锁住宅；最后是作为生存权利的住房权，即任何人都有获得维持生存所必需的基本住房条件的权利，对于无法依靠个人力量实现这一权利的经济或社会弱势群体，政府有积极保障的义务。⑤

通过以上住房权的相关研究发现，我国现阶段对于住房权的研究涉及住房权的内涵与外延，住房权实现的程度，以及基于人权的住房权对于弱势群体的保护等。对于住房权利难以满足的深层逻辑未能给予深入的研究。我们希望通过对北京市群租现象的研究，从住房权利的视角，分析群租客不平等的住房权利，通过对住房不平等的理论透视，剖析我国城市住房资源获得的机制，以期能够弥补当前我国对于住房权利研究的不足之处，并为我国解决城市住房问题提供理论的支持。

---

① 王宏哲：《适足住房权研究》，载徐显明主编《人权研究》第七卷，山东人民出版社 2008 年版。
② 参见金俭：《中国住宅法研究》，法律出版社 2004 年版。
③ 张子威：《我国保障性住房及其法律制度研究》，吉林大学（博士论文），2013 年。
④ 张群、黄维：《对我国住房保障的人权思考》，载《法律适用》，2008 年第 9 期。
⑤ 参见张群：《居有其屋——中国住房权历史研究》，社会科学文献出版社 2009 年版。

（四）研究设计

1. 研究范围与方法

对于"群租"群体和现象的研究，我们采用参与式观察法以及对群租客进行访谈的方法来获取资料，梳理北京市群租客的现实生活特征和生存逻辑，分析住房资源分配基本原则。参与式观察的研究方式可以让我们对群租生活有着切实感受，同时长期的同租生活有助于打消群租客的戒备心，便于对其进行访谈。对于群租研究，我们需要了解群租客以及房东对待群租现象的态度，社会中对于群租客的歧视或者对群租行为的反对。参与式观察与深度访谈的方式可以满足我们的研究需求，同时也是行之有效的研究方法。为了尽可能反映北京群租房的分布以及基本特征，我们收集网络大数据资源进行数据整理和分析，呈现群租发展的历程，详细描述群租基本形态和群租客的基本特征，展现北京群租的现实状况，透视群租背后的逻辑。

2. 研究思路与结构

第一节，绪论部分。主要介绍了研究的内容与背景，对所涉及的相关研究进行文献综述的梳理，阐明本研究的现实意义和理论意义。

第二节，北京市群租基本状况。第一部分介绍群租的概念，将之前对与群租概念的研究结合笔者的观察和总结，归纳出一个准确合适的群租概念。第二部分利用网络大数据的梳理，展示北京市群租现象发展演变的阶段和特征。第三部分通过大量的数据分析展现北京市当前群租的分布范围和特点，第四部分归纳整理北京市群租房的三大类型及其不同特点，最后总结出群租的问题与危害。

第三节，群租房的生成逻辑。第一部分阐述城市化快速发展造成大量的人口迁入北京，使得北京人口规模快速扩大，大大增加住房的刚性需求。第二部分通过数据分析阐明北京市住房供需严重不平衡，房价不断攀升。第三部分分析群租客难以获得北京保障性住房。最后一部分阐述当群租客在租赁市场难以承受正规住房昂贵的租金，只能进入非正规住房租赁市场以满足劳动力再生产的需要，导致群租房得以大量滋生。

第四节，差序住房权。第一部分分析群租房中的群租客受到的社会排斥。第二部分分析群租客无法享有适足住房权，产权房买不到，保障房不能申，整套房租不起。引入差序住房权的概念。第三部分对差序住房权的不同差序等级进行分类，详细分析差序住房权内涵与外延。最后分析差序住房权的长期的不利影响。

第五节，总结与反思。得出主要结论，北京群租现象随着流动人口的规模增加会越来越严重，政府在想办法治理群租问题的同时必须考虑如何满足和保障群租客的住房权利，走向平等住房权是治理群租问题的关键。最后提出走向平等住房权的建议。

二、北京市的群租基本状况

城市化进程的加速，导致了北京人口规模的迅速扩大，住房建设的增速远远无法满足广大北京居民的刚性需求，此外，城区核心地段人口密集，房价居高不下等众多因素的影响下，2006开始，一种新型、民间的解决住房问题的形式出现，这就是"群租"。

（一）群租的概念

"群租"这一名词的产生客观上反映了我国大城市中群租现象的出现及其影响程度都已经到了非常广泛的地步，但是对于群租的概念这么多年来一直没有一个统一的界定，这也体现了群租现象的复杂性，不同的学者对于群租的概念都有不同的理解和侧重，以下笔者总结了几类引用比较多的关于群租概念的界定。

根据2006年教育部公布的171个汉语新词释义详解的定义，群租是指把毛坯房子分割成一个个独立的房间，再简单装饰装潢一下，然后以便宜价格把房子出租给很多人的现象。对于北京市内的群租行为，北京市的相关部门于2013年制定了《关于公布我市出租房屋人均居住面积标准等有关问题的通知》，明确规定，出租房屋人均居住面积不得低于5平方米，并且每个房间居住的人数不得超过 2 人,这就在行政法规层面明确确立了群租合法的行为边界。

此外,上海市政府根据当地群租现象制定的相关规定,要求根据房屋的承租面积和房屋结构是否更改为判断依据,即要求完整的房屋结构不得切割改造并且不得将厨房、卫生间、阳台等作为住房进行出租,这个界定同样也对租赁人数进行了限制。这个概念存在的漏洞在于无法区分"合租"和"群租"的差异,如果一套 4 居室住了四个家庭,成员之间各自具有赡养和抚养关系,并且满足人均居住面积要求的情况下,很可能出现一套房屋内住了 10~15 人的现象,这种现象无法很好地规避。

因此,对于群租概念,我们更倾向于一种以法律为基础的综合性界定,这种界定强调了群租的本质是一种租赁行为,是房屋租赁市场中的一种特殊租赁形式,主要具有以下几个特征。首先,租赁主体是房屋的所有人、承租人(即"二房东")或者房屋中介公司。其次,租赁客体是两个以上的没有关系承租客或者家庭,他们的流动性较强,彼此之间不相识,并且租赁主体不对承租客的数量和性别上有任何限制。最后也是最重要的一个特征,租赁主体为了追求利益最大化而将房屋结构进行改造或者分割进行出租。这个过程中很有可能出现一种现象,房屋所有人本身并不知道自己的房屋结构经过了改造,该行为系二房东或中介公司的个人行为,万一发生任何突发状况时,权责追究将会出现很大的问题。

(二)北京群租的发展变化

关于群租现象,北京最早一条关于北京群租房相关消息的新闻出现在 2007 年,这个时间点也是北京自 2006 年起房价开始激增的时间,两者在时间上比较吻合,也说明了房价的上涨的确催生了群租现象。2007 年开始,北京的群租现象成为一个新的社会热点问题,各大媒体开始争相报道,在这一年内群租现象大量被曝光,政府开始逐渐关注群租问题。为了保障 2008 年奥运会在一个良好环境下举办,政府相关管理部门开始对北京的群租现象进行整治,自此以后群租逐步淡出人们的视野。2010 年以后,北京的群租开始大量出现。笔者在此引用百度指数对"群租"进行一次追踪,如下图所示。该指数只能够显示近五年内的热度搜索，但仍然可以看出从 2010 年起，群租现象的关注热度相较于之前已经上升了一个台阶。从下图中我们能够明显看到，从 2013 年开始，对群租的关注陡然上升，原因是 2013 年 7 月，北京市住建委、市公安局、市规划委会同市卫生局联合印发《关于公布我市出租房屋人均居住面积标准等有关问题的通知》，对社会关注的群租问题，首次给予了明确的标准界定。这个通知的出台将北京市的群租问题搬上台面，随后大量的整治整改运动开始，2014 年 2 月北京市政府及相关部门出台相关政策，开始大力惩处非法隔断、非法改造用地性质和非法群租的行为，因此 2014 年有关北京群租的报道达到了高潮。

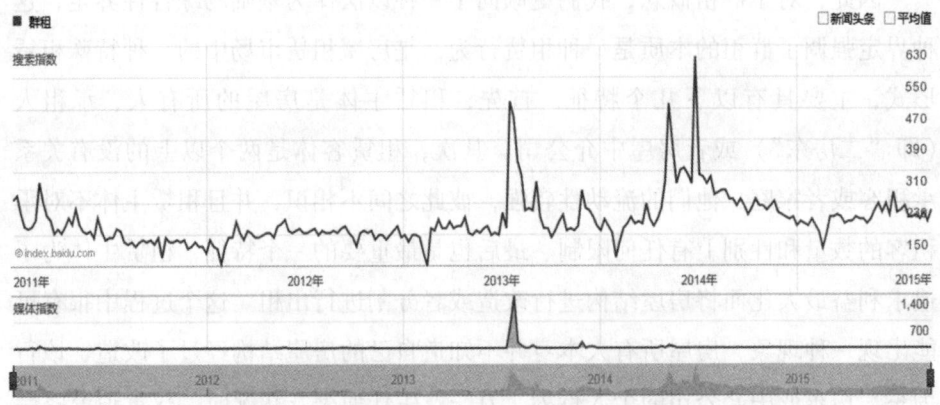

图 7-1　2010 年~2015 年北京市群租搜索指数（数据来源：百度指数）

从 2007 年北京市的群租现象进入人们的视野以来，群租其实也在经历了不同阶段的变化，人们对于群租的关注侧重点和态度也是随着时间的推移不断变化的。笔者通过自 2007 年开始至今不同媒体对北京群租现象的报道，总结了关于群租问题报道的四个方面，分别是纪实报道、问题纠纷、引导反思、整顿治理四大类别。四个方面的报道是不断反复循环的：纪实报道——问题纠纷——引导反思——整顿治理——问题纠纷——纪实报道——引导反思——整顿治理……如此循环往复的过程，反映了北京市的群租现象是一个不断反复的过程，是执法部门和群租客以及二房东之间相互博弈的过程。

表7-1 2007年~2015年不同媒体关于"北京群租"的相关报道

2007年~2015年不同媒体关于"北京群租"的相关报道			
北京高校周边群租热：燕郊三居室成"鸽子窝"	2007年9月4日	搜狐新闻	纪实报道
北京小白领"群租"生活同一屋檐下彼此不说话	2008年7月21日	搜狐新闻	纪实报道
北京白领群租生活：100多平米可住80人	2008年7月24日	网易新闻	纪实报道
楼上群租户漏水殃及楼下 北京"群租第一案"打响	2009年5月7日	腾讯财经	问题纠纷
北京住宅房屋"群租"问题多 监管成空白	2009年5月15日	千龙	引导反思
北京首起因群租引发的邻里纠纷案开审	2009年7月6日	法制网	问题纠纷
北京市建委：政策房出现群租要坚决清退	2009年7月28日	凤凰网	整顿治理
整治群租，北京市通告为何成了一纸空文？	2009年11月4日	胶东在线	引导反思
北京"群租族"兴起折射外来人口住房难 "取缔"恐难治本	2009年11月4日	新华网北京频道	引导反思
北京今年拟启动房屋租赁立法调研 将整治群租	2010年1月28日	腾讯新闻	整顿治理
北京拟定卫生间禁止租住 群租套房人均最少10平米	2010年4月30日	新京报网	整顿治理
中介群租谋取暴利 北京二房东年赚近3亿	2010年12月28日	万家热线	纪实报道
节后北京租房价格高开 群租和租地下室现象难禁止	2011年2月15日	中国广播网	纪实报道
房租飙涨 群租禁令遇尴尬工资上涨速度难超租金	2011年3月15日	搜房网	引导反思
北京首例群租案判决 三居住进20人房东被判赔邻居	2011年6月14日	搜房网	问题纠纷
北京拟禁止群租引争议 专家建议纳入廉租房	2012年5月22日	凤凰网	整顿治理

2007年~2015年不同媒体关于"北京群租"的相关报道			
北京群租成邻居之痛 媒体：不挤出空置房无法根治	2013年6月13日	人民网	整顿治理
群租客吐槽北京房租高涨：租金占收入比重达40%	2013年6月14日	新浪财经	纪实报道
"留守"北京的群租烦恼：6平方米的坐式生活	2013年6月14日	天山网	纪实报道
北京出台政策治理群租 地下储藏室等不得出租供居住	2013年7月18日	中国新闻网	整顿治理
北京禁止群租：管不了房价房租凭啥禁群租？	2013年7月19日	搜狐焦点网北京站	引导反思
北京禁止群租的冷漠与排外意味	2013年7月19日	凤凰网	引导反思
北京"群租族"扎堆迁往郊区 郊区房租水涨船高	2013年7月24日	腾讯财经	纪实报道
北京群租禁令发布半月 无人管中介称躺着挣钱	2013年7月31日	腾讯	引导反思
北京劲松明年清除全部群租 百环等地清出500多户	2013年10月17日	凤凰网	纪实报道
北京严查群租现象 62%网友：让穷人更难活	2013年11月28日	千华网	引导反思
北京再剿群租 赶不走的房客	2014年3月6日	地产中国网	引导反思
北京百环家园小区整治过后 群租仍是公开的秘密	2014年3月28日	荆州新闻网	纪实报道
北京调整群租政策 大客厅允许隔断成房间	2014年6月15日	中国广播网	整顿治理
北京群租乱象丛生 民警：未扰乱治安不能取缔	2014年7月27日	搜狐新闻	问题纠纷
北京：群租地下室起火 租户不敢报警	2014年11月9日	凤凰网	问题纠纷
"地下北京"的生存与梦想：探访地下群租客现状	2015年1月30日	福州新闻网	纪实报道
北京违法群租反弹 将严查"胶囊公寓"等变相群租	2015年4月24日	凤凰网	问题纠纷
北京东城劝离9000余地下租客 停水停电清走群租户	2015年8月11日	西部网	问题纠纷

从表 7-1 中不难看出，媒体自开始对群租现象报道以来，关注点一开始都是群租客的生活状况和群租环境等纪实类的报道，随后开始出现一些群租客与邻里之间的问题纠纷，在纷争越来越多的情况下，政府开始介入，报道的重点就转向了如何治理和引导方面，当大家发现治理整顿无法有效取缔群租现象，有一些专家学者出现开始反思群租现象出现的原因和特征，提出如何有效整治的建议，公众这个时候也将重点转向如何解决群租客在北京的住房问题，媒体的态度也转向温和。然而到了 2013 年，群租在多年整治未果、群租客的人数不减反增的情况下，出现了越来越多由于群租引发的各种安全和社会问题，这个时候北京政府不得不摆出强硬姿态开始大力对群租进行整治，这个时候的媒体报道都是倾向于支持政府的整治行动。最后一个阶段，在越来越多的群租房被查封，房东和经营者被惩处以后，那些在北京无力支付高额租金和购房的群租客的声音再次出现在了各大媒体之中，继而开始这周而复始不断循环的"斗争过程"。

（三）北京群租房特征分析

1. 分布特征

对于北京市群租的分布状况，笔者利用 58 同城的信息分类门户网站的数据统计该门户上一共挂有多少则群租房的广告来判断北京群租房的基本信息。在 58 同城的租房子网页中设定相关搜索条件，通过选择"隔断出租"以及"床位出租"等搜索方式，分别将北京市朝阳区、海淀区、东城区、西城区、丰台区和石景山区的所有群租广告数量进行了分类统计。通过排除相同重复广告和已经不具有时效性的广告，截止到 2015 年 10 月，北京市城六区的群租房广告数统计如下（表 7-2），结合笔者自身的调查和走访，认为统计数据基本能够展现出北京市的群租分布状况。

表 7-2　北京市城六区群租房广告信息（数据来源：58 同城）

北京市城六区群租房广告信息（单位：条）							
朝阳	海淀	东城	西城	丰台	石景山	总计	
251315	176560	86660	96324	87895	105430	804184	
31.25%	21.96%	10.78%	11.98%	10.93%	13.11%	100.00%	

表7-2数据中的广告数量统计是笔者应用软件从网站抓取的，经过筛选，可以保证广告的有效性和非重复性，因此，大致可以看作城六区内群租房的待租数量。其中朝阳区的群租房待租数量超过25万条，占了全北京市城六区的31.25%，海淀区紧随其后，群租房待租条数超过了17万，比重也超过了20%。朝阳区和海淀区的群租房数量遥遥领先，其他四个城区有他们各自的特点。朝阳区，是北京市城近郊区中面积最大的一个区，并且该区工业和经济比较发达，常住人口高达392万，外来人口180万人，因为该区域能够提供的就业场所和就业机会特别多，群租房的大量出现也是自然现象。而海淀区作为北京高校最多的区域，面积比朝阳区小，但是人口数量相当，因而人口密度较大。广大高校毕业生也是群租的主要承租群体，所以海淀的群租房数量也是与日俱增。

考虑到东城西城面积小、总房源少的情况，东城西城的群租房占本地房源比例应该是比较高的。

2. 平均月租金

表7-3 北京市城六区群租房平均月租金

北京市城六区群租房平均月租金（元）					
朝阳	海淀	东城	西城	丰台	石景山
998.9	1081.3	1317.1	1127.2	892.4	791.6

同样是通过58同城的数据整理分析所得表7-3是"北京市城六区的群租房平均月租金"，我们可以看出月租金最高的是东城区1317.1元，其次是西城区1127.2元，最低的石景山区只有791.6元。由于网上广告数据的挂载价格一般偏低，所以以上月租金价格不能当作准确数值，但是其分布的比例大致和实际情况一致。其中东城和西城作为首都核心功能区，也是传统的老城区，房价一直是北京市最高的区域，便利的交通和区位优势以及更多的商业场所使得东城区的整体租金水平要高于西城区。此外值得一提的是，海淀区的群租房数量从表7-2中看并没有比朝阳区的群租房数量多，但是其平均租金却高于朝阳区，原因在于海淀区除了充斥大量的创业公司提供了大量的就业机会以外，高校的林立使得教育区位优势叠加在房价上，使得租金较高，在校生的租赁需

求或者各种学术考试的租住需求以及大量毕业生在周边工作的硬性需求都成为了海淀区租金较高的助推器。

3. 住房面积

群租房的一大问题就是居住面积过小达不到适足住房权所要求的标准。根据数据统计发现,北京市城六区的群租面积大概可以分为以下三个类别,人均住房面积在8平米以下的占31.2%,人均住房8－12平米的占35.6%,人均住房面积在12平米以上的33.2%。可以看出,北京市群租房在12平米以下的比例高达66.8%。北京市城六区的平均住房面积只有10平方米左右,我们如果假设每间群租房可以提供一人的住所,那么北京市待租的群租房市场可以为北京居民提供超过80万人的居住场所,对于800万的外来人口而言,待租的群租房可以解决超过10%的外来务工人员住房问题。

4. 其他特征

根据58同城的群租数据计算,群租客所租的小区类型大部分为普通商品住房小区,少数为高档公寓式商品房小区。北京市群租房其中30.4%的受访者居住在多层楼房(顶层6或者7层,无电梯),余下的受访者均租住高层(14层以上)楼房。此外,数据显示,城六区超过一半的房屋朝向为南(包括西南和东南向),其次较多的房屋朝向为北。根据朝向的不同,租金也会有所调整。朝东和朝西的房屋租金最低。同时,房屋在装修上都标注为简装修或者精装修两种,并未出现毛坯房或者豪华装修的群租房。

(四)北京群租的主要类型

根据网络数据的分析和参与式调查所收集到的调查资料和访谈实录,北京市的群租房基本上可以分为隔断型、合租型、宿舍型三大类别。在介绍三种群租房的具体特征之前,笔者对不同的群租类型中群租客的群体特征和居住特征进行了简单的归类和区分,以便于读者对三种群租房类型的主要特点有更加直观的了解。

按照年龄划分,合租型群租房内的群租客年龄相对较高、跨度较大,而宿舍型群租房的群租客普遍年龄较小。在隔断型群租房中的年龄结构是最没有规律可循的。

按照人均住房面积划分，宿舍型群租房中的人均住房面积最小，最小人均住房面积甚至可能不到4平方米，其次是隔断型群租房，人均居住房面积基本上可以满足8平方米的最低要求，最后是合租型住房，一般是群租房中人均住房面积最大的类型。

人均面积越大租金越高。因此，宿舍型群租房的平均月租金较低，其次是隔断型群租房，最后是合租型群租房。北京市群租房月租金的最大极差达到了2000元。

以下是根据参与式调查收集到的资料对不同群租类型的详细描述，描述结合了访谈资料。

1. "隔断型"群租房

所谓隔断型群租房，是最常见的群租房类型。这类群租房具备群租房最重要的两个特点：居住人数多、密度大，房屋结构被改动。这种类型的群租多存在于三环以内的住宅小区中，房屋户型统一，面积较大，房东或者二房东能够充分利用房屋空间将房屋的结构进行改造，通常能够将一套房隔出8间隔断房，最重要的特征是，这个类型的房间没有客厅、厨房及阳台之类的功能类空间。所有这些空间都被改造成了隔断间，只保留卫生间。换句话说，这种类型的群租房从进门开始，就已经都是走廊和过道，除了卫生间以外都是可以住人的隔断房。

图7-2所示的房屋结构示意图就是北京隔断型群租房的基本结构，可以很清晰地看出，原厨房被改造成了一间不足10平方米的卧室，餐厅和客厅分别隔断出两间卧室，原主卧被隔断出两间房。就这样，原本有100平方米的商品房被隔出了8间不同大小的房屋，房东或者二房东会根据房间的朝向、面积大小、有无窗户等特点进行不同的定价。笔者在北京南三环地铁站附近曾调查过一间与上图结构类似的隔断型群租房。该房屋内最高价位的朝阳主卧15平方米隔断房间一个月的租金是1200元，内客厅没有窗户不见光的隔断，俗称"暗隔"，面积大小仅仅容下一张单人床和落脚之地，一个月的租金为600元。该房屋原本是两室两厅的商品房，在环境较为不错的高档小区中，地理位置在

南三环地铁站附近，如果按整套一个月整体出租的租金大概为5000元左右，现在被隔断成8间房屋以后每个月的总月租租金为8800元，那么这一套房就能够有3800元的纯利润。另外，根据北京市卫生与计划生育委员会的数据统计，北京流动人口的人均月工资为3309.47元，月房租支出为722.93元，所以对于租客而言，每个月600—1200元的租金还是在可接受的范围内。客观上的经济收入只允许他们选择群租房，另外主观上他们对于群租房的感受也各有不同。

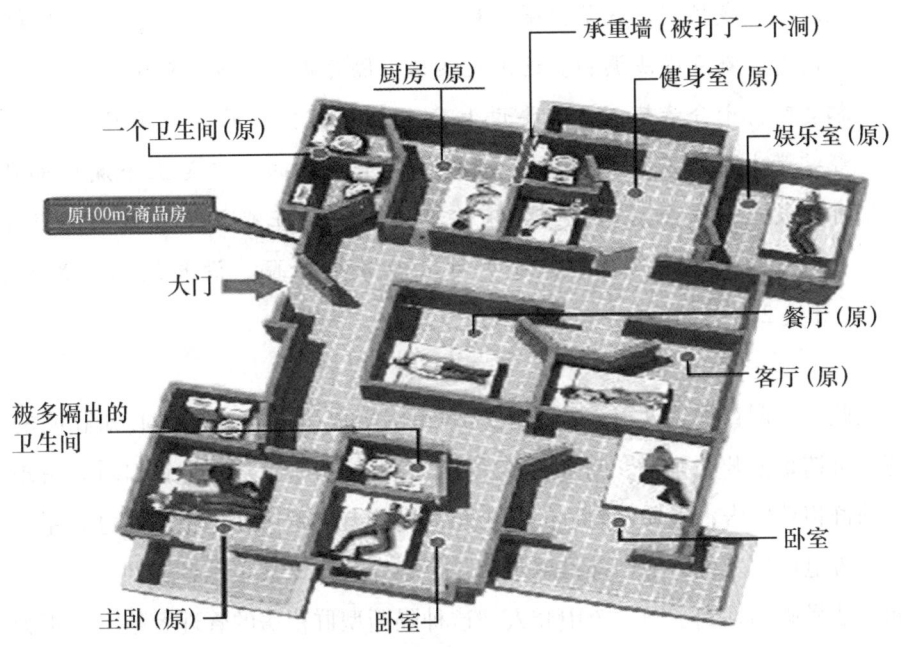

图7-2　隔断型群租房示意图

"最主要的原因当然是因为钱啦！刚毕业的时候和大学同学一起来北京打拼合租一套房，每个月的租金我们俩平摊，一个人2400元，后来找到工作以后每个月的工资奖金加起来也才不到4000元，光房租就占据了我收入的一大半，尤其是房东一次性要求我们至少交半年的房租，我刚到北京打拼几乎把所有钱都花在租房上了，第一个月上班没领到工资以前天天都是吃馒头和香菇酱，偶尔改善一下吃一次泡面。后来住了半年就觉得房租承受不了，找到了现在这个群租房，我单身一人住在这里也没什么不适，关键是一个月才650元，我白天上班中午也不回来，晚上到家就21点以后了，最多就是睡个觉而已，当然还是越便宜越好，只不过是个过渡阶段嘛。虽然现在工资涨了不少，可是还是对住房要求不高，我选择群租还是想要多攒点钱。"（访谈3）

"脏、乱、差！反正这个月结束我坚决不住了！之前还好好地，最近搬进来的一些人，晚上吵吵闹闹的，半夜也经常有响动，要么就是有人一大早5点多就开始洗漱。本来我上班就很累，回来连好好休息都不能。不是我挑剔，就是觉得群租最大的麻烦还是隔壁的人，人和人素质不同怎么都没办法调和。这里说实话，隔音很差，安静的时候正常说话都会听得十分清楚，更不要说大晚上打电话什么的了。而且中介白天经常带人来看房，我们的房间有时候是敞开的，只是上个厕所而已，可是就这么一会房间就可能有东西失窃。反正我是不在这继续住了，当时也就是图个便宜，一个月才450块的暗隔，没想到这么别扭！"（访谈2）

此外，调查发现，很多小区内的群租已经成为了当地居民心知肚明的事情，可谓是公开的秘密。调查期间发现，在北京市东三环某地铁口看到琳琅满目的群租房广告，地铁站附近的几个小区内均有群租房在出租。通过联系了几个广告电话后发现，他们都是属于同一个中介公司，甚至笔者在调查时联络不同电话号码却见到了同一个中介人。这种隔断型群租房的管理者基本上不会是房东或者二房东出面，大部分是由中介公司负责，他们为求租者提供信息，带领求租者看房。在这个过程中，大部分中介公司都会变相向租客收取中介费，中介费用不算在房租以内，因而如果退房时，中介费用是不会退还的。因此，在群租的过程中还经常会有人碰到"黑中介"的欺诈，租客们在看房和求租过程中经常发生少则50元、多则300元的财产损失。

"我就遇到过啊，我上次在宋X庄附近租的群租房面积只有10平方米吧，因为有个窗户的原因一个月租金800元，我当时租的时候中介告诉我要押一付三，我就要交相当于4个月的租金，我当时工作还没有稳定，根本不知道自己能不能在这住4个月。他（中介）就告诉我不用担心，说如果我退房的时候没住的月租金包退，并且押金他只收了我400元，所以我当时给了他2800元。可是后来我住了两个月就不租了，按道理他应该退给我1200元，可是最后他只给了我800元，告知我中途违约没有住满押金不退。当时我就特别生气，但是我一个姑娘也不知道怎么跟他们纠缠，最后也只好认了。听你这么讲，我想我当时的押金可能就是充当中介费了。"（访谈1）

隔断型群租房在北京比较普遍，一个重要的原因就是已经形成了一种租赁体系。依靠中介对房源进行控制和管理，房东或者二房东平时根本无需对他们的房屋操心，只需要定时向中介收取租金就可以赚钱，北京市拥有较多房源的房东乐享其成。并且很多中介公司为了赚取更多，他们有时充当二房东从房东手中租用房屋，私自进行结构的改造并向外出租。作为中介公司，他们的员工众多，完全能够承担起对多处群租房管理和推销的任务，因此对于房东和中介而言，这种隔断型群租房是一个双赢的模式。针对这样的情况，2014年北京市政府相关部门开始针对性的对一些知名连锁型房屋中介公司进行规范管理，勒令他们停止对群租房的经营和宣传。

2."合租型"群租房

为了更好理解"合租型"群租房，我们首先要明白"合租"和"群租"的区别。两者最大的区别在于承租人之间相互的关系，合租客之间往往在住在一起之前就已经有了一定的熟识基础，他们本身之前可能就是朋友、同学或者同事，即在合住以前他们有一定的关系。而群租客之间往往没有任何联系，他们彼此之间都是独立没有任何交集的。其次，在租住人数上的差别，群租往往在同一套房屋里尽可能多地住人，合租往往是按原有房屋卧室数量住人，同一套房屋内一般不会超过两个家庭户。最后就是租赁合同上的差别，各个群租客之间往往签订不同的租赁合同，合租者则与房东共同签订一份合同。因此，通过上述对比发现，北京的的确确存在一种形式上类似于"合租"，但实质上属于"群租"的居住类型。

北京的住房变迁与住房政策

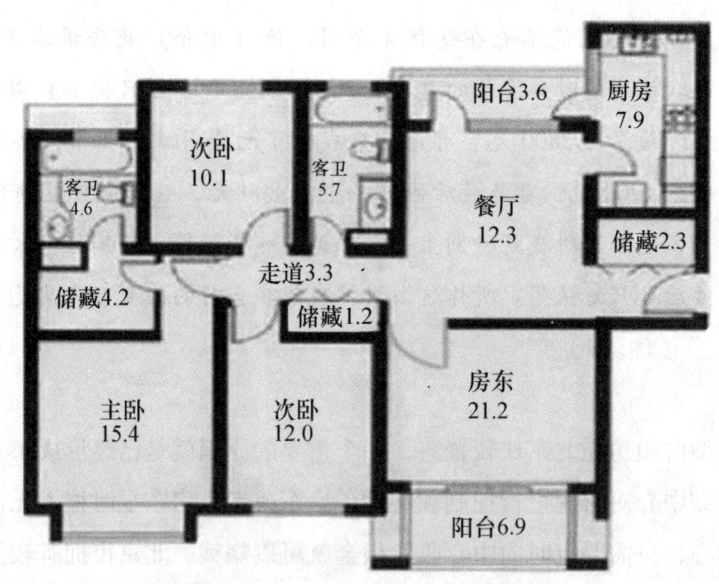

图7-3 合租型群租房示意图

如上图7-3所示，该房屋的结构属于典型的"合租型"群租房。首先，房屋结构并没有被大范围改造，只有在房东居住的原客厅基础上打了一道隔断，原本三室一厅的结构被改造成了四室一厅。这种类型的主要特点有：首先，原本一个家庭户居住的房屋，现在可以除房东以外再住进三个家庭户，这三个家庭户相互之间并不认识，同时他们与房东也都是陌生的关系。其次，在管理层面，该类型房屋的卫生环境及生活安全状况均由房东负责，因此房东对群租客自身素质的要求较高，房客是否能够居住由房东的标准来评判。再次，该类型的厨房和餐厅灯公共区域被保留，群租客允许使用餐厅和厨房，这实际上为群租客之间相互交流和碰面提供了一个共同的场所，相较于隔断型群租房而言，该类型的群租客之间能够获得更多的碰面机会，与此同时矛盾和问题也可能会产生更多。最后，在流动性上看，承租这种房屋群租客相对而言较为稳定，如果没有和其他群租客或者房东产生较大矛盾，通常会在该类型群租房内长时间居住下去。

这种"N+1"形式的群租类型，在2014年6月得到了北京市相关管理部门的肯定，在大力查处和清理北京市群租房遇到较大阻力的时候，开始进行一种新模式的尝试和探索，"N+1"的模式得到了允许。这种模式虽然比隔断型群租房有不少优点，在安全和管理上都能够得到很好控制，但是群租客之间也更容易产生矛盾和分歧。

"我们家之前拆迁分了两套房，一套留给儿子结婚用了，现在这套就我自己住，房子本来也就大，我一个人和卡卡（狗）住着也冷清，就想着租出去平时也热闹热闹。不过我只接受单身的孩子住，这里离XX大学很近，好多复习考研的学生来租房的，平时孩子们也特别安静没有那么多事情，我偶尔溜溜卡卡回来之后买些果子给他们分一点，做饭有时候也会问问他们吃不吃，现在的孩子考研学习也真的很苦啊。我收他们的租金都是押一付一的，知道他们也没什么钱，本来我把房子租出去也不是为了赚钱。"（访谈5）

"我一般只招女孩子住，我一个老太太带条狗，家里住个年轻小伙子也是事儿啊。主要是看人了，之前就遇到过一个很不招人待见的小姑娘，天天咋咋呼呼的不讲究，头发什么的把卫生间都堵塞了，每次洗漱完也不收拾，我天天需要给她打扫卫生。其他房客对她也很有意见，经常在客厅里大声打电话聊很久，住了不到俩月我就把她赶走了。"（访谈5）

"我觉得这样的形式挺好的，我是特别不喜欢群租那种乱糟糟的感觉，现在这样就跟合租似的，隔壁住了一个跟我差不多大的女孩子，我们还经常聊聊天，主卧住的是一对年轻夫妻，听说已经有孩子了，孩子在老家奶奶带着。我们平时相处挺好的，周末房东会来这边打扫卫生，就是对厨房、卫生间和客厅清理一下，我们每个人每个月额外给他100元，平时我们都早出晚归的，很少有人有精力收拾房间了，更不要说是那些公共区域了。"（访谈7）

3."宿舍型"群租房

在群租的概念中，有一种特殊的群租模式，有点像企业为员工建造的集体宿舍以及学校为学生建造的集体宿舍，这种集体宿舍模式的住房在严格意义上讲属于群租。但是由于企业或高校中的住宿人员彼此之间存在亲密的交集，只需要跟企业或者校方签订一份住宿合同，并且大部分集体宿舍满足人均住宿面积的要求，是合法合规的，故而不在群租的讨论范围。

然而，北京市在三环地铁沿线周边的小区中出现了大量类似集体宿舍形式的群租房。他们最大的特点是，人均居住面积严重低于标准，租客之间入住前没有任何交往，并且根据床位选择的不同和房东签订不同的合同，这种形式实际上是将私人住房通过结构的变动按照床位尽可能多地租赁给租客，这种模式的群租房可以称为"宿舍型"群租房。

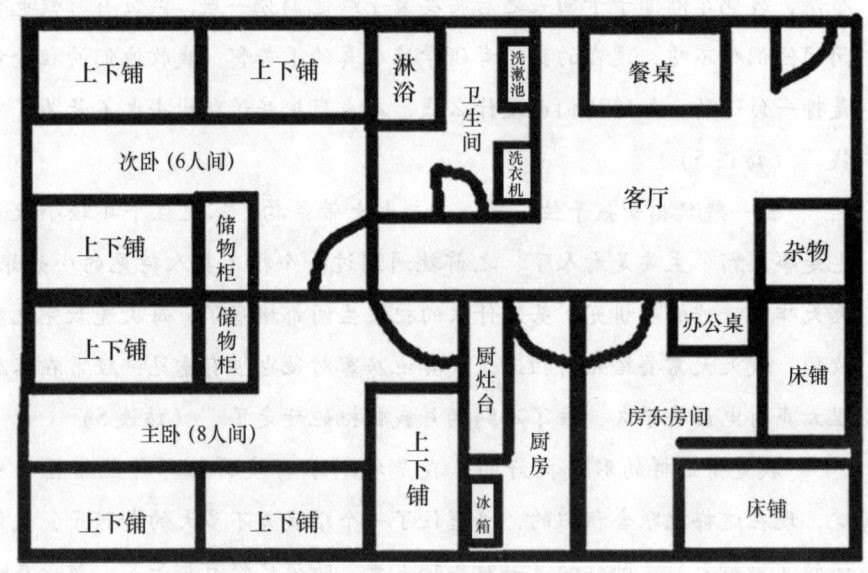

图7-4 宿舍型群租房示意图

图7-4为笔者租住的"宿舍型"群租房平面结构示意图，该房屋原本是一间面积80平方米的两居室，现在被二房东改造成了一个能够容纳18人"宿舍型"群租房。房东将客厅进行了一次隔断为自己一家四口预留了居住空间，主卧和次卧共放置了7张高低床，每一个床位按照上下铺的不同价格对外出租，上铺每个月650元，下铺每个月700元，押金统一为500元，房租一个月一收，退租需要提前一周通知房东，否则不退还押金。由于该房屋所在小区位于北京东三环地铁站附近100米，地理位置优异，交通十分便利，周围多处SOHO提供不少工作岗位，因而即使按照床位出租，在价格不菲的情况下，这

里的群租房也从来不会缺少租客。笔者在这里居住一个月期间，14个室友更换了10个，最后搬离时，所在主卧的8个人全部更替了一遍，然而每一个床位闲置期不超过一天，可见这种类型群租的存在是有一定的市场基础的。宿舍型群租房属于较为特殊的一种，一般情况下，房东是不会和房客居住在一起的。笔者是为了能够更好地获取调查资料有意接近房东而选择该类型。一般情况下，"宿舍型"群租房的客厅也会被改造成卧室，基本上用高低床布满整个房间，厨房和卫生间都会保留，但是不允许房客在厨房做饭，天然气是没有的，只允许自己使用电磁炉、热水壶等。所以，两居室平均能够住下20~30人，从一进门起就只能看到高低床没有太多的公共空间，房东会雇人每天早上5点左右打扫房间卫生。

与其他类别的群租房相比，"宿舍型"群租房有以下特征。首先，男性和女性租客分开，一套房屋不允许男女混住；且床位出租的支付模式和常规群租模式不同，允许短期租住，每天以30~40元的价格短期出租。其次，没有任何隐私性，公共空间都被布置了床位提供住宿，每个房客之间都是面对面相处，隐私权得不到保障。再次，交流性并没有因为面对面而增加，反而矛盾和冲突更加频繁，作息习惯和洗漱时间是矛盾的重点。最后，流动性过强，群租客没有任何归属感和信任感。

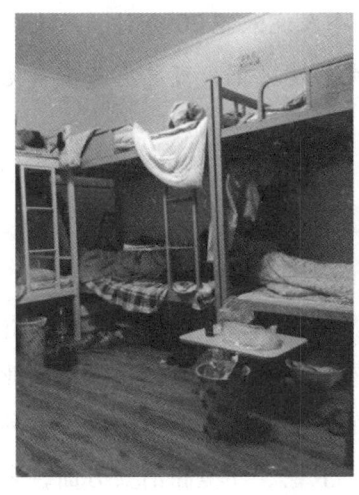

图7-5　宿舍型群租房内部照

"我有一次出差5天，走之前没有跟室友和房东说，但是我这个月月底才退房，可是我回到北京以后发现自己的床铺已经有人睡了，还是盖的我自己的被子，我当时十分气愤，找房东大吵大闹，本来住这种地方环境卫生已经很差了，还有人盖我自己被子，真的让我觉得火大！可是房东却说什么以为我不住了，你说她这么说不是胡搅蛮缠么！所以住这些地方我也是无奈之举，我从贵州毕业后来到北京，人生地不熟，在网上找到这么一个住处想着将就将就就好了，可是却遇到这么多麻烦事，但是我也不愿意搬走，北京的房价太贵了，租房现在都租不起，本来想着这种公寓式的群租房客素质会高一些，可是没想到竟然什么人都有，我下个月打算去找找便宜一些的合租……"（访谈9）

"我已经住这里半年了，我在知春路上班，反正这里就在十号线地铁口附近，有地铁就不算太远啊，海淀那边的房租更贵，这里便宜多了。我觉得还好吧，室友也蛮不错的，有时候回来早了大家聊聊天，我是在这个房间里住时间最长的人了，我看着室友都换了一圈了，大家有各自原因吧，我一个人要求也不高，这里一个月600元的上铺，我也就晚上回来睡睡觉。恩，要我说最大的麻烦在于夏天开空调和冬天洗澡，20多个人在一起住，你说空调怎么开才合适呢，虽然不交电费，可有人的怕冷有的人嫌热这都是麻烦。还有就是洗澡的问题，20个人每天一半人都是20点左右下班回到这里，每个人洗漱花20分钟，所有人洗漱完毕也都大半夜了，这还是大家都自觉的情况下，可总有些不自觉的人，你说怎么办呢？"（访谈11）

（五）北京群租房存在问题

北京的群租现象之所以会引起强烈的争议和关注，不仅仅只是因为群租的市场供给和需求量大，而是群租现象对政府管理者、物业公司、小区业主和群租客本身等多方主体都产生了十分巨大的影响，造成了不少因多方利益纠葛而引发的社会问题，主要涉及的是消防、卫生、环境和治安方面，多数利益主体要求政府部门彻底查处群租房。对于群租房的危害性，有以下五个方面。

1. 安全忧虑

群租房中的安全问题主要涉及两个方面，首先是群租客的财产安全问题。有些租客在群租的过程中遭受到财物失窃的情况，有的时候是被同一屋檐下的租客盗窃，还有是中介在带领他人看房过程中被看房者顺手牵羊。宿舍型群租房中的财物失窃情况就更加普遍，面对这样的情况大部分群租客都是有苦难言，多数人在遭遇这类情况寻求帮助无果的情况下都选择了换一个地方继续群租。另外一个方面就是人身安全问题，在网上搜索相关新闻可以发现有大量的新闻关于群租客之间一言不和造成人身伤亡的报道。群租房中的租客们彼此都是陌生人，矛盾与冲突时有发生，在成年人混住的群租房内，人身和财物安全都有隐患。

2. 治安困扰

群租房的出现是对治安管理的挑战，尤其是北京作为我国的政治中心，治安稳定一直以来都是特别重视的问题。但群租房由于多数为私人经营并没有类似酒店或旅馆等正规的营业执照，公安机关也无法对私人住宅进行检查，这在客观上造成了治安管理的漏洞，群租房有可能成为犯罪分子的避风港，卖淫嫖娼的交易场所，甚至涉黑势力和其他犯罪团伙的窝点。

3. 消防隐患

群租房将原有房屋结构改造之后，乱拉电线，乱接水管，随意使用大功率电器，各种充电设备随处可见，偷水偷电等现象都会对消防安全带来隐患。此外，群租房人口密集，高层内更是相当普遍，一旦发生火灾，财产损失和人身伤害都会很大。

4. 卫生与环境问题

群租房的大量存在，势必会增加小区人数，每个小区的公共卫生和环境都有着自己的承载能力，大量流动性群租客的出现将会产生更多的生活垃圾，不可避免地会对该地区的卫生环境形成巨大压力和影响。此外，对于群租房内部，本身就是密度较高的地方，如果有人感染传染性疾病，那么在小范围内的病菌传播十分迅速，对人们的健康卫生状况都造成了一定的影响。

5. 邻里关系紧张

群租房多的小区一般有以下情况发生：门禁经常被破坏；电梯超负荷运载；垃圾制造更多；交通人流量剧增；正常作息被破坏……多数业主认为他们所缴纳的物业费应该享受小区良好的物业管理和生活环境，但是群租客们不缴纳物业等各种费用的同时也在享用小区的各类基本设施，业主们感到十分不公平。另外，物业也觉得为难的是收取的物业管理费用根本来不及维护小区的卫生和环境以及电梯停车场等基础设施，毕竟群租客的大量存在缩短了各种设施的使用寿命。

以上五个方面的问题都是最基本的显性问题，当这些问题出现以后，业主和群租客之间的矛盾与冲突会慢慢积累，长此以往各种社会问题就会爆发。各种维权和举报的现象便会出现，当业主向物业寻求解决无果时，便会采取举报的形式期望政府相关部门对该小区内的群租现象进行整治。

小 结

本节运用文献资料调查以及网络大数据的分析，对北京市群租现象进行了全面的梳理和分析，发现了北京市群租媒体报道的循环特征，回顾了群租发展历程，分析了北京市当前的群租房分布特点及原因，并对群租房整体的特征进行了归类（将北京市的群租房主要分为三大类），最后分析了北京市群租房所造成的主要问题。

通过以上多角度对北京市群租房问题进行描述与分析，可以看到北京市群租现象确确实实已经是无法忽视的社会问题，涉及诸多方面的权益和利益。那么，北京如此大规模的群租现象是如何造成的呢？为什么近十年来北京的群租治理没有得到良好的成效？北京的群租如何生成且不断发展壮大，其社会根源到底是什么？

三、北京市群租房生成逻辑

上一节我们从群租房的概念，群租房的发展状况以及群租房的类型等方面阐述了北京市群租房市场的现状。本节尝试分析北京群租房形成的基本逻辑。北京市的快速发展造成人口规模迅速膨胀，这导致住房需求急速增加；北京市的住房建设速度跟不上需求的发展，同时绝大多数外来务工人员也没有能力在北京购买商品房。因为大量的流动人口不具备北京市保障性住房准入条件，不能享受保障性住房福利待遇，他们只能将目光转向北京市的房屋租赁市场以期能够解决自身的住房问题。然而，北京市正规房屋的租金水平也远远超过了他们的支付能力和支付意愿，因而非正规的群租房成了他们解决居住问题的不得已的选择。

（一）人口规模增长快

北京，作为我国的首都，政治和文化中心，对全国人民都有着独特的吸引力，从上个世纪80年代末开始，大量的外来务工人口开始涌入北京这座城市，试图在这里扎根落脚，以期通过自己的努力，实现自己的"中国梦"。随之而来的难以控制和解决的各种城市病问题：人口迅速膨胀，公共资源变得紧张，人口密度极速上涨，房价、物价开始提高，交通、环境卫生、教育资源等的供给困境都成为北京这座城市在享受人口红利的同时不得不面对的城市问题。

图7-6是1978—2014年北京市人口统计数据，我们可以清晰地看出近40年来北京人口规模的变化趋势。1978年，北京的外来人口只有21.8万人，常住人口871.5万人，外来人口的比例只占2.5%。可是随着时间的推移，外来人口的比例越来越大，其人口总规模也越来越大。1984年国务院发布了《关于农民工进入集镇落户问题的通知》，外来人口开始大规模进入北京，因而从1984年到1994年这10年间，北京市外来人口进城呈现了第一波高潮，但这10年间的外来务工人口规模也受到了控制，虽然在1984年人口数量突然增加到了59万人，但接下来的10年间基本上外来人口数量都被维持在了60万人左右。

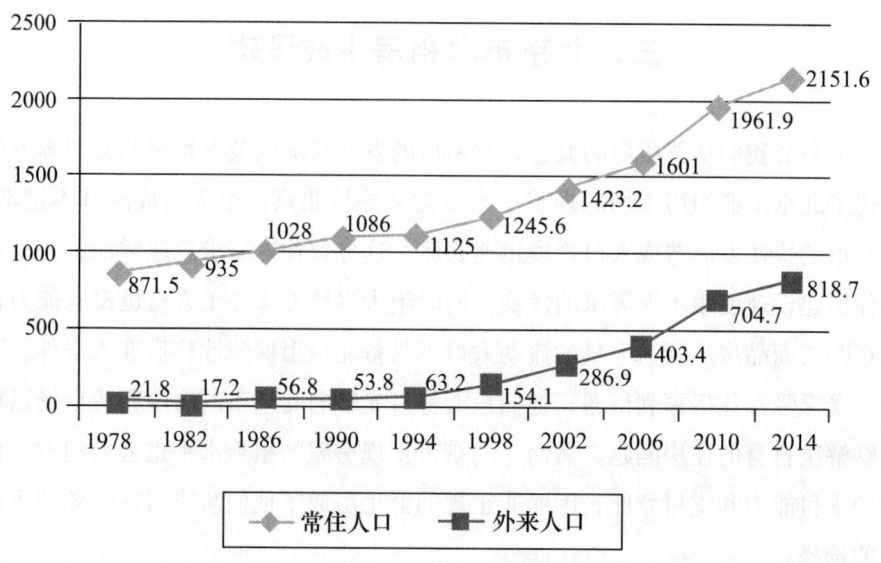

图7-6　北京市1978年~2014年人口增长

第二阶段开始于上个世纪90年代。从上个世纪末开始,北京市的外来人口增加数量开始呈现井喷的状态。1994年北京市的外来人口只有63.2万人,1998年变成了154.1万人,而到了2002年北京市的外来人口数量已经达到了286.9万人,这样的趋势更是延续到了2014年,外地人口的数量几乎是每四年就能增长一倍的速度在膨胀,而常住人口的数量也快速增长。北京外地人口的比例也从最初1978年的2.5%增长成为了2014年的38%。[①]

北京市按照功能区划可以划分为首都功能核心区、城市功能拓展区、城市发展新区和生态涵养发展区。这四个功能区十年来的外来流动人口分布呈现不断变化的情况。在2005年北京市的房价还没有飙涨之前,大量的外来流动人口主要集中在朝阳、海淀、丰台等城市功能拓展区,首都功能核心区的外来流动人口并不多,生态涵养发展区在当时的外来流动人口也较少。然而随着时间的推移,北京市的外来流动人口不断增加,四个功能区的涨幅却各有不同,北

---

① 数据来源:1978—2015北京市统计局的《北京统计年鉴》。

京市历年的统计年鉴数据表明,北京市的城市功能拓展区增幅最大,其次是城市发展新区,最后是生态涵养发展区。首都功能核心区近十年的外来流动人口基本上趋于稳定状态。

北京市外来流动人口分布空间的基本特点是环绕首都功能核心区大分散小聚居。大量外来流动人口沿交通线集中分布,城乡结合部的外来流动人口密度构成东南西北各个方向上的结点。外来流动人口的增长和分布主要与交通、房源和工作机会等方面因素相关。尤其是2006年以来,北京的房价开始飞涨以及近年来购房政策的改变,外来流动人口分布向外圈迁移的趋势越发明显。尽管工作机会多集中在城市功能拓展区,但是中心区和城市功能拓展区房价飞涨,租金居高不下,大量外来流动人口的收入水平无法承受市中心的房价和物价,只能通过增加通勤时间来避免高房价,被动地远离市中心区域以寻求到较便宜的房屋租赁或者购买。

我们可以看出,城市化的飞速发展令北京市的人口快速增长,大量的外来人口迁入北京,在推动北京发展进步的同时加剧了住房紧张的社会问题,外来人口庞大的基数为群租房的出现提供了潜在的可能性。

(二) 住房规模增长赶不上人口增长

一方面是人口的迅速膨胀,另一方面是住房建设的飞速发展,但是北京住房规模的增长跟不上人口增长步伐。住房数量的供给远远满足不了人口增长的需求,无论在购买还是租赁都无法满足人们的居住需求。

北京市的住房政策从新中国成立以来大致可以分为五个阶段,这五个阶段都有着各自突出的特点,对于北京市的住房规模和人口调控都有着巨大的影响。首先,第一阶段是1949年到1978年计划经济下的住房福利分配时期。在解放初期,北京市的房屋建筑面积仅有2050万平方米,其中住宅1354万平方米,危破房屋占60%以上。人均住房面积仅为4.75平方米,常住人口203万。到了1976年,常住人口达到829万人,但房屋建筑面积明显没有跟上人口增长的速度,人均住宅面积只有3.9平方米。到了1978年,经过两年的增建房屋,人居住房面积达到了6.3平方米,这个时候北京市的常住人口有871万人。这一时期,在计划经济体制下实行完全福利住房政策。政府和单位建房、分房，租金标准低，不够房屋维修成本，只够发放管房人工资，成了以房养人，不能维持住房的简单再生产。

第二阶段是1978年到1991年的住房制度改革试点时期，北京市政府积极响应邓小平提出的住房制度改革，实行住宅商品化的总体构想，北京市在部分单位和区县积极开展了公房出售、建房向居民出售、建立住房公积金等多项试点。1980年开始试点面向个人出售住宅，1988年选择11个单位开展房改售房试点，并逐步在各个区县推广，1991年部分单位开始了住房公积金试点。这一阶段的总体特征是在中央领导下开始了房屋改革的新尝试，在政策引导下不断取得新的进展。

第三阶段是1992年到1998年住房改革制度全面启动的时期，主要标志是1992年北京市政府制定《北京市住房制度改革实施方案》。在此期间，北京市出售存量公有住房，截至1998年约64%的可售公房向个人出售；积极推进租金改革，公房租金由每平方米使用面积0.11元/月提高到3.05元/月；全面推行住房公积金制度，213万名职工建立了住房公积金；实施康居工程，重点解决人均居住面积4平方米以下、月收入800元以下城镇户籍家庭住房困难，实行政府扶持、单位资助、个人购买；个人开始直接购买商品住房，1997年个人购买商品房占当年商品房销量的21.27%。但是在此期间也出现了一些漏洞和问题，大量的住房由单位集体购买，然后转售给单位的个人，这一现象的出现可谓是"新房进入了旧体制"，并且北京市的房价由此开始出现了抬头的迹象。

第四阶段是1998年到2007年住房改革的深化时期。这一时期的主要特点是全面停止福利分房，逐步实行住房分配商品化、货币化，开始建立廉租住房、经济适用住房制度，商品房体系不断完善，房地产市场日益活跃。这一阶段开始的主要标志是1998年7月，国务院印发《关于进一步深化城镇住房制度改革加快住房建设的通知》，要求自1998年下半年开始在全国城镇范围内全面停止住房实物分配，逐步实行住房分配货币化，最低收入家庭租赁廉租房，中低收入家庭购买经济适用住房，其他收入高的家庭购买、租赁市场价商品房。2006年，建设部、监察部、国土资源部联合下发《关于制止违规集资合作建房的通知》，停止党政机关集资合作建房。① 在1998~2006年间，累计批准52个项目，规划住宅规模2600万平方米，累计开工2312万平方米，竣工项目31个，竣工面积2076万平方米，完成销售面积2026万平方米，19.2万户家庭购买了经济适用住房。并且在2002年全市首次建设3.2万平方米的廉租房，分配给349户优抚和劳模住房困难家庭，人均住房使用面积从5.86平方米提高到19.06平方米。这一阶段北京市的住房政策和实际住房建设基本相匹配，因此房地产市场并没有出现大起大落，逐步平稳的发展，廉租住房、经济适用住房的推出对解决中低收入家庭住房困难，改善群众住房条件起到了积极作用。

第五阶段是从2007年到现在，住房保障制度全面建立时期，住房供应开始走双轨制。这主要是因为，在上一阶段末期，北京市的房价出现了快速增长，尤其是从2007年开始北京市城区及周边区县的房价开始了较大的波动，北京市政府开始意识到，房地产的开放和管理，应当遵循保障归保障、市场归市场的原则，住房问题的解决应该实行双轨制。同时出台各种政策限制外地人在北京市购买房产，防止一些投机行为的发生。2007年以来，面对房价上涨过快、投资投机性需求活跃等新形势新问题，北京市从快从严制定出台了"京十二条"、"京十五条"、"京十九条"等实施意见。2010年在全国率先实施商品住房限购政策，2011年限购政策收紧，2013年限购政策再次收紧，并在全国首创性地提出了"全市新建商品住房价格与2012年价格相比保持稳定，进一步降低自住型、改善型商品住房价格，逐步将其纳入限价房序列管理"的房价控制目标。近几年，调控取得积极成效，房价过快上涨的势头得到遏制，首次购房占比保持在九成，外地人购房比重33%下降到10%左右。

以上五个阶段北京市住房政策的演变过程伴随着北京市人口规模和市场发展的变化而变化，在以上各个阶段北京市政府取得阶段性成就的同时也带来了新的不同的问题。截止到2014年底全市国有土地上住房约4.9亿平方米（其中住宅4.8亿平方米）、515万套，人均居住面积（常住人口）由1992年的

---

① 赵文海：《中央国家机关房改工作十年回顾》，载《中国机关后勤》，2000年第7期。

16.1 平方米提高到 2014 年的 31.3 平方米，住房成套率由 1992 年的 61% 提高到 2014 年的 98%。居民住房条件明显改善，总体上告别了住房紧缺的阶段。但是面临的问题也十分严峻，其中最重要的问题是北京资源环境约束与不断增长的住房需求矛盾突出，中低收入居民家庭住房解困需求、人口快速机械增长带来的大量新增需求、城市建设和城乡一体化拆迁和房屋征收引发的被动性需求、新就业大学生和外来务工人员过渡性需求等刚性需求旺盛。自 2008 年至 2014 年，北京常住人口增加了 380 万人，平均每年增加 63.5 万人，按每人 30 平方米计算，每年新增住房需求约 2000 万平方米。

2014 年，北京人口达到 2152 万人，要让这些人住上体面的住房，北京需要 1000 万套成套住房，而实际上住房却只有 515 万套，显然是不够用的。本地户籍的居民住房问题还未完全解决，还有大量的外来人口住房条件亟需改善。

（三）保障性住房准入难

从欧洲和东亚的经验来看，保障性住房在解决中低收入群体的住房问题上起着非常有效的作用。北京大量的外来务工人员多属于中低收入群体，因此，在解决他们的住房问题上，保障性住房无疑是最好的方式。

根据北京市统计局的数据，2014 年北京市的保障性住房的增幅也开始减缓，但是总体上看北京市的保障性住房一直在增加。从完成投资额的数据上看，近年来北京市对于限价房和公租（廉租）房的投入更多，而对经济适用房和定向安置房的投资金额开始下降。从施工面积上看，北京市大量的投入放在了定向安置房，2014 年的定向安置房的施工面积高达 3050.8 万平方米。公租（廉租）房限价房的施工面积 2014 年与 2013 年相比也在增加。从竣工面积上看，2014 年除了公租（廉租）房的竣工相较于 2013 年在下降。2014 年在北京建设的经济适用房，限价房和定向安置房的竣工面积均高于 2013 年。2015 年北京停止审批经济适用房、两限房用地，以后保障性住房就只有公租房自住型商品房了。

表 7-4 保障性安居工程建设情况　　　单位：亿元、万平方米

项目	2014	2013	2014 年为 2013 年%
完成投资额	639	729.7	87.57
经济适用房	36.7	45.5	80.66
限价房	131.9	112.3	117.40
公租（廉租）房	85	77.9	109.11
定向安置房	385.4	494	78.02
施工面积	4368	4857.1	89.93
经济适用房	328	380.7	86.16
限价房	607.6	599.2	101.40
公租（廉租）房	381.7	352.2	108.38
定向安置房	3050.8	3525	86.55
竣工面积	1201.6	1079.2	111.34
经济适用房	116.4	115.3	100.95
限价房	217.7	196.2	110.96
公租（廉租）房	55.7	78	71.41
定向安置房	811.9	689.7	117.72
本年新开工面积	509.5	964.9	52.80
经济适用房	56.5	57.9	97.58
限价房	177.4	101.2	175.30
公租（廉租）房	75.9	119.5	63.51
定向安置房	199.8	686.3	29.11

数据来源：北京市统计局：《2015 年北京市统计年鉴》。

北京市的保障房需求对象主要可以划分为五大人群：其一是拥有北京户籍的无房低保户。北京市低保人数超过了 25 万，2015 年北京市每月的人均城市低保费标准只有 710 元，因此低保人群的住房问题只能靠保障性住房。其二是拥有北京户籍的无房户，由于北京市的商品房价已经大大超过了多数人的收入水平，无房户很难通过购买商品房来实现安居乐业，因此只能通过采取摇号或者申请的方式选择保障性住房。其三是单身家庭。要求具有本市城镇户籍时间满 3 年，年满 18 周岁；单身家庭申请人需年满 30 周岁，如果是 1 人家庭成

员，年收入在22700元及以下，人均住房面积在10m²及以下，家庭总资产净值在24万元及以下。其四是北京市中等收入住房困难的城镇居民家庭、征地拆迁涉及的农民家庭及市政府规定的其他家庭，可以通过摇号的方式申请限价房。其五是外省市来京连续稳定工作一定年限，具有完全民事行为能力，家庭收入符合相关规定标准，能够提供同期暂住证明、缴纳住房公积金证明或社会保险证明，本人及家庭成员在北京市均无住房的人员，可以申请公租房。

从上述准入人群、准入条件对应的不同类型的保障房分析可以看出，外来务工人员只能在符合条件的情况下提出公租房申请。但是从调查数据我们也可以看出，北京市的公租房的建筑面积和新开工面积正在不断减少，因而依靠保障性住房解决流动人口的住房问题也不容易实现。事实上，除了中关村科技园区的少量管理和技术精英，一般外来人口不可能获得保障房。

（四）房屋租赁市场难满足

以上从供需两端分析了北京市居民对于住房的刚性需求较高，住房市场提供的住房数量无法满足不断增长的需求。那么，下面我们将从租赁市场的角度去研究北京市大量群租的出现何以成为可能。

北京市的房屋租赁市场的一大特性是租金普遍较高。租金较高的主要原因还是由于房价攀升拉高了整个房屋租赁市场的门槛。北京市的房屋价格自2004年以来就开始一步步升高，大大刺激了一些人的投资性消费，随之而来的就是炒房现象，不少人把买房当作一次长远的投资计划，等待房价不断攀升来攫取高额的利润差价，或者通过购买大量的楼盘后再以出租的形式获得持久性利润。随着时间的推移，事实证明了这部分人投机成功，北京的房价飞速上涨造就了一批一批的富人。可北京人均收入水平并没有随着房价的飞升而同步上涨，因此对于大部分居民而言购买一套房产的成本是越来越高。

正如图7-7、7-8、7-9显示①，从2000年到2014年，北京市居民的年人均可支配收入从2000年的10350元到2014年的43910元，近15年

---

① 数据来源：2015年北京市统计局和搜房网数据。

间增长了 4 倍,然而商品房均价在这 15 年间增加了 8 倍。从下面的数据看,北京市居民一年的可支配收入全部花在购买商品房上,一年也只够买一平方米的房屋,然而这是依据北京市商品房的均价计算的结果,北京城六区的房屋均价远远高出这个统计数据,在东城、西城、海淀和朝阳这四个城区的房屋均价(5.8 万元/平方米)远远超过了北京市居民年人均可支配收入的水平,因此从数据上看,北京市居民要想购置一处房屋是很不容易的。

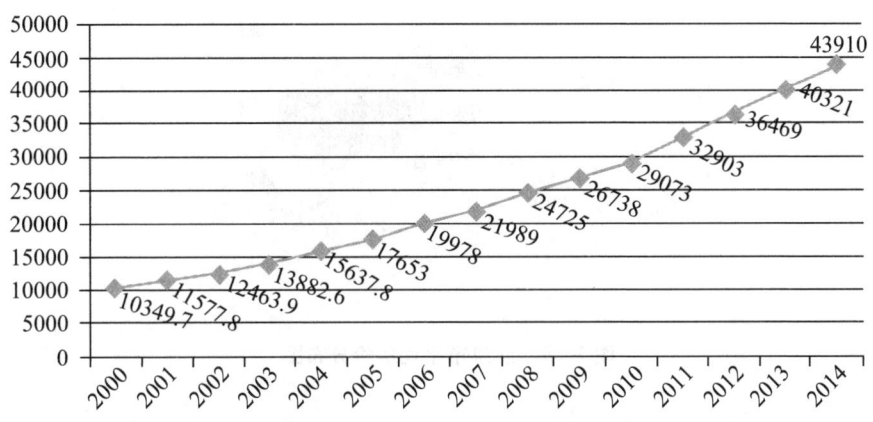

图 7-7　北京市 2000 年~2015 年人均可支配收入

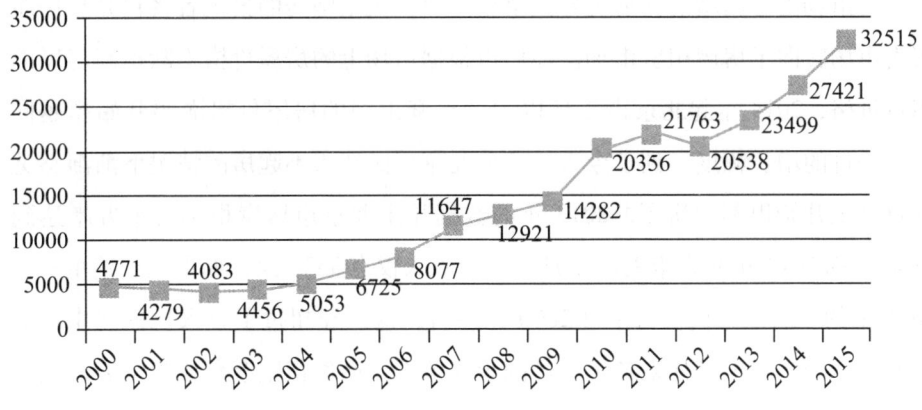

图 7-8　北京市 2000 年~2015 年商品房价格

▶▶ 北京的住房变迁与住房政策

北京房价地图

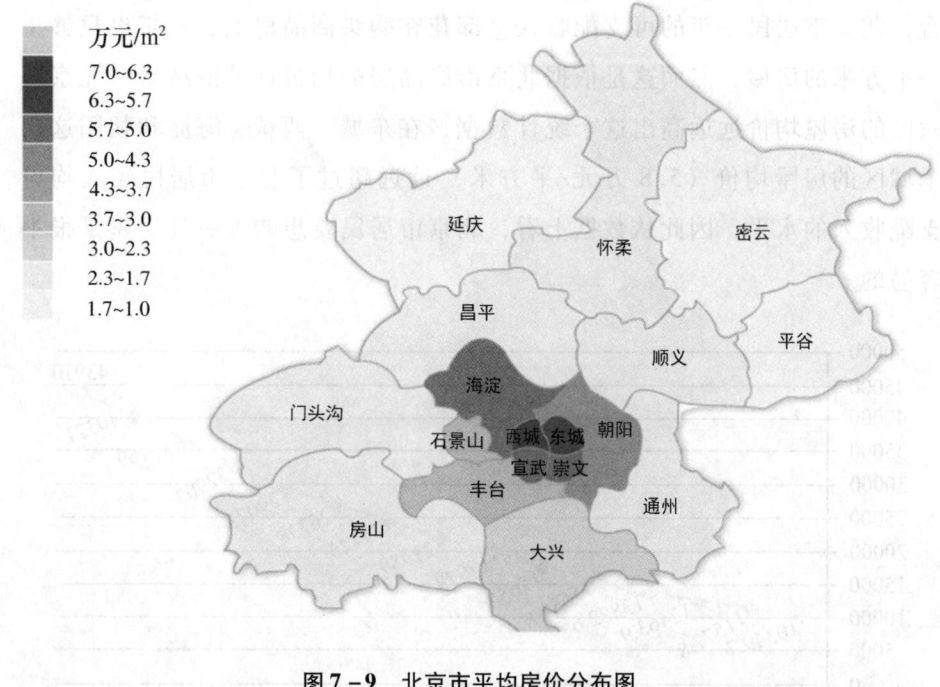

图7-9 北京市平均房价分布图

由此可以看出，居高不下的房价只能让大部分外来务工人员将目光转向北京市的房屋租赁市场，然而 2010 年北京市政府的购房限购令出台以后，二手房买卖市场由于新增的交易税导致市场变冷，大量囤房的投机者将目光从房屋买卖市场转向了房屋租赁市场。他们再根据市场上的房屋价格不断抬高房屋的租赁价格，2014 年起北京市三环以内的整套出租的房屋价格涨幅开始超越同地段房价的增长幅度。到了今天，部分北京居民在买不起房的情况下渐渐感觉到自己也开始租不起房了。2013 年的数据显示北京市房屋租金每平方米达到 53 元，而 2013 年北京市人均年月可支配收入仅有 3333 元，如果人们整租一套 40 平米的一居室大概在每个月 2000 元左右，这已经超过了收入比的一半。房屋的租金确实超出了外来务工人员的承受范围，而群租则渐渐成为了流动人群自行解决住房问题的有效途径。

选择群租的房源一般靠近市中心，户型面积大，能够分割为多数房间。这些住房临近城区中心，占据着交通、地理、环境等区位优势。大量在中心城区工作的低收入外来人口、白领以及刚毕业的大学生有在工作地点附近租赁价格低廉的房子的需求，以节省交通费用，节约上下班时间。从承租客的角度来看，需求量旺盛是催生群租的必要条件。①

从房东的角度来看，追求利益的最大化是他们的原驱动力。在靠近城市中心的一些出租房屋，往往存在面积结构大，整套出租租金过高，很少有人可以承担得起，没有承租人，房东自然没有租金可以赚取。例如一套100平米的房屋在三环地铁站附近出租，整套租金大概在4500元左右，但是如果将该房屋隔断成8间房，每间以800元一个月的价格出租，那么一个月的租金收入可以达到6400元，这样的出租模式不仅仅能够多赚取近2000元的利润，更重要的是每个月800元一间房屋的出租形式能够极大地满足承租客的需求，客源量会大大增加。正是供需双方都有需求，这样就催生了一批批群租房这样一种"创新性"的租赁模式。

小　结

本节对北京市群租房生成的内在逻辑进行梳理，可以看出北京市的正规住房市场确实无法满足和保障大量中低收入人群的住房权利。大量的外来务工人员所造成强大的住房需求使得群租房市场越来越活跃，群租房能够满足群租者所要求的最低标准，租金价格相对廉价，生活靠近市中心，交通更为便利，小区生活环境与城中村、地下室等非正规性住房相比较更加优美，因而群租成为了大量外来务工人员的最佳选择。

北京市的住房规模增长跟不上人口的增加，保障性住房的准入资格有相对严苛的条件，所以对于中低收入的群租者们想要从市场上获得正常的住房，除了收入水平的内在限制以外，还有政策法规的外部限制。

房屋租赁市场的畸形发展导致租金不断升高，整套房屋出租的平均租金与群租客的平均月收入不匹配，大部分群租者的收入水平无法接受整套房屋租赁的价格水平。高租金一方面是由于北京市的高房价影响，还有一部分原因是房东或者二房东的趋利行为。房东和二房东为了能够获得更高额的租金收入，将

---

① 邹莹莹：《中国城市群租现象分析及治理对策研究》，载《理论导报》，2009年第7期。

房屋私自改造成群租房,通过整套房分割获取更多租金收益的模式,滋生出大量的群租行为。

四、差序住房权视角下的群租客

上一节我们分析了北京群租房的生成逻辑。群租者之所以产生是不得已的选择,群租者不得已的身后其实映射出群租者与北京市当地居民在住房资源获得上的不平等。因此本节引入"差序住房"的概念分析北京市群租客的差序身份所受到的社会排斥,以及住房权利缺失的原因。

(一)被排斥的群租客

对于北京市居民而言,群租客的出现对于他们的生活造成了一些困扰。笔者所住的小区到处都可以看到张贴的关于群租的小广告,对于小区居民而言这里的群租是公开的秘密,值得一提的是,两年前该小区就已经出现过由于小区业主不满意群租客对他们生活环境造成的影响,大量的举报导致该小区的群租房被政府彻底整治的事情。然而两年以后的今天,该小区内的群租现象又"死灰复燃",相较之两年前,群租的数量可谓是有过之而无不及。那么对于这些越来越多的群租客,小区的业主们到底是什么态度呢?

"举报有什么用呢?现在都没有人管啊,这里的群租太多了,我家对门就是群租,谁知道里边住的多少人?整天进进出出的,尤其是一大早和晚高峰的时候,每天都能听到楼道里吵吵闹闹的。我家里还有个2岁的孩子,面对这么多陌生人在家门口的走廊里晃荡,我其实很担心家里的安全问题。谁知道门外天天都会出现什么人呢?反正我每次开门关门都特别迅速小心。"(访谈8)

"是有看起来像学生的人,看起来挺体面的,工作嘛就不知道了。谁关心他们是做什么的?跟我有什么关系?凭什么我花钱买的房子还要体谅对面住什么人啊?!你这么问很奇怪啊。有钱就买房子,或者租整套不就好了,有钱还会住群租么?"(访谈8)

第七章　住房权利视角下的北京群租房

"当然可以理解了，我儿子当年刚毕业的时候收入才3000块钱，我们这还是北京人呢，也不考虑买房子也不考虑户口什么的，他刚毕业那一会儿不还是天天赖在家里？现在看着这些姑娘在我这里租住就跟自己孩子似的，小姑娘们人也好，我就当平时有个伴了。她们来北京打拼也不容易，都是挺懂事的姑娘们，在我这里住也是无奈之举吧。我问过她们都觉得有钱了还是愿意搬出去，谁会把群租当作长久的事情啊，你说是不？"（访谈5）

可以看出，对于北京的群租客而言，基本上都被打上了一个标签——低收入的外来人员，这些人主要包括农民工、高校毕业生、企业白领等。从来源地看，有的来自农村，也有的来自其他城市。从职业性质的角度上来看，他们的身份大部分属于社会中下层，但不是社会底层。然而，当他们被冠以"群租客"的名号以后，基本上大家下意识地就会将该群体的特征进行一种污名化和符号化，这种标签式的归类事实上将群租客看作是和北京当地居民不同的另外一类人群。[①]

对于广大外来务工人员，由于户籍制度的限制，他们在北京的权利本身就受到了制度排斥，在选择了群租的生活方式以后又受到了这种非制度性排斥。一方面，因为他们的户籍和收入等资源不足而将他们排斥在了北京的住房体系之外；另一方面，业主们的不理解和抱怨又将他们排斥在了邻里生活之外。

因为没有北京户籍，许多为这个城市做出贡献的外来人员不能真正成为北京的一份子，就不能享受购房的优惠条件，更不能享受保障性住房政策的优惠，这种政策性排斥通过各项政策和规定，将一部分社会成员排斥在政策覆盖以外，使他们得不到应有的社会权利。

拥有北京户籍的居民认为大量的进京务工人占用了他们的公共资源，导致房价上涨，物价提高，同时增加了通勤量，污染了环境，等等，群租房受到业主们的不满和举报的原因也在于此，这种歧视属于一种心理上的排斥。最后不得不说，住房因素现在也成为了社会排斥的一个方面，不同单位性质的雇员所

[①] 王斌：《快速城镇化背景下的差序制造与污名构建——再议"杀马特"群体》，载《中国青年研究》，2015年第1期。

能够享受的住房条件存在很大的差异。国企员工以及公务员等体制内的人员在一定程度上能够享受到一些住房政策优惠，相比非公企业工作人员更容易获得住房。这种住房权利差异在一定程度上造成了社会群体之间的分离，凸显出社会成员之间的排斥。

以上种种社会排斥的根本原因在于北京外来人口被默认与当地居民权利是不一样的。这种由于户籍或者地域来源导致权利不平等造成的社会排斥现象，我们可以称之为"差序公民身份（different citizenship）"。所谓公民差序身份是指：一套由国家正式或非正式规则所制定的制度形态，全体公民处在该制度之内，被规划为有区隔的、有位阶性的、差序的身份与权利群体，而导致不同公民群体之间在经济地位、社会福利以及政治权利等方面出现的不平等现象。[1]

从北京的群租问题来看，公民身份差序的核心差异点在于是否有北京户籍，这在根本上决定了北京户籍人口和外来人口各项权利上的差异。

（二）差序住房权

在北京，大量的外来务工人员居住权得以实现的方式是群租。这种选择背后的根本原因可以分为两个方面：经济因素和政策因素。从经济方面来看，北京市住房需求量大，供不应求，房价较高，外来人口收入较低等催生大量群租现象。然而，现实中的外来务工人员要面对的最重要的制约因素其实是北京市的社会政策，也就是说是否获得北京户籍所享受到的权利是有差异的，有没有北京户籍在获得住房资源的机会上差异巨大。经济因素的制约是可以通过个人努力克服的，然而社会政策的制约个人是无法超脱的。基于北京各类居民在住房获得方面的大差异，我们提出差序住房权的概念来概括这种差异性的住房资源获得机会。

差序住房权的概念是差序格局概念的延伸，是公民身份差序在住房权利上的体现。差序住房权是指公民由于不同的身份差异，其获得住房保障的权利有着等级序列差异。和当地户籍居民相比，外来人口在北京不仅没有获得保障性住房的权利，在市场上获得住房的权利也受到限制。差序住房权是公民身份和权利的

---

[1] 吴介民：《永远的异乡客？公民身份差序与中国农民工阶级》，载《台湾社会学》，2011年第6期，第51—99页。

差异化与不平等，其实质是由于户籍制度为核心的二元体制下的结构性排斥。

（三）差序住房权的等级序列

本节主要是针对户籍制度所造成的差序住房权的具体表现形式进行深入的分析，讨论差序住房权的差序等级。

户籍制度是以户口登记与管理为基础而建立起来的一套社会管理制度，包括人口登记和上报制度、居民户口或身份登记管理制度以及与户口相关的就业、教育、保障和迁徙等方面的社会经济管理制度。[①] 户籍制度以及与此相关的社会资源分配体制是形成城乡二元结构的基础，户籍制度改革至今，仍然没有触及根本的问题，即与户籍密切联系的资源分配、机会均等、社会福利等方面。在我国现行户籍制度已经不仅仅具有单纯的人口登记和统计的功能，而实质上成为一种"社会屏蔽"制度，即它将社会上一部分人屏蔽在分享城市的社会资源之外。[②]

在北京住房权利也是依据是否有本地户籍来区分的。大量的外来务工人员他们虽然长期生活在北京，无论从事什么样的职业，即使是广大的应届毕业生亦或者是外资合资等企业的体面白领，他们依然属于外地人口，是被排斥在北京市的住房保障范围之外的群体。北京的差序住房权体现为两个方面，一方面是是否拥有北京户籍所产生的在购买房屋权利上的差序，另一方面是享受保障性住房上的权利差序。

我们先看第一种差序等级，户籍制度影响下公民在京购买房屋的权利差序。每年北京市住房的建设规模和销售数量投放在市场上的份额是十分巨大的，本着市场经济下的商业原则，对于房屋的购买本身不应该具有任何限制，但是基于各方面因素的考虑，北京市政府在购买房屋的政策中做出了部分限制。如果说，对于购买房屋的政令限制是为了抑制北京房地产泡沫，那么最起码应该对所有的居民一视同仁，公平相待。可是北京的购房政策却将北京市户籍居民和非户籍居民的权利隔离开来，利用户籍制度将在京公民的住房权利划

[①] 赵茜：《社会排斥视角下农民工住房问题及政策建议》，陕西师范大学硕士论文，2013年。
[②] 李强：《中国城市农民工劳动力市场研究》，载《学海》，2001年第1期，第22—25页。

分成不同的等级差序，在客观上造成了当地居民和外地居民的住房权利的差异化。

这种差序在购买房屋的具体表现形式之一就是：在经济能力允许的情况下，北京市户籍居民可以购买房屋，非户籍居民不允许随意购买房屋。购买房屋的准入条件是根据户籍不同而区别对待。非户籍居民即使有能力在市场上购买北京产权房屋，也必须要满足以下三个条件才可以购买住房：1）持有本市有效暂住证；2）在本市没有住房；3）连续5年（含）以上在本市缴纳社会保险或个人所得税。

满足以上三个条件的外来务工人员才允许在市场上购买住房。在购买房屋时，即使外来务工人员满足了上述所有条件，享受购房权利上还是与户籍居民有所不同。根据北京市政府相关部门资料显示，北京买房政策分为北京户口和非北京户口两大类，对于北京市民来说，超两套房不得再购，对于非北京户口来说，纳税5年限购一套。具体来说对已拥有1套住房的本市户籍居民家庭（含驻京部队现役军人和现役武警家庭、持有有效《北京市工作居住证》的家庭，下同）、持有本市有效暂住证在本市没有住房且连续5年（含）以上在本市缴纳社会保险或个人所得税的非本市户籍居民家庭，限购1套住房（含新建商品住房和二手住房）。[①] 简而言之，北京户籍居民可以购买2套住房，非京籍居民符合条件的可以且只能购买1套住房，这是差序住房权利在购房时的体现。

我们再来看第二种差序等级：户籍制度影响下公民在京申请保障房的权利差序。我们从不同的保障房类型逐一分析保障房制度下的住房差序等级。

（1）廉租房。2007年我国颁布了《住房保障法》，针对廉租房的保障对象由"城镇最低生活保障家庭"进一步扩大到了"城市的低收入家庭"，并且规定在我国申请廉租房是不需要进行户籍的区分，但是在执行过程中基本上都将该规定理解成了拥有本市城镇户口的低收入家庭。北京市城市廉租住房管理办法明确规定申请廉租房的必须是本地户籍居民。非户籍居民即使是低收入者，也没有资格申请廉租房。

（2）经济适用房。经济适用房的建设与发展一直以来都受到各级政府的

---

① 引自2011年《北京市人民政府公报》。

重视，经济适用房是保障性住房中最有效地解决居民住房问题的途径。自 1991 年第一次在政府文件中提出跟经济适用房相关的文字以来，到 2007 年 5 月，中央政府对于经济适用房的作用进行了重申与强调，在《国务院关于解决城市低收入家庭住房困难的若干意见》中明确规定，"经济适用住房供应对象为城市低收入住房困难家庭"，将经济适用房与商品房进行了明确的区分。[①] 但是，这样的规定实际上进一步缩小了受益对象，造成了更多的夹心层出现。[②] 因为，经济适用房的准入条件最基本的原则是拥有本市户籍，且拥有本市户籍还必须要求满足三年以上才可以通过摇号和轮候的形式进行申请。此外，对于北京市经济适用房的申请还有额外的限制，例如单身者申请经适房必须要满足周岁 30 岁以上；本市城镇户籍家庭，人均住房使用面积 10 平米以下；3 口以下年收入 4.5 万以下，家庭总资产 36 万以下。而且经济适用房的产权为有限产权，只可以自住，不得出租出借以及随意调换和改变用途。

由以上条件可以清晰看出，外来务工人员在申请经济适用房时，同样在户籍审查的环节中就已经被排斥在保障住房权利以外。

（3）限价商品房与自住型商品房。这两种保障性住房的准入条件基本上与经济适用房的标准一致，非京籍居民无法享受申请购买此类商品房的权利。但是北京市对科技园区的科技和管理精英们网开一面，他们符合条件的可以申请公租房，这体现了一种精英主义原则。

（四）差序住房权的影响

差序住房权限制了广大非京籍居民获得住房资源的机会，他们在户籍制度的限制下，在住房权利的享有上受到了双重排斥。一方面在购买房屋的权利方面，他们不得不承受北京市住房销售市场中的高房价的经济性排斥，他们的平均收入水平很难承受北京的商品房价。另一方面，在购房和住房保障方面也使得非京籍居民在住房政策上受到了行政性排斥。这种双向排斥，使得他们不得不选择非正规性住房方式来解决自身的居住问题。

---

① 陈杰：《中国公共住房政策概览》，载《中国房地信息》，2011 年第 11 期，第 21—27 页。
② 赵茜：《社会排斥视角下农民工住房问题及政策建议》，陕西师范大学硕士论文，2013 年。

此外，我们从住房资源分配制度的发展变化上看，"以房管人"的理念是近年来大城市政府对区域人口调控的策略手段之一。在住房改革之前，住房资源的分配一直以来都是通过国家分配制度的安排，虽然当时的住房资源分配到个人是无偿的，但是谁能够获得住房资源，能够获取什么样的住房资源还是会受到个人的身份高低及能力所左右。住房资源的分配和操作过程中也经常出现各种不公平的现象。市场经济条件下开始住房改革以后，本以为市场会满足人民的基本需求，消除住房资源分配的不公正，然而，市场能解决问题，但不能解决所有的问题，市场会出现市场失灵。随着市场经济的不断发展，住房资源的获得的机会和结果出现了更大的差异，当房屋资源的分配完全进入市场以后，住房在社会结构分化中的作用更加突出。2000年以后，北京的房屋市场上，处于社会上层的精英群体或者富裕群体占据了北京住房资源获得的绝对主动权，而中低收入群体在住房市场处于弱势地位，只能依靠政府提供的保障性住房来满足其自身的住房权利。而住房权利差序的存在使得保障性住房政策只覆盖本地人和部分精英人才。这对社会的发展与稳定会造成不良的影响，具体影响可以分为以下几个方面。

首先，差序住房权是获得正规住房的权利不平等，会造成越来越多的非正规住房出现。城中村、小产权、地下室、群租形式等居住模式都是住房权不平等的产物，严格来讲，这些居住形式都属于非正规住房。

其次，由差序住房权导致非正规住房形式大规模出现，会造成大量同质人口的聚居。例如，"浙江村""河南村"等以地域聚集的居住区；或者是天通苑、宋家庄、双井、堡头等地区主要是为打工者提供的廉价聚居区。群体的聚居通常会以地缘、亲缘以及业缘为主要因素，聚居区的产生与差序住房权下的住房权利缺失紧密联系，当北京某一地区能够满足差序住房权下的外来务工人员居住需求势必会吸引更多人的聚集，他们滚雪球式地在一个地方求租，非正规住房也滚雪球式地增长。

再次，聚居地产生以后会对当地的居住区造成住房过滤现象，当某一地区逐步出现大量外来务工人员以后，部分北京当地居民会陆续搬离该区域，造成住房区域的继替过程。差序住房权的长期存在会逐渐将当地居民与外地居民在地域上隔离开来。

最后，当在地域上当地居民和外地居民隔离开以后，那么区域间的社会歧视与不公便会滋生，同时也会产生更多的社会问题。差序住房权的长期存在更不利于北京市的社会和谐与发展，很有可能会将北京划分为外地人区和本地人区，长此以往会渐渐形成东南亚、拉美及欧美大都市中的大型贫民窟现象。

所以，通过以上分析可以看出，差序住房权是对外来人口的住房权利的社会排斥，租房资源差序分配的原则迫使他们中的多数选择了非正规住房，因为保障性住房政策把他们排除在外。大部分"北漂"依然游离在城市户籍以及户籍制度基础上的住房保障体系之外。以往的大多数研究认为这种制度性的社会排斥发生在城乡二元结构的框架内，只体现在农民工与城市居民之间的权利差异。群租客背后所反映出的问题已然将其他城市户籍与本地城市户籍、城市户籍与农村户籍在住房权利中最基本的矛盾搬上了台面。

小　结

北京市群租问题之所以能够成为热议问题，从心理层面上讲是由于当地居民对于群租客身份不认同，污名化的建构使得人们对于群租问题产生了严重的不认同。但实际上根据笔者调查，群租客的基本特征并非是人们主观臆测的"穷凶极恶""脏乱差"的代表，这种标签式的建构都不利于我们真正地去了解群租和群租客。从住房权利的角度出发，我们可以看到群租客由于身份没有得到认可，没有得到平等待遇，在住房权利的获得上与当地居民相比出现了巨大的差异，非京籍居民无论是从购房还是保障房上的权利都受到区别对待，其主要表现形式就是差序住房权。差序住房权的长期存在容易对社会公正与公平造成不利影响。如何走向平等的住房权，消除差序住房权，是我们需要面对的重要课题。

五、总结与思考

（一）主要结论

由于目前我国城乡和区域发展严重不均衡，导致大量人口从农村和中小型城镇涌入北、上、广、深等特大型城市，新鲜血液在给这些城市带来活力的同时，人口在短时期内的大幅增加也给城市运行带来巨大压力，导致"群租房"现象越发地严重。北京对待外来务工人员规模调控是通过从中心城区向次中心城区挤压，次中心城区向外环区域乃至外环外挤压，并未从根本上解决人口超载问题，城市人口的绝对数量依然有增无减。我们认为，如果要从根本上解决"群租房"问题，最重要的是解决差序住房权的问题。不平等的住房权利限制了群租者对于产权房的购买行为，还限制了保障性住房的申请。即使选择非正规性住房，他们的住房权利也可能随时受到侵犯。因此，走向平等住房权，群租者和当地居民享有同样的住房权利才是解决群租现象的根本。平等住房权的获得虽然不会使得北京市的群租问题突然消失，但是能够为群租者提供更多的机会选择更多的居住方式，相对于"堵"式的治理行为，"疏"型的解决方案更能够建立起有效长久的解决群租问题的方式。在住房权利视角下审视北京群租问题我们得出基本结论如下。

结论一：北京市的群租房问题十分严重，群租现象不会轻易消失，随着外来人口的不断增加，群租将会持续存在。北京的群租房规模发展到如今已经呈现出尾大不掉的局面，笔者无法估计北京市城区内的群租数量具体有多少，但是根据广告挂载数量上看，北京市的群租房屋能够解决的群租客数量至少应该达到80万人左右，如果政府采取强硬手段清理群租房中的居民，那么这80万人居住问题如何解决也将成为一个难题。同时，房价高居不下，人口绝对数量不断增长，住房供给远远不足的情况，会使得大量非北京户籍居民自发选择在北京的居住方式。如果政府不能够找到良好的策略来安置大量外来人口在北京的住房问题，那么群租现象势必会长期存在下去。

结论二：北京市的群租主要有三大类型，不同类型的群租房中的群租客有着各自不同的群体特征。北京的群租房在类别上可以分为"隔断型""合租型""宿舍型"三种。这种类别的划分主要是从群租房的内部结构，租住方式，群租客和房东之间的关系等方面进行的归纳。此外，大量的外来务工人员群体内部也存在着分层，根据行业、收入以及教育水平的不同，群租客会根据自身的需求选择以上三种不同的群租类型。

结论三：人口大量增加，住房供需不足，保障房准入条件难，收入水平无法满足租金需求是北京群租房问题产生的现实原因。大量的外来务工人员所造成强大的住房需求使得群租房处于优势地位的卖方市场,群租房能够满足群租者的要求,租金价格相对廉价,生活靠近市中心,交通更为便利,小区生活环境与城中区、地下室等非正规性住房相比较更加优美。也可以说群租其实是建立在买卖双方都能够获得利益的共赢现象。

结论四:差序住房权的存在是群租现象大规模出现的结构性根源,走向平等住房权,消除住房权中的差序格局,才有希望从根本上解决好北京的群租问题。

(二)走向平等住房权

本文认为差序住房权是造成群租问题大量存在的根本原因,因此推断,解决群租问题的重要方式是使得群租客获得与当地居民平等的住房权利,努力消除差序住房权,走向平等住房权。

首先,快速城市化背景下的户籍制度改革是我们要解决群租问题,保障平等住房权的根本问题。户籍制度的改革也能够为大量的外来务工人员提供申请北京市保障性住房的可能,通过保障性住房满足中低收入外来务工群体的住房需求是最基本的解决方式。

其次,提升对住房权的重视程度。从相关部门对群租现象的治理行为可以看出,执法部门并没有基于公民住房权保障的角度,尊重群租客的住房权利。这种行为背后反映了我们对于住房权的忽视。因此构建相对完善的法律保障体系,将住房权的内容和范围等延展性概念纳入我国的司法体系中,能够为群租客保障自身住房权利提供一定的法律支持。

最后,面对北京市普遍的群租现象,基于保障公民权利的角度,如何进行有效合理的整治也是我们在保证群租客住房权的一个方面。作为城市管理的主体,对于群租的治理策略,应不断完善住房的供应和分配制度,保持北京住房建设的较高速度,加大保障性住房的供给。只有在商品房和保障房源都很充裕的情况下,住房问题才能得到根本的解决。北京估计已经有540万套住房,要完全解决住房问题,让所有的居民都能住上体面的住房,北京至少还要建设500万套住房。

第八章 北京社会阶层居住空间分化与隔离

随着经济社会的发展，中国的城市社会已经逐步地分化为不同社会地位的众多社会阶层，不同的社会阶层之间也出现了居住隔离现象。社会阶层地理空间的分布不均衡，一些区域社会高层聚集度高，而一些区域社会下层聚集度高，当然也有些区域社会高层和社会下层共生共栖。社会阶层的分布模式对城市社会经济发展影响极大，对社会建设与社会治理至关重要。加之不同社会阶层的社会需求也有较大的差异，这就要求城市公共政策既要考虑到社会阶层结构，也要考虑不同阶层的区域分布状态。

一、文献综述

对中国社会阶层结构的研究一直是中国社会学研究的中心议题，并出现了一批影响巨大的理论观点：十大阶层论[1]，"倒丁字型"结构[2]，"断裂"论[3]，阶层分化未明论[4]。一些学者研究中国特大城市的社会阶层结构，认为超大城市北京、上海的社会阶层结构已经由非标准型的金字塔形转变为标准型的金字塔形，中产阶层在中心城区得到了较大发展，有可能转型为以中产阶层为主的

---

[1] 陆学艺：《当代中国社会阶层研究报告》，社会科学文献出版社2002年版。
[2] 李强：《"丁字型"社会结构与"结构紧张"》，载《社会学研究》，2005年第2期。
[3] 孙立平：《资源重新积聚背景下的底层社会形成》，载《战略与管理》，2002年第1期。
[4] 李培林：《社会冲突与阶级意识》，载《社会》，2005年第1期。

社会，也就是一个橄榄形的社会，甚至已经是一个橄榄形的社会①②③。尽管中国的社会阶层结构发生了剧烈的变化，但是距离理想的橄榄型结构还比较遥远。而北京、上海这样的特大城市，社会阶层结构已经呈现出橄榄型的趋势。景天魁认为，社会分层是以空间分层为基础的，空间的等级化与隔离往往成为社会阶层分化的一个手段。中国社会阶层的空间分化在城乡二元结构体制下表现得特别明显，社会空间被区隔为城市空间和农村空间，这种空间区隔造成了中国社会两个主要社会阶层：农民和市民阶层。空间分层是社会分层的手段，空间分层与社会分层是二位一体的。④ 中国社会学界关于社会阶层的研究普遍缺乏空间视角，很少关心社会阶层的区位问题。尽管景天魁多年来倡导时空社会学研究，中国的社会学研究有了空间转向的迹象，但是相关成果并不多。

20世纪二三十年代，美国的芝加哥学派对社会阶层的区位分布进行了深入的研究，提出了著名的三大古典城市社会空间结构模式，即伯吉斯（Burgess）的同心圆模式、霍伊特（Hoyt）的扇形模式和哈里斯（Har－ris）及乌尔曼（Ullman）的多核心模式，他们认为社会阶层的区位分布是市场竞争的结果。⑤ Shevkey E 和 William M 后来对北美城市进行生态因子分析，发现社会等级、家庭类型和种族成分是社会阶层区位分布的主要因素。⑥ 沙森以伦敦、纽约和东京为例，指出了世界城市空间分离、社会隔离和两极分化的二元性特点，一方面存在一个跨国的、占据统治地位的社会精英组成的小团体，另一方面存在一个人数不断增加的低工资、贫困的、为跨国精英服务的工人阶层。二元城市是由两个系统构成的社会不平等的空间结构，一个系统是城市顶端的高收入人群，一个系统是城市底端的底层劳工，他们属于不同的空间和位置，形成了对

---

① 仇立平：《上海社会阶层结构转型及其对城市社会治理的启示》，载《国家行政学院学报》，2014年第4期。
② 赵卫华：《北京市社会阶层结构状况与特点分析》，载《北京社会科学》，2006年第1期。
③ 胡建国：《中国城市阶层：北京镜像》，社会科学文献出版社2011年版，第39—45页。
④ 景天魁、何健、邓万春、顾金土：《时空社会学理论与方法》，北京师范大学出版社2012年版，第1—11页。
⑤ 夏建中：《城市社会学》，中国人民大学出版社2010年版。
⑥ Shevkey E, William M, *The Social Areas of Los Angeles*, University of California Press, 1949.

立的两极。① 二元城市的逻辑不仅仅是劳动力与资本的对立，而是国家与某部分劳动力和市民的对立，国家在城市社会不平等上扮演了重要角色。② 他们的研究表明，资本主义大城市的社会阶层不仅出现了垂直的分化，也出现了平面的分化也就是空间的分化，被称为空间隔离，甚至社会极化、空间极化。

国内的地理学和规划学对我国大城市的社会隔离和社会极化问题也进行了研究。黄怡归纳出我国城市居民住房的区位分布是社会贫富差距悬殊、住宅市场分化加剧造成的，城市住房出现了隔离现象。③ 顾朝林等认为，北京的社会极化问题越来越严重，社会阶层的分布趋于分化和隔离，其根源就在于城市功能结构转变、外国直接投资和流动人口涌入的影响，特别是农村流动人口的涌入是造成新城市贫困的根本原因。④ 陶海燕等发现广州市海珠区高收入居民集中在老城区，贫困家庭居住在城乡结合部，反映了我国城市社会阶层的区位分布与西方发达国家不同。⑤ 李志刚等把上海社会阶层的分布区域划分为六类社会区：计划经济时代建设的工人居住区、外来人口集中居住区、白领集中居住区、农民居住区、新建普通住宅居住区和离退休人员集中居住区，并发现各阶层存在严重的住房分异。⑥ 总的来说，已有的研究都倾向于认为中国的城市出现社会隔离和住房分异，社会极化的问题越来越严重。这些研究有助于我们认识城市社会阶层的区位分布和社会隔离，但是使用的数据都比较早，数据是自己收集的或者来自地方政府的抽样调查，使用较新的系统的数据分析我国特大城市社会阶层分布的研究不多。

随着我国城市化的进程和超大城市经济飞跃，我国的超大城市人口迅速

---

① 丝奇雅·沙森：《全球城市：纽约伦敦东京》，周振华等译，上海社会科学出版社2005年版，第245—270页。

② John H. Mollenkopf and Manuel Castells, Dual City: Restructuring New York (the City in the Twenty-first Century). Russell Sage Foundation, 2001.

③ 黄怡：《城市居住隔离的模式：兼析上海居住隔离的现状》，载《城市规划学刊》，2005年第2期，第31—37页。

④ 顾朝林、C. 克斯特罗德：《北京社会极化与空间分异研究》，载《地理学报》，1997年第5期，第385—393页。

⑤ 陶海燕、黎夏、陈晓翔：《基于多智能体的居住空间格局演变的真实场景模拟》，载《地理学报》，2009年第6期，第665—676页。

⑥ 李志刚、吴缚龙：《转型期上海社会空间分异研究》，载《地理学报》，2006年第2期，第199—211页。

膨胀,已经出现了6个千万人的超大城市,北京和上海的人口已经超过2000万。今天,我们很有必要对超大城市的阶层分布进行进一步的研究来回答以下问题:我国的超大城市社会阶层在地理上是如何分布的,社会隔离有什么特点,是否进一步加深了。这对于全面认识我国超大城市社会阶层的区位分布规律,对于根据社会阶层的区域分布做好城市总体规划、经济社会发展规划,制定好政治、经济、社会、文化、生态政策至关重要。本文就是利用第六次全国人口普查数据对北京社会阶层的分布以及空间分化与隔离的系统考察。

二、研究的方法

卡尔·马克思的社会分层依据是生产资料的占有状况,而马克斯·韦伯的社会分层依据是财产、权利和社会声望三个维度,而涂尔干、丹尼尔·贝尔、戈德索普划分社会阶层的依据是职业地位。中国的社会学家陆学艺以经济资源、组织资源、文化资源的占有为依据划分社会阶层,由于职业能够体现经济资源、组织资源和文化资源的占有状况,实际操作中是以职业来划分阶层的。根据数据的可获得性以及职业在社会阶层划分中的综合性,我们依据北京市第六次人口普查资料,根据7大类、63小类职业把北京的从业人口划分为三大阶层。我们根据职业地位把国家与社会管理者阶层和企业负责人阶层看做是社会上层,专业技术人员阶层和办事人员阶层看做社会中层,把商业服务业人员阶层、个体工商户阶层和农业劳动者阶层看做社会下层。

北京一共有16个区县,327个地区(乡镇、街道)。我们着重考察两个方面,一是以地区(乡镇、街道)为单位考察北京社会上中下层在全市的比重,考察全市的阶层分布状况;二是以地区(乡镇、街道)为单位考察地区的社会上中下层的比重,也就是考察各地区上中下层的集中与分散度。

我们以地区(乡镇、街道)为单位绘制了北京社会阶层的分布地图,来显示社会阶层在在全市的地理分布和地区(乡镇、街道)集中度,一个阶层在某个地区集中度过高就意味某种程度的社会隔离。为了区别文中的两种地图,我们把反映一个地区(乡镇、街道)中的某个阶层占该阶层全市的比例图称为北京阶层分布地图,计算的方法是一个地区(乡镇、街道)的某阶层样本除以全市某阶层总样本,比例大也就是地图颜色深表示该地区某个阶层比较集中,反之,表示某个阶层分布较少,比较分散;我们把反映一个阶层在某街道(乡镇、地区)就业人口的比例图称为地区(乡镇、街道)阶层指数图,该指数是以一个地区(街道、乡镇)某阶层人数除以该街道的从业人口数,通过各地区的社会阶层比例我们可以比较分析地区社会阶层的构成,阶层的混居与隔离程度以及阶层的极化程度。

三、北京社会阶层的地区分布

(一)北京社会上层的地区分布

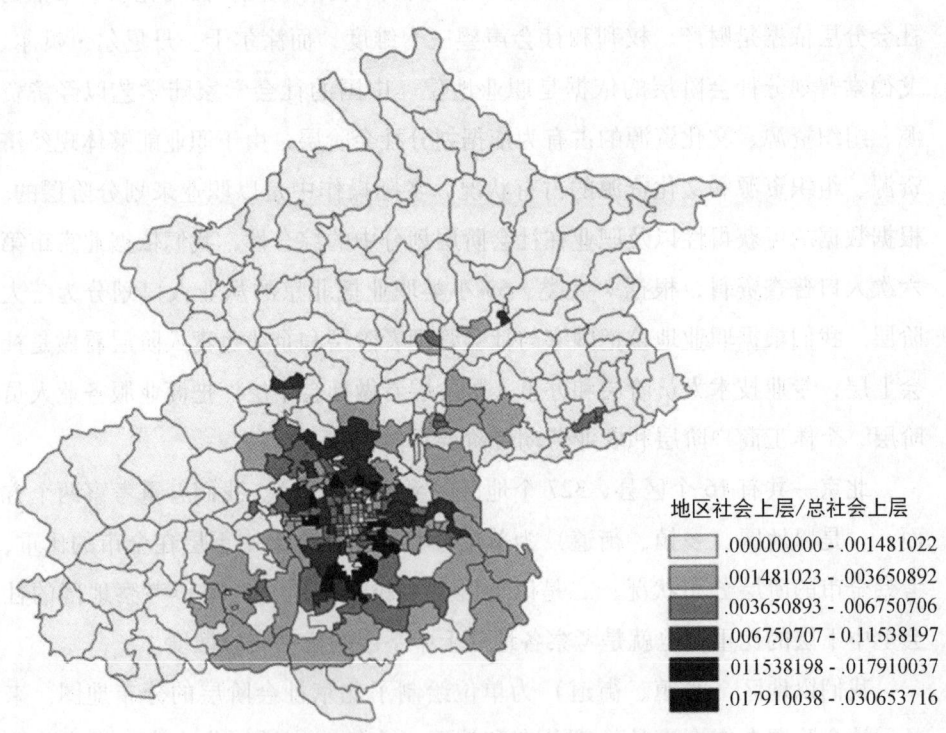

图8-1 北京的地区(乡镇、街道)社会上层分布图

第八章 北京社会阶层居住空间分化与隔离

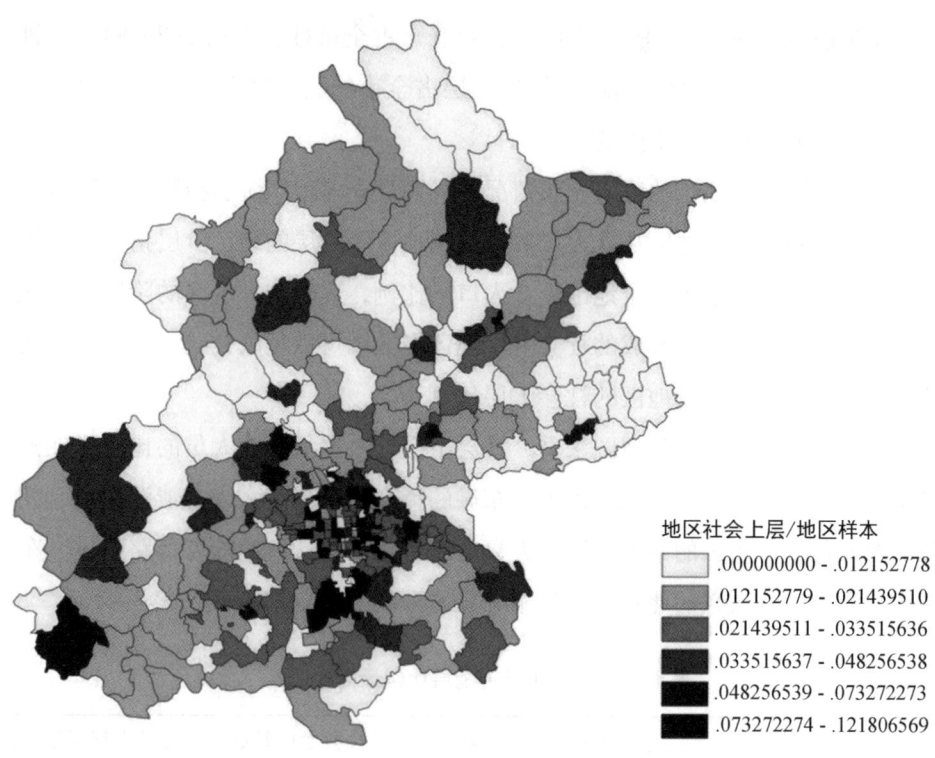

图 8-2 北京地区（乡镇、街道）社会上层指数图

北京的社会上层分布是大分散、小集中的分布格局（图1），社会上层在各区县都有分布，但是主要集中在城六区的五环以内，但是五环以外的郊区新城也分布着一部分社会上层。在327个地区中，社会上层占全市社会上层比重排在前10位的乡镇街道分别是大兴的旧宫地区，海淀区的万寿路街道，朝阳区的望京街道，大兴区的西红门地区，朝阳区的双井街道，大兴区的清源街道，朝阳区的南磨房街道，海淀区的曙光街道，朝阳区的大屯街道和十八里店地区，这10个地区的社会上层占全市的17.66%。排在后10位的乡镇街道分别是房山区的蒲洼乡、南窖乡，延庆县①的刘斌堡乡，平谷区的熊儿寨乡，怀柔区的喇叭沟门乡，门头沟的大台街道，平谷区的镇罗营镇、刘家店镇，怀柔区的汤河口镇，门头沟的雁翅镇，这10各地区的社会上层占全市的0.04%。

---

① 2015年11月延庆县和密云县已经改为区，本文依旧沿用第六次人口普查时的名称。

排在前 10% 的 33 个地区（乡镇、街道）占全市社会上层的 39.84%，排在后 10% 的地区（乡镇、街道）社会上层占全市的比例只有 0.40%，显示出社会上层的分布是比较集中的。

为了比较每个地区的阶层分布情况，我们设立了地区阶层指数。一个地区的某阶层人数除以该地区从业人口数就是该地区该阶层的地区阶层指数。该指数可以反映某个阶层占一个地区从业人口的比例，反映这个地区的阶层结构状况。通过社会上层指数形成的社会上层地区指数图可以反映全北京哪些地区的社会上层比例大，哪些地区的社会上层比例小。

从地区社会上层指数地图来看，社会上层的占本地从业人员的比例排在前十位的地区分别是大兴的兴丰街道、东城的体育路街道、大兴的清源街道、朝阳的双井街道、密云的果园街道、大兴的观音寺街道、海淀的万寿路街道、东城的龙潭街道、大兴的北京经济技术开发区和朝阳的东湖街道（表 8-1）。

表 8-1　北京市社会上层比例最高的地区

地区	区县	样本总量	社会上层频数	地区上层指数
兴丰街道办事处	大兴区	2192	267	0.121806569
体育馆路街道办事处	东城区	1138	133	0.116871705
清源街道办事处	大兴区	4068	442	0.108652901
双井街道办事处	朝阳区	5070	486	0.095857988
果园街道办事处	密云县	2400	226	0.094166667
观音寺街道办事处	大兴区	3351	300	0.089525515
万寿路街道办事处	海淀区	7918	697	0.08802728
龙潭街道办事处	东城区	2526	222	0.087885986
北京经济技术开发区	大兴区	3846	334	0.086843474
东湖街道办事处	朝阳区	3480	295	0.084770115

远郊的一些地区社会上层的比例也比较大，比如房山的十渡镇、顺义的胜利街道、光明街道、空港街道，密云的檀营地区。社会上层比例最低的 10 个地区分别是房山区的蒲洼乡、南窖乡，通州的台湖镇、门头沟的大台街道、石景山的古城街道、延庆的刘斌堡乡、怀柔的喇叭沟门乡、平谷的镇罗营镇、通州的于家务回族乡和顺义的木林镇（表 8-2）。在城镇地区中，东城区的朝阳

门街道、海淀区的西三旗街道、海淀街道社会上层的比例也是比较低的，属于全市327个地区的后10%。

表8-2 北京市社会上层比例最低的地区

地区	区县	样本总量	社会上层频数	地区上层指数
木林镇	顺义区	1677	7	0.00417412
于家务回族乡	通州区	1518	6	0.003952569
镇罗营镇	平谷区	553	2	0.003616637
喇叭沟门满族乡	怀柔区	308	1	0.003246753
刘斌堡乡	延庆县	313	1	0.003194888
古城街道办事处	石景山区	3000	9	0.003
大台街道办事处	门头沟区	504	1	0.001984127
台湖镇	通州区	6181	11	0.001779647
南窖乡	房山区	157	0	0
蒲洼乡	房山区	110	0	0

（二）北京社会中层的地区分布

北京社会中层的分布同样也是大分散、小集中的分布形态，主要集中在五环以内和六环外的新城。排在前10位的是昌平的回龙观地区、东小口地区，西城的广安门外街道，海淀区的学院路街道，丰台区的卢沟桥街道，海淀区的万寿路街道、西三旗街道，朝阳区的来广营地区，海淀区的北太平庄街道，朝阳区的望京街道。排在后10位的全部是乡镇地区，包括平谷区的熊儿寨乡，房山区的蒲洼乡，平谷区的刘家店镇，密云县的冯家峪镇，平谷区的镇罗营镇，怀柔区的长哨营乡，房山区的霞云岭乡，延庆县的大庄科乡。排在前10名的地区社会中层占全市的比例为15.67%，低于社会上层前10地区的比例；排在后10位的地区社会中层占全市的比例只有0.03%，也低于社会上层后10位的比例。社会上层占比排前10%的地区占全市的比例为38.68%，社会中层排在前10%的地区占全市的比例为39.5%，集中度高于社会上层区位分布。社会上层排在后10位的地区占全市的比例为0.42%，排在后10%的地区社会中层占全市的比例为0.22%，说明社会上层的分散程度高于社会中层。

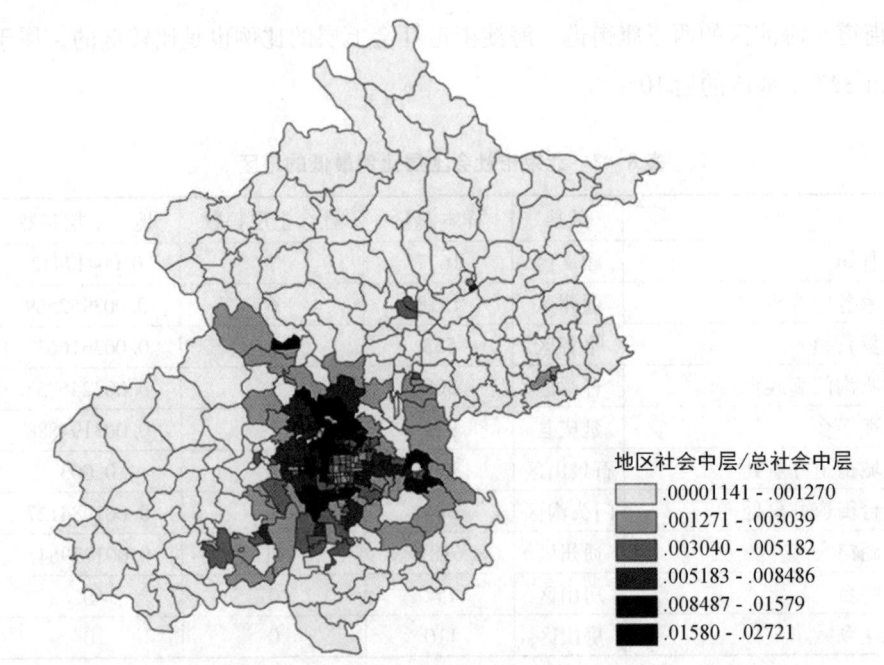

图8-3 北京社会中层地区（乡镇、街道）分布图

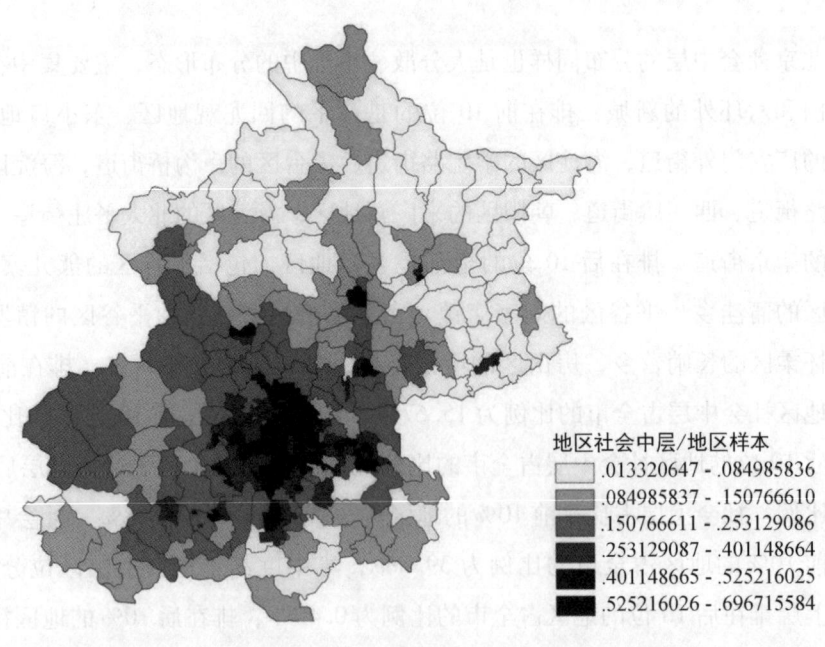

图8-4 北京社会中层地区（乡镇、街道）指数图

从乡镇街道社会中层指数图可以看出，社会中层主要集中在城六区。海淀区的清华园街道、朝阳区的奥运村街道、海淀区的海淀街道、朝阳区的和平街道、西城区的德胜街道、东城区的东花市街道、丰台区的云冈街道、东城区的和平里街道、海淀区的燕园街道、朝阳区的安贞街道、西城区的月坛街道办事处，社会中层的比例都达到了60%以上（表8-3）。

表8-3 北京社会中层比例最高的地区

地区	区县	样本总量	社会上层频数	地区中层指数
清华园街道办事处	海淀区	1431	997	0.696715584
奥运村街道办事处	朝阳区	5627	3679	0.653811978
海淀街道办事处	海淀区	5559	3600	0.647598489
和平街道办事处	朝阳区	3768	2377	0.630838641
德胜街道办事处	西城区	5635	3532	0.626796806
东花市街道办事处	东城区	2385	1486	0.623060797
云岗街道办事处	丰台区	1490	924	0.620134228
和平里街道办事处	东城区	5056	3118	0.616693038
燕园街道办事处	海淀区	901	550	0.610432852
安贞街道办事处	朝阳区	3134	1891	0.603382259
月坛街道办事处	西城区	5532	3329	0.601771511

社会中层比例最低的地区都在远郊区县，包括平谷区的大华山镇、熊儿寨乡、刘家店镇、金海湖地区、夏各庄镇，密云县的冯家峪镇、高岭镇、不老屯镇、大城子镇、太师屯镇、新城子镇，延庆县的刘斌堡乡、房山区的霞云岭乡，比例都在5%以下（表8-4）。全市社会中层比例排在最后10%的地区全部在远郊区县。

表8-4 北京社会中层比例最低的地区

地区	区县	样本总量	社会中层频数	地区中层指数
长哨营满族乡	怀柔区	358	15	0.041899441
太师屯镇	密云县	1635	67	0.040978593
大城子镇	密云县	665	25	0.037593985
不老屯镇	密云县	755	26	0.034437086
高岭镇	密云县	861	26	0.030197445
冯家峪镇	密云县	430	9	0.020930233
镇罗营镇	平谷区	553	11	0.019891501
刘家店镇	平谷区	455	8	0.017582418
熊儿寨乡	平谷区	232	4	0.017241379
大华山镇	平谷区	1051	14	0.013320647

(三) 北京社会下层的地区分布

从北京社会下层乡镇街道分布图看,北京的社会下层分布也比较集中。排在前10位的地区是朝阳区的十八里店地区,昌平区的北七家镇、东小口地区,大兴区的旧宫地区,丰台区的南苑地区,大兴的黄村地区,丰台的卢沟桥地区、大红门街道,大兴的西红门地区,昌平的回龙观地区,包括昌平的3个地区、大兴的3个地区、丰台的3个地区和朝阳的1个地区。排在后10位的是房山区的蒲洼乡、南窖乡和史家营乡,门头沟的王平地区,房山的新镇街道,怀柔的雁栖经济开发区,延庆县的珍珠泉乡,房山区的向阳街道,门头沟的清水镇,通州区的新华街道。排在前10位的乡镇街道社会下层比例占到全市的14.02%,排在后10位的占全市社会下层的比例为0.29%。排在前10%的地区社会下层占全市的比例为32.04%,排在后10%的地区社会下层占全市的比例为1.41%。这显示出社会下层的分布比社会上层和中层的分布更分散一些。

第八章 北京社会阶层居住空间分化与隔离

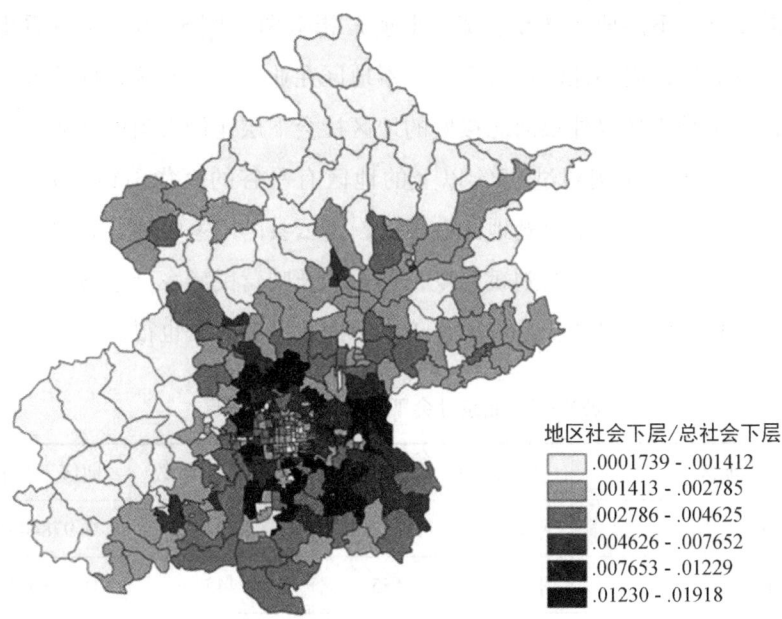

图 8-5 北京社会下层地区（乡镇、街道）分布图

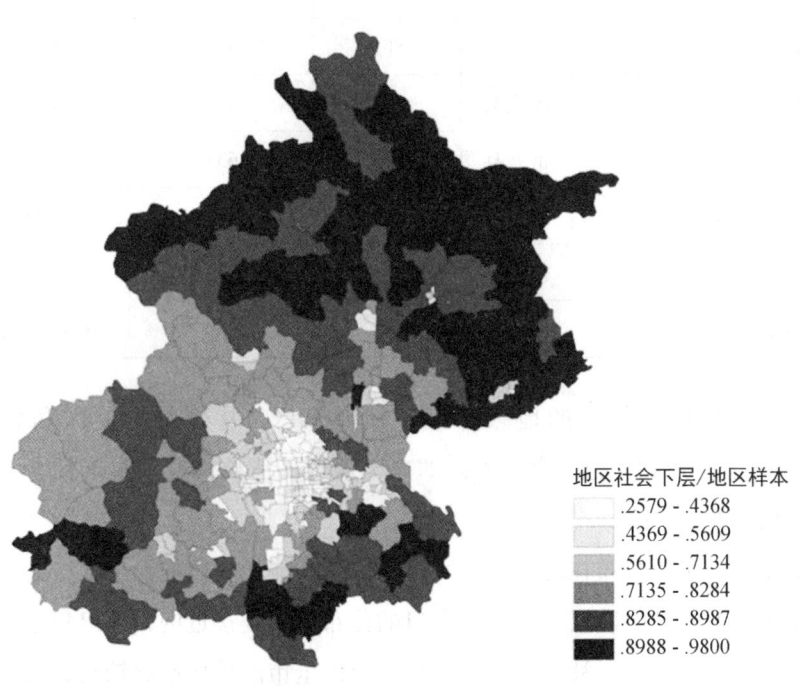

图 8-6 地区（乡镇街道）社会下层指数图

从北京社会下层地区（乡、镇、街道）指数图（图8-6）可以看出，很显然，北京五环以内的地区社会下层占本地区在业人口的比例较低，五环外比例较高，特别是六环以外跟河北接壤的地区社会下层比例占当地在业人口的比例很高。社会下层比例超过95%以上的地区有平谷的大华山镇、熊儿寨乡、刘家店镇、镇罗营镇、金海湖地区办事处，密云县的冯家峪镇、高岭镇、大城子镇、不老屯镇，延庆县的刘斌堡乡，怀柔的长哨营民族乡（表8-5）。实际上这些乡镇地区的居民主要是农民，工人和商业服务人员也很少。

表8-5 北京社会下层比例最高的地区

地区	区县	样本总量	社会下层频数	地区下层指数
熊儿寨乡	平谷区	232	227	0.978448276
刘家店镇	平谷区	455	445	0.978021978
镇罗营镇	平谷区	553	540	0.976491863
冯家峪镇	密云县	430	416	0.96744186
高岭镇	密云县	861	824	0.957026713
刘斌堡乡	延庆县	313	298	0.952076677
大城子镇	密云县	665	633	0.951879699
金海湖地区办事处	平谷区	1591	1514	0.951602766
不老屯镇	密云县	755	718	0.950993377
长哨营满族乡	怀柔区	358	339	0.946927374

社会下层比例最低的地区都集中在城六区，特别是海淀区和朝阳区（表8-6）。通州的北苑街道、大兴的兴丰街道、清源街道也属于社会下层比例排在后10%的街道。

北京人口主要分布在北京中心城区和城市功能拓展区的6个区，远郊区县人口稀疏。北京社会阶层的分布跟人口的分布格局是接近的，人口集中、密集的地区往往社会上层、社会中层和社会下层占全市的比例都比较高，人口分散稀疏的地区社会上层、社会中层和社会下层占全市的比例都比较低。

表 8-6 北京社会下层比例最低的地区

地区	区县	样本总量	社会下层频数	地区下层指数
德胜街道办事处	西城区	5635	1986	0.352440106
和平里街道办事处	东城区	5056	1777	0.351463608
紫竹院街道办事处	海淀区	4624	1611	0.348399654
海淀街道办事处	海淀区	5559	1931	0.347364634
和平街道办事处	朝阳区	3768	1279	0.339437367
双井街道办事处	朝阳区	5070	1710	0.337278107
燕园街道办事处	海淀区	901	301	0.334073252
东湖街道办事处	朝阳区	3480	1154	0.331609195
奥运村街道办事处	朝阳区	5627	1723	0.306202239
清华园街道办事处	海淀区	1431	369	0.257861635

四、结论与讨论

（一）结论

1. 各阶层的居住区位分布特征如下：北京的社会上层主要分布在中心城区和城市功能拓展区，特别是朝阳、海淀、大兴、丰台区。西城和东城的社会上层占全市社会上层的比例不大，但是占本区人口的比例较大。北京的社会中层主要分布在城市功能拓展区和中心城区，特别是海淀区、朝阳区、丰台区，其次是东城区、西城区、昌平区。北京的社会下层主要分布在城市功能拓展区、城市发展新区和生态涵养区，中心城区比例较小。其中商业服务人员阶层主要分布在城市功能拓展区和城市发展新区，朝阳、海淀、丰台比例最大，其次为昌平、西城、通州区和大兴区，其他区县比例较小；工人阶层主要分布在朝阳、大兴和通州，其次是顺义、丰台、昌平和房山，其他区县比例较小；农业劳动者阶层主要分布在大兴、密云、平谷和通州，其次是延庆、顺义、房山、怀柔和昌平，其他区县比例很小，朝阳、石景山、西城和东城农业劳动者阶层的比例很低。

2. 北京的社会空间分化为明显的城市中心、半边缘和边缘地带，但不是二元社会，也不是两极化的社会。北京的中心地带大体上是五环以内的大部分地区，这个空间是社会上层、中层、下层的混居社会空间；半边缘地带，是北京的五环沿线到六环之间，以及郊区的新城，这里的街道和乡镇社会上中下层都有一定的比例，总体上是社会阶层的大混居状态，但是以社会下层比例较大，既有豪华别墅和公寓，也有普通商品房小区，社会隔离较为明显，特别是有大量的外来人口聚居的城边村呈现出局部的隔离状态；而边缘地带是以社会下层为主、社会中上层很少的地带，包括北京六环以外的除了郊区卫星城的部分地区，与城区相比社会区隔非常明显。

3. 北京城乡社会空间隔离明显，城区内部出现了一定程度的社会隔离，但远远小于城乡之间的社会隔离。城乡之间社会空间分异明显，差异巨大，这印证了景天魁的中国城市和农村二元社会空间理论。在城区社会空间隔离表现在小区的封闭与隔离，而在地区（街道、乡镇）层面看，社会空间是混合型的。在城区，几乎每个街道都有一定比例的社会下层，包括社会上层的聚居区和中层聚居区。即使社会下层比例最低的 10 个街道，下层的比例也达到 26%~35%。说明北京的城区主要还是各社会阶层的混居空间。但是城乡之间的社会隔离非常明显，远郊区县主要是社会下层，社会中层和上层比例很低，有的地区根本就没有社会上层。总体来看，北京的社会上层和社会中层更为集中在城区，而社会下层地理上更为分散，弥散在整个城乡地区。与河北接壤的地方社会下层相对集中，很多地区社会下层达到 90% 以上。

（二）讨论

芝加哥学派早就指出，社会各阶层之间具有竞争性，也具有共生性。尽管社会阶层的分布具有一定的区隔，但是各阶层是镶嵌在一起的马赛克状。北京的社会上层、社会中层和社会下层，常住人口和常住外来人口的分布具有共生性。上层集中的地区，社会中层和社会下层、常住人口和常住外来人口也比较集中；社会上层稀少的地方，社会中层和社会下层也比较稀疏，外来人口就更为稀疏。一个城市不可能只有富人，而没有穷人，不可能只有上层和中层，而不需要社会下层的广大劳动人民。

中国的特大城市里主要是中国汉族，中国的少数族裔也多数说汉语，熟悉汉族文化，只有极少数中国少数族群人口汉语不熟练，不熟悉汉族文化。中国的外籍人口数量还不大，主流的汉族社会对不同的族裔和外国人并不排斥。总的来说，北京具有一定程度的社会隔离，一些街道社会中层集中度达到60%~70%之间，但即使是这样的中层地区里也有30%~40%的社会下层。社会隔离并不很严重，外来人口比较容易立足，并被城市人口所接纳，部分社会下层经过努力也可以成为社会中层和上层。对外籍人口不仅不排斥，而且还积极地接纳外籍人口。从北京来看，城区虽然有一定的居住隔离现象，比如封闭的高档商品房小区周围可能分布着棚户区，但是，相比城乡之间的分异，就不算太严重。然而，北京中心城区、城乡结合部和远郊区之间空间分异明显，城乡之间居住和生活空间极化很严重，部分地区（乡镇）社会下层达90%以上。

第九章 北京住房政策分析与展望

住房政策是政府为解决住房问题而实施的由政府投资兴建或者由政府提供补助的以较低价格向居民出租或者出售住房的社会政策。随着工业革命和城市化的浪潮在全球兴起,住房问题成为困扰城市中低收入居民和城市政府的世界性难题。在印度孟买市,有500万居民生活在贫民窟中,露宿街头者估计超过100万。在美国和日本等发达国家,城市的住房问题也困扰着低收入居民和城市政府,城市中心地带露宿街头者时时可见。就全球来看,没有住房或者居住在不适当住房条件下的人口数量估计超过10亿。① 住房问题既是经济问题,也是社会问题和政治问题。住房问题解决得好,人民安居乐业,社会稳定。住房问题解决不好,社会满意度会下降,无家可归、露宿街头者会增加,贫民窟会扩大,寻衅滋事、违法犯罪也会增加,严重的情况下导致社会不稳和政治动荡。为了解决住房问题,在19世纪末,一些西方国家率先实施了住房政策,为工人建造廉价住房。到了第二次世界大战以后,尽管发展阶段不同,国家体制各异,各国纷纷建立了自己的住房政策体系。

改革开放以来,我国经济发展迅速,城市化水平不断提高,城市人口迅速增加。进入新的世纪以来,北京每年人口增加数十万,加上原有的部分缺房的居民,北京住房的压力很大,在房价不断攀升、中低收入居民缺乏住房支付能力的情况下,建立比较完善的住房政策体系就成为一项迫切的民生问题和政治任务。

---

① 联合国人居署:《全球化世界中的城市——全球人类住区报告(2001)》,中国建筑工业出版社2001年版。

一、北京住房价格的形势

由于本书第一、二章是六年前完成的，虽然详尽分析了北京住房和住房政策变迁的历史，但是由于北京住房市场年年在变，住房政策也在随着市场的发展而调整，因而，在本章我们有必要对北京住房市场的现状和住房政策的新变化进行述评。

2010 年上半年，四环路以内商品住宅期房销售均价达到 34905 元/平方米，比上一年的均价上涨 44.5%，四至五环路销售均价为 20517 元/平方米，比上一年的均价上涨 34.0%，五至六环路销售均价为 14961 元/平方米，比上一年涨 21.8%，六环路以外销售均价为 11444 元/平方米，比上一年度增长 39.6%（北京市统计局从 2010 年 8 月份开始停止公布分环路商品期房销售价格）。[①] 在中央政府以及北京市政府不断加大的房地产调控力度作用下，2010 年 5 月份房价涨幅开始回落。

表 9 – 1　2010 年上半年分环路商品期房销售价格

	2009 年 1—12 月	2010 年 1—6 月	增长的比例%
四环路以内	21305	34905	44.5
四至五环路	16958	20517	34.0
五至六环路	10388	14961	21.8
六环路以外	8484	11444	39.6

数据来源：北京统计信息网

根据《上海证券报》的报道，中国房产信息集团的数据显示，北京 2010 年新建商品住宅均价达到 20328 元/平方米，同比大涨 42%，涨幅居四大一线城市之首。[②] 为了因应房价的高速飞速增长，2011 年 2 月 21 日北京市出台了严厉

[①] 北京市统计局，详见 http://www.bjstats.gov.cn/sjfb/bssj/jdsj/2010/201007/t20100722_179481.htm。

[②] 朱楠、徐广蓉："一线城市去年房价升幅超两成，北京居首上涨 42%"，新华网，2011 年 1 月 5 日。

的限购令《北京市人民政府办公厅关于贯彻落实国务院办公厅文件精神进一步加强本市房地产市场调控工作的通知》,对已拥有 2 套及以上住房的本市户籍居民家庭、拥有 1 套及以上住房的非本市户籍居民家庭、无法提供本市有效暂住证和连续 5 年(含)以上在本市缴纳社会保险或个人所得税缴纳证明的非本市户籍居民家庭,暂停在本市向其售房。住房限购的政策调控力度很大,遏制了住房价格上涨,并略有回落,但是 2012 年下半年,房价就恢复了增长。

表 9-2 北京行政区 2016 年 10 月房价

排名	行政区	2016 年 5 月均价(元/平方米)	5 月份均价同比上年	2016 年 10 月均价(元/平方米)
1	原西城区	94877	+35.53%	107297
2	原东城区	78227	+32.86%	90807
3	原宣武区	73747	+40.71%	86860
4	原崇文区	66805	+33.41%	801115
5	海淀区	63651	+27.25%	75092
6	朝阳区	51779	+25.36%	62235
7	丰台区	40036	+17.15%	50576
8	石景山区	38147	+15.92%	48387
9	通州区	31476	+49.39%	37577
10	大兴区	28806	+19.14%	36091
11	门头沟区	25726	+21.41%	34046
12	顺义区	27104	+21.285	33088
13	昌平区	23325	+12.30%	30583
14	怀柔区	21099	+13.53%	23268
15	房山区	18511	+19.02%	21976
16	延庆区	19340	+21.35	20894
17	密云区	18482	+21.42	20437
18	平谷区	16595	+20.96%	17873
	北京	44892		52549

数据来源:中国房地产协会发布的"中国房价行情",详见 http://www.creprice.cn/market/bj/forsale/allsq1/11.html?sinceyear=1。

2015年10月北京住房均价37221元/平方米，2016年10月，北京住房均价达到52549元平方米，北京全市同比上升了41.18%。北京各区的房价也比2015年同期大幅度上升，中心城区均价都超过80000元/平方米，西城区的均价超过了10万元/平方米。根据10多年来北京房价调控和上涨的规律，北京的房价每隔两三年房价会进三步退一步，北京的房价再也不可能退回到2015年的水平，2017年会有所回落，估计会回落到2016年5月前后的房价水平。房价这么高，一般市民是无法承受的，甚至一般的白领阶层也无法承受这样的高房价。

面对住房价格再次猛增，北京市政府在2016年再次出台限购限贷政策，除了重申2011年的限购政策以外，这一次限购着重限制购房贷款，提高住房首付的比例。首套住房首付款比例不得低于35%，购买首套非自住型商品房的家庭首付款不得低于40%；对于购买二套房的家庭，首付款比例不得低于60%，购买第二套非自主性商品房的家庭，首付款不得低于70%，贷款利率不低于基准利率的1.1倍。对外地购房者，要求连续五年的纳税证明和社会保障缴纳证明，补缴的不算数。这意味着购买第一套住房，按照北京目前的均价，首付款一般也要150万—200万，因为北京市场上很少有小户型的商品房。如果是二套房，首付款要300万以上。从最近的房价看，中心城区的房价不仅没有下降，而且还继续上涨。

住房价格已经远远高出普通居民的承受能力①，中低收入居民无论如何已经买不起商品房。住房困难群体中低收入居民、新参加工作的大中专毕业生、单亲家庭、失业下岗人员、外来务工人员和部分无房的退休职工要解决住房问题只能依赖政策型住房包括自住型商品房、限价房、经济适用房、公租房和廉租房。无房的中等收入居民也只有通过购买政策性的自住型商品房才能解决住房问题。因而，建立和完善住房保障体系，不断加大保障力度，北京的住房问题才能得到缓解。

---

① 2009年北京房价收入比已经达到25:1，见陆学艺、张荆、唐军主编：《2010北京社会建设分析报告》，社会科学文献出版社2010年版。

二、北京住房政策新变

从上个世纪 80 年代开始,北京就开始了住房改革的步伐,到 1998 年房改政策出台,老的福利住房体系宣告终结。新的保障房体系逐渐形成,老福利房变成了保障房性质的租赁公房和房改私房。新的住房保障政策也出现了廉租房、经济适用房、限价商品房、公共租赁房、自住型商品房等新的形式。

(一)"十一五"时期的政策性住房政策

1998 年房改之后的北京保障房只有廉租房,经济适用房被定为政策性商品房。2007 年由于房价上升较快,保障房供应不足,国务院颁布了《国务院关于解决城市低收入家庭住房困难的若干意见》(下文称《意见》),要求着力解决住房问题。《意见》指出,20 多年来,我国住房制度改革不断深化,城市住宅建设持续快速发展,城市居民住房条件总体上有了较大改善。但也要看到,城市廉租住房制度建设相对滞后,经济适用住房制度不够完善,政策措施还不配套,部分城市低收入家庭住房还比较困难。《意见》的指导思想是:"按照全面建设小康社会和构建社会主义和谐社会的目标要求,把解决城市(包括县城,下同)低收入家庭住房困难作为维护群众利益的重要工作和住房制度改革的重要内容,作为政府公共服务的一项重要职责,加快建立健全以廉租住房制度为重点、多渠道解决城市低收入家庭住房困难的政策体系。"《意见》的总体要求是:"以城市低收入家庭为对象,进一步建立健全城市廉租住房制度,改进和规范经济适用住房制度,加大棚户区、旧住宅区改造力度,力争到'十一五'期末,使低收入家庭住房条件得到明显改善,农民工等其他城市住房困难群体的居住条件得到逐步改善。"

根据《意见》,北京的经济适用房被定位为针对城市低收入家庭的保障房。北京重新制订了新的经济适用房管理办法,经济适用房针对低收入人群。但是由于北京的房价过高,中等收入者也难以承受,出现了一大批既买不起商品房,又不具备购买保障房资格的夹心层。于是北京又出台了限价商品房政策,也叫政策性商品房。从此,北京的城市住房供应体系变为廉租房、经济适用房、限价商品房、商品房的连续谱构成的住房体系。廉租房的保障性最强，个人出资极少，其次为经济适用房、限价商品房，而商品房完全市场化则仅仅针对中高和高收入者。

为了解决中低收入居民的住房问题，2007年7月北京市颁布了《北京市"十一五"保障性住房及"两限"商品住房用地布局规划（2006—2010）》（以下简称《规划》）。这个规划的指导思想是：以解决市民基本住房需求为出发点，调整住房供应结构，加大住房保障力度，逐步健全和完善住房保障体系，以实现社会和谐稳定的目标。《规划》提出"十一五"期间的规划目标是，逐步形成较为完善的政府住房保障体系，加大保障性住房及"两限"商品住房的建设力度，丰富保障性住房及"两限"商品住房的层次，对低保家庭住房困难户实现"应保尽保"，力争使大部分低收入家庭和部分中低收入住房困难家庭的住房条件也得到改善。

"十一五"期间北京规划新建住房1.23亿平方米，规划安排经济适用住房1500万平方米（含廉租住房150万平方米），两限住房1500万平方米，共计3000万平方米，占住房总量的24.4%。年度分解目标是：2008—2010年保障性住房及"两限"商品住房规划总建设规模约1800万平方米，其中，经济适用住房480万平方米，廉租住房120万平方米，"两限"商品住房1200万平方米。规划还制定了各类政策性住房的建设面积标准：廉租房一居室40平方米，两居室60平方米，平均套型标准为50平方米。经济适用住房要严格控制在中小套型，中套住房面积控制在80平方米左右，小套住房面积控制在60平方米左右，平均套型标准为70平方米；两限房套型建筑面积90%控制在90平方米以下，平均套型标准为80平方米。

2009年，在房价飞涨的背景下，北京又出台了《北京市公共租赁住房管理办法（试行）》。《办法》所称公共租赁住房，是指政府提供政策支持，限定户型面积、供应对象和租金水平，面向本市中低收入住房困难家庭等群体出租的住房。至此，北京保障房体系进一步完善，基本覆盖了除外来常住人口以外的各类北京中低收入城市户籍居民。

2010年，在北京城乡结合部城中村改造的过程中，有关部门允许利用集体建设用地建设针对农民工和其他外来人口的租赁房，农民工租房问题进入政策考虑范围。2010年底,住建部出台《商品房屋租赁管理办法》,并宣布将于2011年2月1日起施行。该《办法》规定,出租住房的应当以原设计的房间为最小出租单位,人均租住建筑面积不得低于当地人民政府规定的最低标准。厨房、卫生间、阳台和地下储藏室不得出租供人员居住。与此同时,北京市人防局也加快了清退地下室居民的步伐。北京市民防局局长王永新在"海淀区利用人防工程为公益服务经验交流会"上公开表示,从2011年起,北京将用半年到一年时间,集中清退人防工程中的散居户,今后人防工程将逐步公益化,不用于经营出租住人。

在"十一五"时期的5年里,北京市开工建设和收购各类保障性住房达48.5万套。其中,廉租住房2.3万套,经济适用住房12.9万套,限价商品住房16.7万套,公共租赁住房2.6万套。此外,还有首都功能核心区保护性改造、城乡结合部整治、城市和国有工矿棚户区改造等各类定向安置住房14万套。保障房建设收购的规模完成计划目标3000万平方米近1.5倍。全市投放保障性住房用地3603公顷,保障房用地占到同期住宅供地的45.5%。保障性住房建设完成投资1059亿元,投资额是"十五"时期的2.7倍。全市累计解决了约40万户中低收入家庭的住房困难,是"十五"时期的2.5倍。

"十一五"时期,北京先后印发或修订了廉租住房、经济适用住房、限价商品住房、公共租赁住房等管理办法,逐步完善住房保障政策体系。

(二)"十二五"住房政策

《北京市"十二五"时期住房保障规划》提出了保障房的建设任务是:"十二五"时期建设、收购各类保障性住房100万套,其中公开配租配售50万套,首都功能核心区人口疏解、棚户区改造等定向安置住房50万套;发放租金补贴家庭10万户;竣工各类保障性住房70万套;对符合保障条件的申请家庭努力做到"应保尽保"。《规划》提出三重措施落实保障房规划:

——大力发展公共租赁住房,"十二五"时期供应数量占到公开配租配售保障性住房的60%以上。建设多元化的住房租赁体系,优化住房供应结构,合理引导住房消费,引导市民通过租赁方式解决住房问题。

——稳步推进首都功能核心区人口疏解和房屋保护性修缮工程，完成城市和国有工矿棚户区改造任务，加大农村抗震节能房屋改造建设力度，多措并举改善群众住房条件。

——进一步健全保障性住房建设、审核、分配和后期管理机制，全面实施保障性住房"阳光工程"，全程引入廉政风险防范和效能监察机制，充分保障人民群众知情权、参与权和监督权，确保住房保障工作公开、公平、公正。

经过5年的努力，"十二五"期间北京共计建设筹集保障房100.9万套，实现了100万套的目标。"十二五"期间共出台150多个与住房保障相关的政策文件，构建了较为完备的住房保障政策体系。2013年，北京市推出自住型商品房，先后入市64个自住房项目，提供房源49283套。北京加大了全市统筹力度，加快推进保障房配租配售，2015年年底已基本解决备案家庭住房困难问题。

北京市出台了《关于完善公共租赁住房租金补贴政策的通知》，同时还出台了《关于市场租房补贴申请条件及市场租房补贴标准有关问题的通知》，在全国范围内，率先明确对通过市场租房的相应住房困难家庭给予相应比例的租金补贴。通过多元化选择，加快解决其居住困难，推进北京市公租房保障模式由"以实物配租为主"向"实物配租和租金补贴并举"转变，促进北京市保障水平进一步提升。

至此，北京的保障性住房合并为两种形式：公共租赁房和自住型商品房，经济适用房、限价商品房和廉租房将逐步退出历史舞台。

三、北京住房政策的特征

（一）北京本地户籍居民多数享受到了房改福利政策

北京市统计局2003年的1000户城镇居民住房统计数据显示63.5%的居民住在房改房里，29.8%的居民住在租赁公房，两者合计为93.3%。当时的北京城镇居民绝大多数还是住在福利房里，可以说大部分人享受到了住房福利。

2004年，也就是1998年的房改5年之后，房改房的比例达到68%，租赁公房的比例22.6%，两者合计为90.6%，福利住房的居民比例下降了，商品房的比例增加了1.3%。2006年，商品房的比例继续上升，达到4.6%，福利房的比例有所下降，两者合计达到89.4%。住房改革中，居住在公房中的居民，可以以优惠价格购买所居的住房，一些老职工几乎不花什么钱就获得住房产权，一大批市民享受到了北京房改的福利住房。这些当时花几千、几万元购买的公房，今天在二手房市场上的价值，少则几百万，多则上千万。

2015年，北京城镇居民购买商品房的比例由2003年的1.3%增加到29%，购买比例显著地增加了。2015年的住房来源中，纯粹来自市场购买或者市场租赁的住房比例（包括购买商品房、租赁私房、继承或获赠及原有/自建私房）达到了53.5%。福利保障性住房包括房改私房、租赁公房、购买保障性住房、拆迁安置房的比例为43.4%。借住房占1.5%，雇主提供的免费住房占1.5%，其他类型的占0.1%。从城镇居民的住房来源结构看，先后享受到住房福利和保障的比例达到43.4%，历史累计下来的比例还是比较高的。而未得到房改房的城镇职工也曾经得到程度不同的住房补助。

表9-3　2003年~2005年北京城镇居民住房来源情况

	2003年		2004年		2005年	
	户数	比例	户数	比例	户数	比例
租赁公房	298	29.8%	452	22.6%	442	22.1%
租赁私房	20	2%	15	0.8%	15	0.8%
原有私房	26	2.6%	61	3.1%	58	2.9%
房改私房	635	63.5%	1359	68.0%	1346	67.3%
商品房	13	1.3%	51	2.6%	91	4.6%
其他	8	0.8%	62	3.2%	48	2.4%
合计	1000	100%	2000	100%	2000	100%

数据来源：北京市统计局，《北京统计年鉴（2005）》《北京统计年鉴（2006）》，中国统计出版社2005、2006年版。

表 9-4　2014 年~2015 年北京城镇居民住房来源

	2014 年比例%	2015 年比例%
租赁公房	11.3	7.6
租赁私房	8.4	9.3
原有/自建私房	9.4	14.8
房改私房	31.1	24.0
购买商品房	37.6	29.0
购买保障性住房	-	5.1
拆迁安置房	-	6.7
继承或获赠住房	-	0.4
借用房	1.7	1.5
雇主提供免费住房	-	1.5
其他	0.5	0.1
合计	100%	100%

数据来源：北京统计信息网

（二）北京的公共租赁房的比例比较低

住房政策是一种社会福利政策。很多社会政策和社会学家进行过社会政策模式的研究，1958 年的时候，威伦斯基和勒博在《工业社会与工业福利：美国工业化在社会福利服务提供和组织方面的影响》中提出了两种社会福利模式的著名理论：补缺型社会福利（residual social welfare）和制度型社会福利（institutional social welfare）。补缺型社会福利政策强调市场的作用，只有在家庭和市场的功能失调无法满足个人的基本需要时，国家才会承担起社会福利供给的责任。制度型社会福利模式更重视国家在社会福利供给中的责任，认为国家应该建立满足社会成员需要的福利制度，通过社会政策体系保障社会成员的需要和社会福利。制度型的社会福利模式的福利水平高于补缺型社会福利模式的福利水平和内容。蒂特马斯在 1968 年提出了社会福利的另外一种划分：选择性福利模式（selective benefit）和普惠性福利模式（universal benefit）。选择性的福利模式是用家计审查的方式挑选出部分不能满足基本需求的公民家庭来给予政策,而普惠型的社会福利模式对全体社会公民都提供政策支持的福利政策。[①] 美国的社会政策是选择型、补缺型的社会政策,而北欧国家的社会政策是普惠型、制度型的。北欧的社会福利保障水平高,而美国的社会福利保障水平低。

中国一直实行城乡分割的社会福利政策,基于户籍制度城乡居民享有不同的社会福利。城镇的中低收入居民可以享受到城镇住房保障政策的支持,而来自农村的农民工和来自其他城市的城城移民没有资格获得城镇住房保障政策的支持。这种住房政策既不同于美国的补缺型、选择型福利政策,也不同于北欧的制度型、普惠型福利政策。北京的住房政策也是一个城乡分割的住房政策,北京城乡居民的住房政策分割在计划经济年代就已经形成。城镇居民享有普遍的住房福利,而农民需要在集体土地上自建住房。1998年以后,住房市场体系逐步建立起来,北京城镇传统的住房福利体系逐步过渡到基于市场的住房政策体系,依靠市场解决住房需要的北京居民逐步增加,而享受福利住房的比例逐渐下降。2003年,城镇居民购买商品房的比例只有1.3%,到2005年购买商品房的比例达到29%。2003年居住和享受福利房政策的城镇户籍居民占到93.3%,2015年下降到了43.4%。这个水平低于住房政策普惠制的新加坡(居住在建屋局兴建的低成本住房和公共住房里的居民占86%[②]),和香港的住房保障水平差不多(2007年香港居住在公屋的比例占28.68%,资助购买的居屋15.90%,两类福利保障性住房合计占44.58%[③]),比例高于西欧的很多国家和城市。放到全世界来看,城镇户籍居民住房保障的比率是不低的。如果把占北京常住人口比例达40%的常住外来人口考虑进去,北京城镇居民享有住房福利保障的比例下降为26.74%。北京本地城镇居民租赁公有住房的目前仅有7.6%,比例很低,加上新近配租的公租房,租赁公房的比例也不会超过10%,和东京(9.2%)、大阪(13.6%)的水平接近,相当于巴黎(21.3%)、

[①] 彭华民:《从沉寂到创新:中国福利社会构建》,中国社会科学出版社2012年版,第99—100页。
[②] 刘志林:《保障性住房政策的国际经验:政策模式与工具》,商务印书馆2016年版,第63页。
[③] 冯俊:《住房与住房政策》,中国建筑工业出版社2009年版,第213页。

伦敦（19.9%）的一半水平。① 考虑到还有庞大的外来人口，北京的公租房需要大力发展。

（三）北京的住房市场是个二元住房市场

由于公租房数量少，也不对普通的外来务工者开放，保障房的不足催生了正规和非正规住房构成的二元住房市场。到2015年，租赁公房、房改私房、购买保障性住房等享受住房福利的居民户比例为36.7%，加上拆迁安置房，福利性的住房比例为43.4%。购买商品房的比例上升到29%，加上其他商品性住房的，商品性质的住房总量达到40.2%。自建房的比例为14.8%，借用、雇主免费提供的住房为3%，其他为0.1%。经过住房改革，租赁公房的比例逐渐下降，而商品住房的比例迅速扩大。本地城镇居民住房的自有率已经达到89.3%，市场化的程度极高，远远高出其他世界城市。如果把常住外来人口考虑进去，住房自有率下降到53%左右。40%以上的常住人口靠租赁市场解决住宿问题。30年来，尤其是1998年以来，市场化的住房供给格局迅速形成。由于公租房的比例很低，主要限于本地户籍居民，因而，外地人的住房主要靠住房租赁市场来解决。无论北京正规住房的价格还是正规住房的租金都远远超过外来人口的支付能力，所以，外来居民解决住宿问题的主要形式是非正规住房，包括城中村住房、地下室住房、合租房和群租房。这样就形成了正规住房和非正规住房构成的二元住房市场，本地人主要住正规住房，外来人口大多数住非正规住房。最早出现的非正规住房是城中村住房，容纳了来京务工经商的绝大多数外来人口，所以一提起外来人口聚居区，人们就会想起城中村。随着城中村改造和城市不断扩张步伐的加快，城中村的区位由内而外，由三环内发展到三环外、四环外，现在主要分布在五环和六环之间，一些分布在郊区新城。上个世纪末、本世纪的前十年里，地下室非正规住房蓬勃发展，约有100万人住在地下室里，随着地下室住房的清理整顿，地下非正规住房在减少。地下居住的外来人口，纷纷以群租的方式搬进了小区楼房里，把正规住房也变成了非正规住房。城中村拆除以后外来人口的去向一是向外，推动了新的城乡结

---

① 冯俊：《住房与住房政策》，中国建筑工业出版社2009年版，第212页。

合部非正规居住的发展,另一个去向就是就地或者向内以群租的形式搬上楼房。由于非正规市场是受到限制和打击的市场,经营非正规住房有较大的风险,非正规住房的供给受到抑制,正规的房地产公司和中介机构不愿意介入,所以非正规住房需求旺盛、严重不足。这就导致了住房条件恶劣的非正规住房单位租金高于正规住房租金的奇特现象,吸引了许多敢于冒险的经营者。随着2016年住房价格和租金的大幅上升,可以预期,非正规住房市场,特别是其中的群租房、合租房会进一步发展,成为解决外来人口住房的主要居住形式。

四、北京住房资源配置的机制与原则

关于住房资源的配置机制主要有三种,一是市场机制,二是再分配机制,三是混合机制,也就是结合了市场机制和再分配机制。住房资源的配置机制基于一些基本的原则和理念。住房再分配的依据一般是公民身份和收入标准,本国公民中的中低收入者有资格申请购买可支付住房或者申请租赁公租房。

(一) 北京住房市场资源配置的本地主义原则

像其他国家一样,北京住房市场配置住房主要遵循实力主义原则。由于北京住房市场化程度已经很高,新房市场、二手房市场以及租赁市场已经非常活跃,公租房的比例又比较低,所以,目前北京住房资源的配置主要是靠市场机制来实现的。政府的作用主要体现在土地规划、建设监管、市场秩序和住房保障等方面。市场化的资源配置遵循经济实力的原则,谁有钱谁获得住房权,如果没有经济能力支付房款,那就只能露宿,成为真正的无家可归者。但是,北京的住房市场并不完全遵循市场的实力原则,并不是谁有钱就可以购买的。在住房价格远远高于收入增长的情况下,政府对市场的交易行为有一些限制,非本地户口的居民在居住满五年、有连续五年纳税证明和社会保障缴纳证明者才可以购买一套住房,而本地居民可以购买两套住房。这就是北京商品住房资源配置的本地主义原则。

在市场经济的条件下,必然有一部分人会面临失业、疾病、衰老、无家可归等社会风险的威胁，不能通过市场获得适足的住房，这就是住房市场失灵。尽管北京的住房租赁市场发展很快，但是正规租赁市场提供的住房不能满足中低收入阶层的基本住房需求。由于住房市场的实力主义和本地主义原则，北京800多万外来人口中只有少部分有能力租赁正规住房或者购买商品房。他们中的大部分只好在非正规住房市场寻求出路，地下室住房、城中村住房和群租房是他们的主要选择。随着地下室住房的整治和城中村由内而外的逐步拆除，群租房开始在整个城市（无论是中心城区还是近郊区）蔓延。此外，还有大量的外来人口选择合租租房，合租不违反相关住房租赁法规，但不是体面的、适足的居住方式。

（二）北京保障性住房资源配置的本地主义原则

保障性住房是在出现住房市场失灵的情况下，政府对住房供给的干预。中国著名的房地产商人任志强曾经说过"不为穷人盖房"的话。房地产企业的本质是以营利为目的的，为穷人盖房利润较小，甚至不赚钱，企业当然不愿意为穷人盖房。长此以往，中低收入人群特别是低收入者的住房问题会日益严重，大型的城市贫民窟必然形成。为了解决中低收入者的住房问题，世界各国都采取了不同程度的形式多样的住房政策。政策干预程度和力度最大的是新加坡政府的住房政策，真正实现了住房保障的应保尽保。住房政策是政府利用立法、行政和财政税收等手段解决住房问题的行动。住房政策的干预可以纠正住房市场失灵，使得住房资源实现了相对公平的分配、中低收入阶层的基本住房需求可以得到满足、穷人也可以获得较为体面的住房。

各个国家对保障性住房的供给程度各异，不同时期也会有所改革和变化，这些变化根源不仅仅是政府财政收入多少的问题，更重要的是政策思想和理念的差异和变化。英国的保守党和工党轮流执政后，住房政策就会变化。

中国城市住房资源配置在计划经济时期是完全再分配政策，没有住房市场的配置。改革开放以后，商品房的份额不断增加，保障房的份额逐渐减少。在有限的保障房资源分配中，也遵循着一些基本的原则，其中最重要的是本地主义原则。保障房的普遍原则是解决中低收入者的住房，中低收入者可以购买政策优惠的可支付住房，低收入者可以优惠的价格租赁政府或者住房协会供给的公共住房。而北京的保障性住房分配同样依据针对中低收入的原则，不同于其他国家的是，北京的住房不仅仅遵循中低收入的原则，更重要的原则是本地人原则。一般情况下，非北京户籍的人口则不论来自农村还是来自其他城市，不管你是务工还是经商，不管你是高收入还是低收入，都没有资格获得保障性住房。

（三）保障性住房资源配置的精英主义原则

除了本地主义的特殊原则，北京保障性住房资源的分配还有一个重要原则——精英主义原则。这是指在住房资源的分配中，管理精英和技术精英可以获得保障性住房资源，高级专业技术人才、高级管理人才和留学归国人员等社会精英更有优先权。这当然是为了吸引优秀的人才，背后的政策思想是发展主义的效率原则，而不是优先解决弱者基本需求的社会公平原则。北京的《中关村国家自主创新示范区人才公共租赁房的若干意见》明确要求人才公共租赁房申请人"具有大学以上学历，或具有中级以上职称、高级技师资格"，入选中央"千人计划"、"北京海外人才聚集工程"、"中关村高端领军人才聚集工程"的人员，及上述人员所创办企业的人员，列入示范区"十百千工程"、"百家创新型试点"、"瞪羚计划"等范围内的企业人员，"在海外有5年以上学习工作经历，回到中关村工作时间不超过2年，并在中关村创新创业或就业的"人员；属于中央或北京市重点引进的高层次创新人才、开发性创业人才、战略性新兴产业人才，可以优先申请。除了中关村科技园区的精英人才可以申请人才公租房，一些区县也出台了一些吸引人才的公租房政策，以吸引优秀人才来本区工作，比如门头沟的"门头沟区外省市来京工作人员公共租赁住房申请、审核及配租管理办法（试行）"和"昌平区人才公共租赁住房管理暂行办法"。

五、住房政策的未来展望

"十三五"期间，北京市计划按照"基本住房有保障、中端需求有支持、高端市场有调控"的住房供应总体思路落实保障房政策；计划实施"以租为主"的基本住房保障方式,逐步放宽公租房申请条件,进一步加大市场补贴力度;稳步推进自住型商品住房建设,持续支持居民自住性和改善性住房需求;促进职住平衡,鼓励各区试点自住房优先卖给在本区工作的人群和本区户籍家庭,减少通勤;持续推进老旧小区改造和棚户区改造,开展农宅抗震节能综合改造。

按照北京新的政策,以后停止供应经济适用房和限价房的建设用地,针对本地一般市民公开配租配售的保障性住房过渡到只有两种,一种是公租房,一种是自住型商品房。定性安置房是不向一般市民配租配售的,是专门用于安置拆迁居民的。

从2014、2015年的保障房建设情况看,北京的保障性住房的投资和新开工面积是增加的,但是施工面积、竣工面积是减少的。在保障性住房中,定性安置房超过了半数,而经济适用房、限价房和公租房的投资和面积相对比较少。未来的若干年里,保障房的这种供给结构估计不会有太大的变化。

表9-5 2015年北京保障房的建设

单位:亿元、万平方米

	2015	2014	2015为2014的%
完成投资	824.0	639.0	129.0
经济适用房	24.5	36.7	66.8
限价房	303.4	131.9	230.1
公租(廉租)房	73.6	85.0	86.6
定向安置房	422.5	385.4	109.6
施工面积	3870.5	4368.0	88.6
经济适用房	200.7	328.0	61.2
限价房	578.3	607.6	95.2
公租(廉租)房	395.5	381.7	103.6
定向安置房	2696.0	3050.8	88.4
竣工面积	881.8	1201.6	73.4
经济适用房	23.8	116.4	20.4
限价房	164.6	217.7	75.6

续表

	2015	2014	2015 为 2014 的%
公租（廉租）房	35.8	55.7	64.3
定向安置房	665.7	811.9	81.0
本年度新开工面积	636.6	509.5	124.9
经济适用房	18.9	56.5	33.6
限价房	183.3	177.4	103.3
公租（廉租）房	63.3	75.9	83.4
定向安置房	371.0	199.8	185.7

数据来源：北京统计信息网

北京市的公租房将逐步扩大覆盖的范围，在居住证制度实施以后，保障房有可能覆盖到持有居住证的人群，范围会进一步扩大。但是住房资源配置的本地主义和精英主义原则短时期内不会有根本性的改变。

2015年，北京市本地城镇居民租赁私房的占9.3%，以此推算，也就是说有接近100万本地居民是以市场价格租房居住的，北京市居民的负担还是比较重。北京市常住外来人口有800多万，根据国家卫计委的流动人口监测数据，流动人口中有14.8%已经在北京购房，85.2%的流动人口是其他居住形式，主要是租赁各类非正规住房，他们中的大多数住房条件较差，不能满足基本的生活需求。在随着城中村改造和地下室住房的清理，外来人口的主要居住形式将是群租房和合租房，特别是群租房会进一步蔓延，不断形成新的群租房聚居区，相对于地下室和群租房，其治理的难度更大。

北京目前有大约540万套城镇住房，并不能满足目前2000万城镇居民的住房需求。北京人口控制的目标是不超过2300万，那么，要满足所有城镇居民的基本需求，北京未来还需要建设500万套住房。按照目前的建设速度，需要20多年才能完成这个目标。

附 录

一、北京市城市廉租住房管理办法

(北京市人民政府办公厅 2007年11月7日)

第一章 总 则

第一条 为完善城市廉租住房制度，保障低收入家庭的基本住房需求，根据《国务院关于解决城市低收入家庭住房困难的若干意见》(国发〔2007〕24号)精神，结合本市实际，制定本办法。

第二条 本市行政区域内城市廉租住房的建设和管理活动适用本办法。

第三条 本市廉租住房保障水平应当以保障低收入家庭基本住房需求为原则，根据财政承受能力和居民住房状况合理确定。

符合规定条件的低收入家庭可以申请廉租住房。

第四条 城市低收入家庭廉租住房保障方式以发放租赁住房补贴为主，实物配租为辅。

本办法所称租赁住房补贴(以下简称租房补贴)方式，是指住房保障管理部门向符合条件的申请家庭，按照规定的标准发放住房租金补贴，由其到市场上租赁住房。

本办法所称实物配租方式，是指住房保障管理部门向符合条件的申请家庭提供住房，并按照其家庭收入的一定比例收取租金。

对已承租公房的低收入家庭，按现行有关规定实行租金减免政策。

第五条　廉租住房建设和管理工作坚持政府主导,并遵循以下原则:以区为主、全市统筹;自愿申请、逐级审核;公开透明、分期轮候;定期复核、动态监管。

第六条　廉租住房补贴及建设资金由市、区县财政按一定比例共同承担,主要通过以下方式筹集:

(一)市、区县财政预算安排的资金。

(二)住房公积金增值收益中按规定提取的城市廉租住房补充资金。

(三)土地出让净收益中按一定比例提取的资金。

此外,可通过鼓励社会捐赠等方式多渠道筹集资金。

第七条　市政府建立本市住房保障管理工作的协调机制。市建委负责全市城市廉租住房的管理工作。市发展改革、国土资源、规划、财政、税务、民政、交通等有关部门和相关金融机构按照职责分工做好相关工作。各区县政府房屋行政主管部门负责本区县城市廉租住房的管理工作。

第二章　供应对象

第八条　申请租房补贴或实物配租应当以家庭为单位,并符合以下条件:

(一)申请人必须具有本市城镇户籍,在本市生活,申请家庭应推举具有完全民事行为能力的家庭成员作为申请人。

(二)申请家庭人均住房面积、家庭收入、家庭资产符合规定的标准。

城八区廉租住房保障对象的人均住房面积、家庭收入、家庭资产标准由市建委会同有关部门根据本市居民收入、居住水平、住房价格等因素研究确定,报市政府批准后,每年向社会公布一次;远郊区县的上述标准由区县政府结合实际确定,报市政府批准后,每年向社会公布一次。

第九条　申请家庭成员之间应具有法定的赡养、扶养或者抚养关系,包括申请人及其配偶、子女、父母等。但申请家庭成员中已享受廉租住房政策或已作为其他家庭的成员参与廉租住房申请的人员,不得再次参与申请。

第十条　家庭住房是指全部家庭成员名下承租的公有住房和拥有的私有住房。申请家庭现有2处或2处以上住房的,住房面积应合并计算。

第十一条　家庭收入是指家庭成员的全部收入总和,包括工资、奖金、津贴、补贴、各类保险金及其他劳动收入、储蓄存款利息等。

第十二条 家庭资产是指全部家庭成员名下的房产、汽车、现金和有价证券、投资（含股份）、存款、借出款等。

第三章 房源筹集

第十三条 廉租实物住房采取新建和收购方式筹集。来源包括：

（一）政府出资建设的廉租住房（新建廉租住房主要在普通商品住房、限价商品住房、经济适用住房项目中按照一定比例配建，由政府回购，不足部分可采取集中建设方式）。

（二）政府出资收购的住房。

（三）社会捐赠的住房。

（四）其他渠道筹集的住房。

第十四条 廉租实物住房供应实行统一的计划管理，原则上由区县政府组织建设或收购，对部分房源不足的区县，市建委可以适当调剂。

第十五条 新建的廉租实物住房用地实行行政划拨方式供应，免收各项行政事业性收费；配建的廉租住房由市、区县住房保障管理部门按规定价格回购并按规定的租金标准向符合条件的家庭出租的，按有关规定享受税收优惠。

第十六条 廉租住房按照小户型、满足基本住房需求、节能省地的原则建设或收购。具体标准由市规划委会同市建委、市国土局、市发展改革委等部门研究确定。

第十七条 廉租实物住房的租金收入实行收支两条线管理，租金收入上缴同级财政部门，维护和管理所需经费由各级住房保障管理部门编制预算，报同级财政部门审核后纳入部门预算。

第四章 审核与分配

第十八条 对申请廉租住房的家庭实行三级审核、两级公示制度。

（一）申请：申请家庭向户口所在地街道办事处或乡镇政府提出申请。

（二）初审：街道办事处或乡镇政府通过审核材料、入户调查、组织评议、公示等方式对申请家庭的住房、收入、资产等情况进行初审，提出初审意见，并将符合条件的申请家庭报区县住房保障管理部门。人户分离家庭在户口所在地和实际居住地同时进行公示。

（三）复审：区县住房保障管理部门对申请家庭进行复审，符合条件的，将申请家庭的情况进行公示，无异议的，报市建委。

（四）备案：市建委对申请家庭情况进行复核，符合条件的，市建委予以备案。区县住房保障管理部门为经过备案的申请家庭建立市、区县共享的住房需求档案。

第十九条　城八区廉租住房保障标准、每平方米租金补贴标准及补贴面积标准，由市建委会同有关部门根据本市居民平均住房状况、家庭人口结构等因素研究确定，报市政府批准后，每年向社会公布一次；远郊区县的上述标准由区县政府结合实际确定，报市政府批准后，每年向社会公布一次。

第二十条　符合条件的家庭只能选择一种廉租住房保障方式，其中实物住房主要配租给家庭成员中有60周岁以上（含60周岁）老人、严重残疾人员、患有大病人员的家庭和承租危房及面临拆迁的家庭。

第二十一条　有原住房的家庭在享受廉租住房保障时，可将原住房退出或由住房保障管理部门回购；不能退出原住房的，由住房保障管理部门按差额面积发放租房补贴或配租实物住房。

第二十二条　对申请租房补贴和实物配租的家庭实行轮候制度。区县住房保障管理部门按住房困难程度等因素实行分类轮候，通过摇号方式确定排序。

第二十三条　领取租房补贴的家庭应与产权人或产权单位签订租赁合同，租房补贴由户口所在地的区县住房保障管理部门或街道办事处、乡镇政府直接支付产权人或产权单位。

承租廉租实物住房的家庭应与房屋产权单位签订租赁合同，按期交纳租金。租金标准由市发展改革委会同市建委等部门研究确定。

第五章　监督管理

第二十四条　建设、收购的廉租住房产权登记在区县政府委托的单位名下，按照属地原则进行管理。建设、收购的廉租住房的产权人不得将房屋转让、抵押。

第二十五条　廉租住房只能用于申请家庭及其成员自住，不得转租、转借以及从事居住以外的任何活动。

第二十六条　享受廉租住房保障的家庭，每年应按时向区县住房保障管理部门申报住房、收入、人口及资产状况，区县住房保障管理部门会同有关部门对其申报情况进行复核，并按照复核结果，调整租房补贴金额或者实物配租面积。

区县住房保障管理部门定期对享受廉租住房保障的家庭住房、收入、人口及资产状况进行检查，对家庭收入连续1年超出规定标准的，取消其廉租住房保障资格，停发租房补贴，或者在合理期限内收回廉租住房。

第二十七条　对违反本办法，不如实申报家庭住房、收入、人口及资产状况，骗取廉租住房保障的，责令其退还已领取的租房补贴，或者退出廉租住房并补交市场平均租金与廉租住房标准租金的差额，并依据有关规定进行处罚，5年内不得再申请廉租住房保障；构成犯罪的，移交司法机关依法追究刑事责任。

第二十八条　享受廉租住房保障的家庭有下列行为之一的，由区县住房保障管理部门收回其承租的廉租住房，或者停止发放租房补贴：

（一）将承租的廉租住房转借、转租的。

（二）擅自改变房屋用途的。

（三）连续6个月以上未在廉租住房内居住的。

第二十九条　对为申请人出具虚假证明的单位，由市建委提请其上级主管部门或监察部门依法追究单位主要领导和相关人员的责任；构成犯罪的，移交司法机关依法追究刑事责任。

第三十条　对有关部门和单位的工作人员，在廉租住房管理工作中利用职务上的便利收受他人财物或者其他好处的，对已批准的廉租住房不依法履行监督管理职责的,或者发现违法行为不予查处的,给予行政处分;构成犯罪的,移交司法机关依法追究刑事责任。

第六章 附 则

第三十一条 各区县政府可依据本办法,结合实际情况,制定具体实施办法。

市政府各相关部门可依据本办法,根据各自职责制定相应配套文件。

第三十二条 本办法自发布之日起施行。凡过去文件规定与本办法不一致的,以本办法为准。

二、北京市城六区和远郊区县城市居民申请廉租住房家庭收入、住房、资产准入标准

(北京市住房和城乡建设委员会网站 2010年11月2日)

区县	家庭人均月收入(元)	人均住房使用面积(平方米)	家庭总资产净值(万元)				
			1人户	2人户	3人户	4人户	5人户及以上
城六区	960	7.5	15	23	30	38	40
通州区	960	7.5	15	23	30	38	40
门头沟区	731	7.5	15	23	30	38	40
房山区	731	7.5	15	23	30	38	40
顺义区	731	10	11	16	21	26	28
昌平区	731	10	10	20	25	30	35
大兴区	731	7.5	12	18	24	30	32
怀柔区	731	7.5	11	16	21	26	28
平谷区	731	7.5	12	18	24	30	32
密云县	731	10	6	10	16	20	25
延庆县	731	7.5	9	13.5	18	22.5	24

三、北京市经济适用住房管理办法(试行)

(北京市人民政府办公厅 2007年11月7日)

第一章 总 则

第一条 为建立和完善住房保障制度,保障低收入家庭的基本住房需求,改进和规范经济适用住房建设和管理,根据《国务院关于解决城市低收入家庭住房困难的若干意见》(国发〔2007〕24号)精神,结合本市实际,制定本办法。

第二条 本办法所称经济适用住房,是指政府提供优惠政策,限定建设标准、供应对象和销售价格,向低收入住房困难家庭出售的具有保障性质的政策性住房。

本市行政区域内经济适用住房的建设和管理活动适用本办法。

第三条 经济适用住房建设和管理工作坚持政府主导,并遵循以下原则:以区为主、全市统筹;自愿申请、逐级审核;公开透明、公平公正;严格交易、动态监管。

第四条 市政府建立本市住房保障管理工作的协调机制。市建委负责全市经济适用住房的管理工作。市发展改革、国土资源、规划、财政、税务、民政、交通等有关部门和相关金融机构按照职责分工做好相关工作。各区县政府房屋行政主管部门负责本区县经济适用住房管理工作。

第二章 供应对象

第五条 申请购买经济适用住房的家庭应符合以下条件:

(一)申请人须取得本市城镇户籍时间满3年,且年满18周岁,申请家庭应当推举具有完全民事行为能力的家庭成员作为申请人。单身家庭提出申请的,申请人须年满30周岁。

(二)申请家庭人均住房面积、家庭收入、家庭资产符合规定的标准。城八区的上述标准由市建委会同相关部门根据本市居民收入、居住水平、住房价格等因素确定，报市政府批准后，每年向社会公布一次；远郊区县的上述标准由区县政府结合实际确定，报市政府批准后，每年向社会公布一次。

第六条 申请家庭成员之间应具有法定的赡养、扶养或者抚养关系，包括申请人及其配偶、子女、父母等。但申请家庭成员中已享受经济适用住房政策或已作为其他家庭的成员参与经济适用住房申请的人员，不得再次参与申请。

第七条 家庭住房是指全部家庭成员名下承租的公有住房和拥有的私有住房。申请家庭现有2处或2处以上住房的，住房面积应合并计算。

第八条 家庭收入是指家庭成员的全部收入总和，包括工资、奖金、津贴、补贴、各类保险金及其他劳动收入、储蓄存款利息等。

第九条 家庭资产是指全部家庭成员名下的房产、汽车、现金和有价证券、投资（含股份）、存款、借出款等。

第三章 房源筹集

第十条 市建委根据需求和资源状况，制定经济适用住房建设、收购计划。各区县政府负责解决本行政区域内经济适用住房房源问题。对部分房源不足的区县，市建委可以适当调剂。

第十一条 经济适用住房采取集中建设和商品住房项目配建方式筹集，也可采取在市场上收购二手房、单位集资合作建设的房屋或社会机构投资建设的房屋等方式筹集。

第十二条 采取集中建设方式的，项目用地由市、区县土地储备机构提供，由市、区县政府组织公开招标，确定项目法人或代建单位。

采取配建方式的，由市规划委、市国土局等部门在区域适宜的商品住房建设项目中，确定经济适用住房的建设比例。土地入市交易时，与商品住房项目同时招标、配套建设、分别销售、分别管理。

第十三条 经济适用住房开发建设享受以下优惠政策：

（一）建设用地以行政划拨方式供应。

（二）免收建设和经营中的行政事业性收费。

（三）小区外基础设施建设费用由政府负担。

第十四条 经济适用住房项目应保持合理的开发规模，户型设计控制为中小户型，具体标准由市规划委制定。

第十五条 收购二手房、单位集资合作建设的房屋或社会机构投资建设的房屋作为经济适用住房的，要按小户型、满足基本住房需求、节能省地的原则收购。

第十六条 经济适用住房销售价格由项目开发成本、税金、利润组成，通过竞价或政府审核方式确定或调整。有关竞价方案或价格审核工作由市发展改革委牵头，会同市建委等部门办理。

第四章 审核与销售

第十七条 对申请购买经济适用住房的家庭实行三级审核、两级公示制度。

（一）申请：申请家庭向户口所在地街道办事处或乡镇政府提出申请。

（二）初审：街道办事处或乡镇政府通过审核材料、入户调查、组织评议、公示等方式对申请家庭的收入、住房、资产等情况进行初审，提出初审意见，并将符合条件的申请家庭报区县住房保障管理部门。人户分离家庭在户口所在地和实际居住地同时进行公示。

（三）复审：区县住房保障管理部门对申请家庭进行复审，符合条件的，将申请家庭的情况进行公示，无异议的，报市建委。

（四）备案：市建委对区县住房保障管理部门上报的申请家庭材料进行复核，符合条件的，市建委予以备案。区县住房保障管理部门为经过备案的申请家庭建立市、区县共享的住房需求档案。

第十八条 对符合条件的家庭，由区县住房保障管理部门组织轮候摇号配售。其中划拨经济适用住房建设用地涉及的被拆迁家庭、重点工程建设涉及的被拆迁家庭、旧城改造和风貌保护涉及的外迁家庭以及家庭成员中含有60周岁以上（含60周岁）老人、严重残疾人员、患有大病人员、优抚对象、复员军人等住房困难家庭可优先配售。

第十九条 符合条件的申请家庭只能按照规定的标准购买1套经济适用住房。

第五章 监督管理

第二十条 经济适用住房产权登记在购房人名下,购房人拥有有限产权。房屋行政主管部门进行权属登记时应当在房屋权属证书上注明"经济适用住房"字样。

第二十一条 经济适用住房只能自住,不得出租或出借以及从事居住以外的任何活动。购买经济适用住房不满5年的,不得上市交易;对于因各种原因确需转让经济适用住房的,可向购买人户口所在区县住房保障管理部门申请回购,回购价格按照原价格并考虑折旧和物价水平等因素确定。

购买经济适用住房满5年的,出售时应当按照届时同地段普通商品住房和经济适用住房差价的一定比例交纳土地收益等价款,并由政府优先回购;购房人也可以在补缴政府应得收益后取得完全产权。

已经购买了经济适用住房的家庭又购买其他住房的,原经济适用住房由政府回购。

上述由政府回购的房屋继续作为经济适用住房向符合条件的家庭出售。

上市交易交纳价款的具体比例和政府回购的具体办法由市建委会同市国土局、市财政局、市发展改革委、市规划委等部门研究确定,报市政府批准后实施。

第二十二条 市、区县住房保障管理部门建立全市统一的经济适用住房管理信息平台,对全市经济适用住房建设、供应和需求进行动态管理。

第二十三条 已经由市建委备案的申请家庭,在家庭收入、住房或资产情况等方面发生变化的,应如实向区县住房保障管理部门报告,区县住房保障管理部门会同有关部门对其申报情况进行复核,区县住房保障管理部门也可对申请家庭的收入、住房和资产情况进行检查。对经检查核实,不符合购买经济适用住房条件的家庭,取消购房资格。

第二十四条 经济适用住房建设单位有下列行为之一的,由相关部门依法进行处理:

(一)未经批准擅自改变经济适用住房土地用途的,由市国土局处理。

(二)违反经济适用住房价格管理有关规定的,由市发展改革委处理。

（三）擅自向未经住房保障管理部门确定的配售家庭出售经济适用住房的，由区县建委责令建设单位限期收回；不能收回的，由建设单位补交同地段经济适用住房与商品住房的差价，并对建设单位给予处罚。

第二十五条　对弄虚作假，隐瞒家庭收入、住房和资产状况及伪造相关证明的申请人，由区县住房保障管理部门取消其申请资格，5年内不得再次申请；构成犯罪的，移交司法机关依法追究刑事责任。已骗购经济适用住房的，擅自改变房屋用途的，擅自转租或转借他人居住的，由区县住房保障管理部门责令购房人退回已购住房或按同地段商品住房价格补足购房款；构成犯罪的，移交司法机关依法追究刑事责任。

第二十六条　对为申请人出具虚假证明的单位，由市建委提请其上级主管部门或监察部门依法追究单位主要领导和相关人员的责任；构成犯罪的，移交司法机关依法追究刑事责任。

第二十七条　对有关部门和单位工作人员在申请家庭资格审查和经济适用住房建设、销售、管理等过程中，玩忽职守、滥用职权、徇私舞弊的，依法追究行政责任；构成犯罪的，移交司法机关依法追究刑事责任。

第六章　附　则

第二十八条　本办法施行前已通过经济适用住房购买资格审核、尚未购买经济适用住房的家庭，不再到原审核窗口办理延期手续，可持原核准通过的相关证明材料，到户口所在区县住房保障管理部门按照届时经济适用住房审核标准与规定程序申请轮候，符合条件的纳入轮候范围，轮候时间从原核准经济适用住房购买资格之日起计算。

第二十九条　各区县政府可依据本办法，结合实际情况，制定具体实施办法。

市政府各相关部门可依据本办法，根据各自职责制定相应配套文件。

第三十条　本办法自发布之日起施行。凡过去文件规定与本办法不一致的，以本办法为准。

供应对象：

具有本市城镇户籍时间满3年，年满18周岁；单身家庭申请人需年满30

周岁；申请家庭人均住房面积、家庭收入及资产符合政府规定标准。

申请标准：

1. 1人家庭成员，年收入在22700元及以下；人均住房面积在10m²及以下；家庭总资产净值在24万元及以下；

2. 2人家庭成员，年收入在36300元及以下；人均住房面积在10m²及以下；家庭总资产净值在27万元及以下；

3. 3人家庭成员，年收入在45300元及以下；人均住房面积在10m²及以下；家庭总资产净值在36万元及以下；

4. 4人家庭成员，年收入在52900元及以下；人均住房面积在10m²及以下；家庭总资产净值在45万元及以下；

5. 5人及以上家庭成员，年收入在60000元及以下；人均住房面积在10m²及以下；家庭总资产净值在48万元及以下。

四、北京市限价商品住房管理办法（试行）

（北京市人民政府办公厅　2008年4月28日

京政发〔2008〕8号）

第一章　总　则

第一条　为调整住房供应结构，建立分层次的住房供应体系，规范本市限价商品住房建设和管理工作，根据《国务院办公厅转发建设部等部门关于调整住房供应结构稳定住房价格意见的通知》（国办发〔2006〕37号）精神，结合本市实际，制定本办法。

第二条　本办法所称限价商品住房，是指政府采取招标、拍卖、挂牌方式出让商品住房用地时，提出限制销售价格、住房套型面积和销售对象等要求，由建设单位通过公开竞争方式取得土地，进行开发建设和定向销售的普通商品住房。

本市行政区域内限价商品住房的建设和管理活动适用本办法。

第三条 限价商品住房建设和销售管理工作坚持政府主导，并遵循以下原则：全市统筹，以区县为主；自愿申请，逐级审核；公开透明，公平公正；限制交易，动态监管。

第四条 市政府负责建立本市限价商品住房管理工作协调机制。市建设、发展改革、国土资源、规划、财政、工商、监察、税务、民政、交通等有关部门和相关金融机构按照职责分工做好相关工作。

第二章 项目建设

第五条 市建设、国土资源部门会同市有关部门根据本市限价商品住房需求，组织编制年度建设计划，经市政府批准后组织实施。限价商品住房建设用地在年度土地利用计划及土地供应计划中优先安排。

各区县政府按照全市统筹、以区县为主的原则，可自行安排建设用地组织建设；对建设用地不足的区县，市政府可规划专项建设用地，由其负责组织定向建设，并建立相应的财政转移支付办法。

第六条 市建设、国土资源部门负责组织建设的限价商品住房项目，由建设单位与其签订《限价商品住房建设销售协议》；各区县政府负责组织建设的限价商品住房项目，由建设单位与各区县政府指定部门签订《限价商品住房建设销售协议》。

第七条 限价商品住房项目应尽可能选择在交通相对便利、市政基础设施较为完善的区域进行建设，方便居住和出行。

第八条 限价商品住房建设应遵循节约集约用地的原则。建设单位要严格执行国家和本市有关技术规范和标准，优化规划设计方案，采用成熟适用的新技术、新工艺、新材料和新设备，提高建设水平。

第九条 限价商品住房套型建筑面积以 90 平方米以下为主。其中，1 居室控制在 60 平方米以下；2 居室控制在 75 平方米以下。

第十条 建设单位对限价商品住房工程质量负责，并依法承担保修责任。

第十一条 限价商品住房销售价格以项目综合开发成本和合理利润为基础，参照同地段、同品质普通商品住房价格，由市发展改革、国土资源、建设、财政、规划、监察等部门研究确定。

第十二条　限价商品住房项目配套公共服务设施和市政基础设施，应符合本市相关建设标准。住宅建设应与配套公共服务设施、市政基础设施同步建设并交付使用。

第三章　供应对象

第十三条　限价商品住房供应对象为本市中等收入住房困难的城镇居民家庭、征地拆迁过程中涉及的农民家庭及市政府规定的其他家庭。申请购买限价商品住房家庭应符合以下条件：

（一）申请人须具有本市户口，申请家庭应推举具有完全民事行为能力的家庭成员作为申请人。单身家庭提出申请的，申请人须年满30周岁。市政府有关部门可根据限价商品住房供需情况，对单身申请人年龄实行动态管理。

（二）申请家庭人均住房面积、家庭收入、家庭资产须符合规定标准，并实行动态管理。城八区的上述标准由市建设部门会同市有关部门根据本市居民收入、居住水平和住房价格等因素组织确定，经市政府批准后公布。远郊区县的上述标准由区县政府结合实际情况确定，经市政府批准后公布。

第十四条　申请家庭成员之间应具有法定的赡养、扶养或者抚养关系，包括申请人及其配偶、子女、父母等。

第十五条　家庭住房是指全部家庭成员名下承租的公有住房和所拥有的私有住房。申请家庭现有2处或2处以上住房的，家庭住房面积应合并计算。

第十六条　家庭收入是指家庭成员的全部收入总和，包括工资、奖金、津贴、补贴等劳动收入和储蓄存款利息等财产性收入。

第十七条　家庭资产是指全部家庭成员名下的房产、汽车、现金、有价证券、投资（含股份）、存款、借出款等。

第十八条　经审核符合条件的申请家庭只能购买1套限价商品住房，已购买限价商品住房家庭的成员不得再次享受其他形式的保障性住房。

第四章　资格审核

第十九条　购买限价商品住房实行申请、审核和备案制度。

（一）申请：申请家庭持如实填写的《北京市限价商品住房家庭资格核定

表》和相关证明材料，向户口所在地街道办事处或乡镇政府提出申请。

（二）初审：街道办事处或乡镇政府通过审核材料、入户调查、组织评议、公示等方式对申请家庭的收入、住房、资产等情况进行初审，提出初审意见，将符合条件的申请家庭材料报区县住房保障管理部门。人户分离申请家庭情况应在户口所在地和实际居住地同时进行公示。

（三）复审：区县住房保障管理部门对申请家庭材料进行复审，并将符合条件的申请家庭情况进行公示，无异议的，报市住房保障管理部门备案。

（四）备案：市住房保障管理部门对区县住房保障管理部门上报的申请家庭材料予以备案。区县住房保障管理部门为经过备案的申请家庭建立市和区县共享的住房需求档案。

第二十条　符合本办法第十三条规定，属于公益性项目涉及被拆迁或腾退的家庭，各区县住房保障管理部门可根据实际情况另行制定相应审核程序，出具审核意见后报市住房保障管理部门备案。

第五章　房源分配和销售

第二十一条　各区县政府负责组织建设的限价商品住房，主要由本区县安排使用，市住房保障管理部门可根据实际情况从中安排一定比例用于统筹分配。

市建设、国土资源部门负责组织建设的限价商品住房，由市住房保障管理部门根据各区县需求情况，制定房源分配计划，重点支持市政府确定的公益性项目涉及的被拆迁或腾退家庭、特殊群体以及建设项目所在区县和首都功能核心区居民的需求等。

第二十二条　各区县住房保障管理部门负责组织本地区符合条件的申请家庭，通过摇号等方式配售限价商品住房。其中对解危排险、旧城改造和风貌保护、环境整治、重点工程等公益性项目涉及的被拆迁或腾退家庭和家庭成员中含有60周岁以上（含60周岁）老人、严重残疾人员、患有大病人员、复转军人、优抚对象的家庭及自愿放弃经济适用住房购买资格的家庭可优先配售；对其他符合条件的家庭，按照住房困难程度，优先配售给无房家庭。对多次参加摇号均未摇中且轮候3年以上（不含3年）的申请家庭，区县住房保障管理部门可直接为其配售。

  第二十三条　市住房保障管理部门统筹分配至各区县的房源，各区县住房保障管理部门应在2个月内确定购房人，向建设单位缴纳购房款。逾期不能确定购房人的，由市住房保障管理部门负责收回并重新分配。各区县住房保障管理部门也可先行垫付购房款后保留房源继续使用，保留时间不超过半年。

  第二十四条　限价商品住房建设单位应按照《国有土地使用权出让合同》和《限价商品住房建设销售协议》的有关约定，如实向市和区县住房保障管理部门提供房源情况，按规定销售，配合市和区县住房保障管理部门做好申请家庭选房购房工作。选房购房结束后，限价商品住房建设单位负责将购房家庭情况等相关信息上报市和区县住房保障管理部门备案。

第六章　监督管理

  第二十五条　限价商品住房购房人进行房屋权属登记时，房屋行政主管部门应在房屋权属证书上注明"限价商品住房"字样。

  第二十六条　购房人取得房屋权属证书后5年内不得转让所购住房。确需转让的，可向户口所在区县住房保障管理部门申请回购，回购价格按购买价格并考虑折旧和物价水平等因素确定。回购的房屋继续作为限价商品住房向符合条件家庭出售。

  购房人在取得房屋权属证书5年后转让所购住房的，应按届时同地段普通商品住房和限价商品住房差价的一定比例交纳土地收益等价款。具体比例由市建设、国土资源、发展改革、财政等部门研究确定，经市政府批准后实施，并可根据房地产市场变化等情况按程序适时调整交纳比例。

  第二十七条　已经市住房保障管理部门备案的申请家庭，其家庭收入、住房和资产等情况在轮候期间发生变化的，应如实向所在区县住房保障管理部门报告，区县住房保障管理部门会同有关部门对其申报情况进行复核。区县住房保障管理部门也可对申请家庭的收入、住房和资产情况进行检查。对经核实不符合购买限价商品住房条件的家庭，应取消其购房资格。

第二十八条　限价商品住房建设单位有下列行为之一的，由相关部门依法处理：

（一）未按《国有土地使用权出让合同》约定缴纳地价款，擅自改变土地用途、建设规模和建设时限的，由市国土资源部门处理。

（二）违反限价商品住房价格管理有关规定的，由市发展改革部门处理。

（三）擅自向未经区县住房保障管理部门确定的申请家庭出售限价商品住房的，由所在区县住房保障管理部门责令其限期收回；不能收回的，由建设单位向区县住房保障管理部门补交同地段限价商品住房与普通商品住房差价，并对建设单位予以处罚。

第二十九条　对弄虚作假，隐瞒家庭收入、住房和资产状况及伪造相关证明的申请人，由所在区县住房保障管理部门取消其申请资格，5年内不得再次申请；对已骗购限价商品住房的，由区县住房保障管理部门责令购房人退回已购住房或按同地段普通商品住房价格补足购房款；已构成犯罪的，移交司法机关追究刑事责任。

第三十条　对为申请人出具虚假证明的单位，由市住房保障管理部门提请其上级主管部门或监察部门追究单位主要负责人和相关责任人责任；已构成犯罪的，移交司法机关追究刑事责任。

第三十一条　对有关部门和单位工作人员在申请家庭资格审查和限价商品住房建设、销售、管理等过程中，玩忽职守、滥用职权、徇私舞弊的，应追究行政责任；已构成犯罪的，移交司法机关追究刑事责任。

第七章　附　则

第三十二条　各区县政府可依据本办法，结合实际，制定具体实施办法。市政府各相关部门可依据本办法，根据职责制定相应配套措施。

第三十三条　本办法自发布之日起施行。

限价商品房供应对象：

针对北京市中等收入住房困难的城镇居民家庭、征地拆迁涉及的农民家庭及市政府规定的其他家庭。

限价商品房申请标准：

1. 3 人及以下家庭成员，年收入在 8.8 万元及以下；人均住房面积在 15m² 及以下；家庭总资产净值在 57 万元及以下；

2. 4 人及以上家庭成员，年收入在 11.6 万元及以下；人均住房面积在 15m² 及以下；家庭总资产净值在 76 万元及以下。

所需材料：

1. 到户口所在地的街道办事处领取限价房申请表；

2. 身份证的复印件；

3. 户口本复印件，集体户口需户口管理单位另开具户口证明；

4. 婚姻证明；

5. 住房证明；

6. 单位出具的收入证明。

优先配售对象：

1. 解危排险、旧城改造和风貌保护、环境整治、重点工程等公益性项目涉及的被拆迁或腾退家庭和家庭成员中含有 60 周岁以上（含 60 周岁）老人、严重残疾人员、患有大病人员、复转军人、优抚对象的家庭及自愿放弃经济适用住房购买资格的家庭；

2. 对其他符合条件的家庭，按照住房困难程序，优先配售给无房家庭；

3. 对多次参加摇号均未摇中且轮候 3 年以上（不含 3 年）的申请家庭，区县住房保障管理部门可直接为其配售。

户型面积：

以 90 平方米以下为主。其中，1 居室控制在 60 平方米以下；2 居室控制在 75 平方米以下。

上市交易：

1. 已购经适房未满 5 年的，不得按市场价上市出售，确需出售的向相关部门申请，由保障部门确定符合条件购买人原价出售或按原价回购；

2. 已满 5 年可按市场价出售，但需缴纳出售价的 10% 补交土地收益等价款。

五、北京市公共租赁住房管理办法（试行）

（北京市住房和城乡建设委员会 2009年8月1日）

第一章 总 则

第一条 为完善我市分层次住房供应体系，调整住房供应结构，实行租售并举，多渠道满足部分中低收入住房困难家庭住房需求，根据《国务院关于解决城市低收入家庭住房困难的若干意见》（国发〔2007〕24号）、《关于促进房地产市场健康发展的若干意见》（国办发〔2008〕131号）规定，结合我市实际，制定本办法。

第二条 本市行政区域内公共租赁住房的建设、分配、管理适用本办法。

本办法所称公共租赁住房，是指政府提供政策支持，限定户型面积、供应对象和租金水平，面向本市中低收入住房困难家庭等群体出租的住房。

第三条 公共租赁住房建设、分配和管理工作遵循以下原则：政府支持、市场运作；多方建设、统一管理；公平公开、严格监管。

第四条 市住房和城乡建设、发展改革、国土资源、规划、财政、税务、国资、金融、住房公积金等有关部门按照各自职责分工，做好公共租赁住房相关管理工作。各区县人民政府负责做好本区县范围内公共租赁住房的建设和管理工作。

第二章 房源筹集

第五条 公共租赁住房由市、区县政府所属机构或政府批准的机构通过新建、收购等方式多渠道筹集。

第六条 新建公共租赁住房采取集中建设或配建相结合的方式，户型以一、二居室小户型为主。

第七条 公共租赁住房建设用地实行有偿使用，其中对于政府所属机构或政府批准的机构建设的，其用地可采取租赁方式，按年缴纳土地租金。

第八条 金融机构通过多种方式支持公共租赁住房建设出租工作，有关单位可按规定条件申请商业银行贷款、使用信托资金、发行债券和申请住房公积金委托贷款等方式融资。此外，可通过投融资方式改革筹集社会资金、出租公共租赁住房及配套设施回收资金、社会捐助及经市政府批准的其它资金等方式多渠道筹措资金。

第三章 配租管理

第九条 公共租赁住房的供应对象为本市中低收入住房困难家庭，包括已通过廉租住房、经济适用住房、限价商品住房资格审核尚在轮候的家庭以及其它住房困难家庭。

第十条 已通过廉租住房、经济适用住房或限价商品住房资格审核正在轮候的家庭，可直接到户籍所在地街道办事处或乡镇人民政府申请轮候公共租赁住房。

第十一条 公共租赁住房实行公开配租制度，由产权单位编制配租方案报住房保障管理部门核准后组织配租。其中，符合廉租住房、经济适用住房、限价商品住房条件的家庭以及其它符合配租条件的家庭成员中含有60周岁（含）以上老人、患大病人员、残疾人员、复转军人、优抚对象或属重点工程拆迁的可优先配租。

第十二条 符合配租条件的家庭只能承租一套公共租赁住房。

第四章 租赁管理

第十三条 按照保本微利的原则并结合承租家庭负担能力和同类地段类似房屋市场租金一定比例下浮确定公共租赁住房租金。

第十四条 政府所属机构以及政府批准的机构按照规定的租金出租公共租赁住房凡符合国家有关税收规定的，可享受相关的税收优惠政策。

第十五条 公共租赁住房的维修、养护、管理由产权单位负责，产权单位也可委托专业服务企业管理。

第五章 监督管理

第十六条 公共租赁住房的租赁期限最长不超过5年，合同期满承租家庭应当退出住房。承租家庭需继续承租的，应在合同期满前3个月内提出申请，由产权单位会同相关单位复核，符合条件的续签租赁合同；承租家庭不符合承租条件暂时不能腾退承租住房的，租赁合同期满后给予 2 个月过渡期，过渡期内按同类地段类似房屋市场租金收取租金。过渡期届满后承租家庭仍不退出承租住房的，按房屋产权单位规定的标准收取租金，具体在租赁合同中约定；拒不退出行为记入信用档案。

第十七条 承租家庭有下列行为之一的，产权单位可与承租家庭解除租赁合同，收回住房：

（一）将承租住房转借、转租的；

（二）擅自改变承租住房居住用途的；

（三）连续 6 个月以上未在承租住房内居住的；

（四）连续 3 个月以上未按期交纳租金的；

（五）获得其它形式政策性住房保障的；

（六）其它违反租赁合同行为。

第十八条 违反本办法规定，不如实申报家庭住房等情况，骗租公共租赁住房的，由产权单位解除租赁合同，承租家庭应当退出住房并按房屋产权单位规定的标准补交租金；骗租行为记入信用档案，5 年内不得申请政策性住房。

第十九条 产权单位在租赁合同存续期间不按规定的租金标准收缴租金或擅自向不符合条件的家庭出租公共租赁住房的，住房保障管理部门应当责令其限期整改，退回、补差租金或收回住房。

第二十条 管理部门相关工作人员利用职务上的便利收受他人财物或者其它好处的，或者不依法履行监督管理职责的，给予行政处分；构成犯罪的，依法追究刑事责任。

第六章 附 则

第二十一条 经政府批准负责出租公共租赁住房的机构应当依据本办法制定申请审核、租金标准、配租管理等具体实施细则报市住房保障管理部门，由市住房和城乡建设会同市发展改革、规划、国土资源等部门审核同意后组织实施。

第二十二条 本办法自 2009 年 8 月 1 日起施行。

六、关于廉租住房实物配租管理若干问题的通知

（北京市住房和城乡建设委员会 2009 年 8 月 1 日）

各区（县）建委（房管局）、发展改革委、财政局：

为加大廉租实物住房的保障力度，建立科学的管理机制，现就本市廉租住房实物配租管理的有关问题通知如下：

一、符合本市廉租住房申请条件，且符合以下情形之一的家庭可以申请实物配租：

（一）连续享受城市居民最低生活保障两年及以上的家庭；

（二）家庭收入连续两年低于本市城市低收入家庭认定标准，并且成员中有 55 周岁（含）以上男性或 50 周岁（含）以上女性；

（三）家庭成员中有严重残疾人员；

（四）家庭成员中有患大病人员；

（五）家庭住房为危房，且无其它住房；

（六）家庭住房已拆迁，且无其它住房；

（七）其他经住房保障部门认定的确需解决的住房困难家庭。

实物配租是指政府部门利用新建、收购的住房或以腾退的直管公房向上述家庭配租。

二、承租家庭应缴租金具体计算公式为：

月租金 = 月标准租金 × 配租房屋建筑面积 × (1 + 调节系数)。

标准租金按照折旧费、维修费、管理费、利息等因素并参照同类地段类似房屋市场租金水平确定；调节系数按照廉租实物住房的楼层、朝向等因素确定，原则上不超过 ±4%。

廉租实物住房项目标准租金和调节系数由市住房保障管理部门会同相关部门测算后发布。

三、住房保障管理部门会同财政部门根据家庭收入、实物配租的租金水平

等因素确定租房补贴标准,由区县住房保障管理部门计发具体的租房补贴数额,通过记账方式划转产权单位,承租家庭按应缴租金减去租房补贴后的差额支付实缴租金。

四、承租家庭应当与产权单位签订租赁合同,合同租期一般不超过5年。合同期满需继续承租的,承租家庭应在合同期满前3个月向区(县)住房保障管理部门提出申请,经审核符合条件的,与产权单位续签租赁合同。

五、产权单位应严格实行"收支两条线"管理,实缴租金收入纳入基金预算,专项用于廉租住房维护和管理,不足部分由同级财政预算解决。租金收缴、房屋维修养护等日常事务,产权单位可委托专业服务企业进行管理。

六、承租家庭因收入、资产、住房、人口等因素发生变化,不符合廉租住房承租条件的,区(县)住房保障管理部门应及时会同产权单位核减或停止计发租房补贴;承租家庭应主动腾退住房,不能腾退的,要按照同类地段类似房屋市场租金标准向产权单位缴纳租金。

七、本通知自2009年8月1日起施行。本通知施行前已承租廉租实物住房的家庭,租赁合同到期后,符合条件的,应按本通知规定重新签订租赁合同。

二〇〇九年七月十七日

七、关于进一步加强我市廉租住房建设和管理的若干意见

(北京市住房和城乡建设委员会 2010年12月31日
京住保〔2010〕36号)

各区县人民政府,市政府各委、办、局,各有关单位:

为进一步加强本市廉租住房建设,规范后期管理,明确和落实监管职责,确保符合廉租住房条件低收入家庭实现应保尽保,根据《关于加强廉租住房

管理有关问题的通知》(建保〔2010〕62号)和《北京市城市廉租住房管理办法》(京政发〔2007〕26号),现就廉租住房建设和管理有关问题提出以下意见:

一、加强廉租住房建设

(一)各区县政府应当通过新建、收购、租赁等多渠道筹集廉租住房房源。新增供应的廉租住房以在各类政策性住房、商品住房项目中配建为主,集中建设、收购、租赁为辅。

(二)各区县制定保障性住房年度建设、收购计划时,可统筹考虑廉租住房与公共租赁住房需求及建设、收购任务,并优先满足廉租住房申请家庭需求。

(三)各建设单位在规划设计和建设时,应当优先考虑廉租住房申请家庭实际需要,合理配备生活服务、休闲健身设施;严格执行《北京市无障碍设施建设和管理条例》,方便群众工作生活。

二、规范申请家庭原住房腾退管理

(四)廉租住房申请家庭原住房为承租公房(包括直管、自管)的,承租人应将原住房腾退给原产权单位。申请家庭承租的公房为申请家庭成员与其他承租人2人以上共同租赁的,原住房可由其他共同承租人继续承租。

公房原产权单位已不存在或不收回房屋且没有其他承租人的,承租人应当将原住房腾退给房屋所在地区县住房保障部门或其指定机构,由区县住房保障管理部门或其指定机构与公房原产权单位或代管单位办理承租人变更手续。区县住房保障管理部门可按照腾退住房面积给予腾退家庭一次性的腾房经济补助,经济补助标准由各区县政府按照本区县实际情况制定。腾房经济补助款由区县住房保障管理部门以申请家庭申请人的名义在银行开设专户存储,不实际发放,暂时不计入申请家庭资产;腾退申请家庭在退出并腾空廉租实物住房后,可到区县住房保障管理部门领取腾退相关款项及同期银行存款利息。

申请家庭原住房为承租的军产房的,可参照上述原则办理。

(五)廉租住房申请家庭原住房为私有住房且已纳入棚户区改造等公益性项目拆迁范围或位于首都核心功能区的,应当将原住房腾退给房屋所在地区县住房保障管理部门，具体腾退和补偿办法由各区县根据实际情况自行制定。原住房为私有住房的其他申请家庭，可选择腾退或不腾退；不腾退的按照差额面积发放廉租租金补贴或按差额面积配租。

未办理公房承租关系变更手续或未按规定办理房屋转移登记手续的申请家庭，不得参加廉租实物住房摇号。廉租实物住房实际入住前申请家庭可在原房内暂时居住。对已办理公房承租关系变更或房屋转移登记手续并已入住廉租住房，但仍不腾退原住房的，区县住房保障管理部门可依法向当地人民法院申请强制执行。

腾退住房由区县住房保障管理部门或其指定机构负责运营管理，可按照标准租金向其他符合廉租住房、公共租赁住房条件的家庭出租或按照市场价格面向社会出租出售，出租出售收入上缴同级财政部门，专项用于住房保障资金使用。

腾退住房所需经济补助资金、房屋收购资金纳入区县财政预算安排；腾退住房继续作为廉租住房使用的，所需经济补助资金、房屋收购资金由区县财政部门从廉租住房专项资金中列支。

三、加强廉租实物住房后期管理

（六）廉租住房工程竣工后，建设单位应当组织回购单位进行交接预验收，回购单位可聘请专业查验机构共同参加。建设单位应当根据回购单位提出的查验意见及时进行整改。建设单位组织质检相关部门进行工程竣工验收后，按规定和建设协议约定及时向产权单位交付经验收合格的房屋及附属设施设备及相关档案资料；交接双方应当依法办理承接验收手续。

（七）廉租住房的产权单位应当建立房屋设备、资金资产、人员居住使用等各项管理制度。做好房屋及附属设施设备接管，办理进住、更名、签订租赁合同等手续。按照租赁合同约定对房屋室内部分及附属设施设备进行维修（承租家庭自行加装或应当由专业服务单位负责的除外）。设立房屋管理帐册和档案，保存前期各项审批手续、图纸资料、账目、项目招投标合同以及竣工验收等相关资料。按季向区县住房保障管理部门报告廉租实物住房的使用、空置、房屋管理及费用收支等情况。

集中建设廉租住房物业管理，产权单位可自行或委托专业机构进行管理。

配建、收购廉租住房的物业管理应当纳入所在项目统一管理；在统一管理过程中，产权单位依法享有相应业主权利，并承担相应义务。

（八）房屋入住前，区县住房保障管理部门应当组织产权单位与承租家庭签订《北京市城镇廉租住房租赁合同》，明确双方权利义务；组织物业服务企业与承租家庭签订使用人公约。廉租住房租赁合同示范文本由市住房保障管理部门统一制定发布。

（九）廉租住房承租家庭在签订租赁合同时，应当办理廉租住房一卡通。一卡通由市住房保障管理部门统一制作，由委托的银行在承租家庭入住前免费发放。

（十）廉租住房承租家庭应当按照租赁合同约定，使用一卡通按时交纳租金。产权单位可委托银行承担缴期通知及定期催缴工作。对不按合同约定时间和数额缴纳租金并经两次催缴仍不缴纳的，可通报承租人所在单位从承租人工资收入中直接划扣。

（十一）鼓励承租家庭参与廉租实物住房保安、保洁等管理工作。积极帮助具备一定能力、条件的承租家庭成员实现社区内、就近就业。可组织承租家庭建立楼长负责制度，在社区居委会指导下开展各项活动。

（十二）同一廉租住房小区分属不同区县产权单位的，经市住房保障部门统一协调或各区县协商后，应当共同办理委托物业服务、测算项目标准租金等由产权单位负责的事项。

四、明确和落实监管职责

（十三）各区县人民政府应当健全管理机构、充实人员队伍，落实工作经费，切实抓好廉租住房建设、审核、分配及后期管理工作，严格执行并按时完成廉租住房建设和分配计划，计划完成情况纳入对区县人民政府政绩考核内容。

（十四）区县住房保障管理部门在报批廉租实物住房标准租金时，应当同时报送该项目后期管理方案，具体包括廉租住房项目的接收、入住、腾退、租金管理、房屋设备维护和对承租家庭资格审核和配租情况、年度复核及违规行为查处情况等内容。

（十五）承租家庭户籍所在区县住房保障管理部门应当对廉租承租家庭居

住情况进行定期巡查或抽查,会同民政部门定期对承租家庭的收入、人口、住房、资产等变动情况进行复核,廉租住房项目所在区县应当予以配合。廉租住房项目所在区县房屋行政主管部门应当加强对廉租住房使用情况的日常监督检查,加强对物业服务企业、中介机构等工作指导、监督、考核,对违规承接廉租住房转租等居间代理业务的予以查处。

(十六)廉租住房或配建的廉租住房所在社区的社区服务站应当为承租家庭联系、代办或协助办理社会保障、劳动就业、医疗保障和计划生育等公共服务事务,协助住房保障管理部门及产权单位开展廉租住房使用管理等工作。

廉租住房或配建的廉租住房所在社区应建立住房保障部门、社区居委会、社区服务站、派出所、产权单位、物业服务企业等相关单位的联系协调机制,定期听取居民的意见和建议,协商开展社区管理活动,化解矛盾纠纷,共同营造互助友爱、和睦相处的社区环境。

(十七)廉租住房项目所在区县政府应当建立公安消防、卫生防疫、市政市容、住房保障等部门的联动机制。各部门按照职责分工负责廉租住房小区治安、防火、环境、卫生等管理,对违法违规行为依照相关规定相互通报、联合查处;设立举报信箱,公开举报电话,加强社会监督。

(十八)对因家庭人口、收入等情况发生变化不再符合廉租住房条件但符合公共租赁住房条件的承租家庭,由区县住房保障管理部门取消廉租住房保障资格,承租家庭按照公共租赁住房标准缴纳租金;对既不符合廉租住房条件也不符合公共租赁住房条件的承租家庭,由区县住房保障管理部门取消廉租住房保障资格,并责令其在6个月内退回廉租住房,或按照两倍公共租赁住房标准租金缴纳租金;拒不退回住房或不按规定缴纳租金的,产权单位可向当地人民法院申请强制执行并通过新闻媒体予以曝光。

(十九)国家工作人员在廉租住房建设、管理过程中滥用职权、玩忽职守、徇私舞弊的,依法依纪追究责任;涉嫌犯罪的,移交司法机关处理。

(二十)本意见自2011年2月1日起施行。

二〇一〇年十二月二十八日

八、关于落实本市住房限购政策有关问题的通知

(北京市住房和城乡建设委员会　2011年2月17日
京建发〔2011〕65号)

各区县住房城乡建设委、房管局，开发区国土房管局，各房地产开发企业，各房地产经纪机构，各有关单位：

为深入贯彻落实《国务院办公厅关于进一步做好房地产市场调控工作有关问题的通知》（国办发〔2011〕1号）和《北京市人民政府办公厅关于贯彻落实国务院办公厅文件精神进一步加强本市房地产市场调控工作的通知》（京政办发〔2011〕8号）精神，合理引导住房需求，落实各项限购措施，现就有关问题通知如下：

一、自2011年2月17日起，对已拥有1套住房的本市户籍居民家庭（含驻京部队现役军人和现役武警家庭、持有有效《北京市工作居住证》的家庭，下同）、持有本市有效暂住证在本市没有住房且连续5年（含）以上在本市缴纳社会保险或个人所得税的非本市户籍居民家庭，限购1套住房（含新建商品住房和二手住房）；对已拥有2套及以上住房的本市户籍居民家庭、拥有1套及以上住房的非本市户籍居民家庭、无法提供本市有效暂住证和连续5年（含）以上在本市缴纳社会保险或个人所得税缴纳证明的非本市户籍居民家庭，暂停在本市向其售房。

二、各部门、各单位要按照《北京市人民政府办公厅关于贯彻落实国务院办公厅文件精神进一步加强本市房地产市场调控工作的通知》要求，严格执行住房限购政策，加强对居民家庭（含夫妻双方及未成年子女，下同）购房资格的审查。

三、居民家庭在购买住房前，应当向房地产开发企业、经纪机构或存量房网签服务窗口，提交下列材料：

（一）本市户籍居民家庭提交家庭成员身份证、婚姻证明、户籍证明的原件和复印件，拟购房人签字的《家庭购房申请表》、《购房承诺书》（详见

附件)。

驻京部队现役军人和现役武警家庭还应提供军(警)身份证件原件和复印件;持有有效《北京市工作居住证》的家庭,还应提交《北京市工作居住证》的原件和复印件。

(二)非本市户籍居民家庭提交家庭成员身份证明、婚姻证明的原件和复印件,拟购房人签字的《家庭购房申请表》、《购房承诺书》,有效暂住证,以及提交在本市缴纳个人所得税完税证明原件、复印件或提供已缴纳社会保险的家庭成员姓名、身份证信息备查。

四、房地产开发企业、经纪机构和存量房网签服务窗口对上述材料进行初步核查。对符合条件的,在北京市房地产交易系统中填报认购核验信息,并留存购房家庭提交的《家庭购房申请表》、《购房承诺书》原件及其他材料复印件。对不符合条件的,不予办理购房手续。

五、住房城乡建设部门会同相关部门在5个工作日内,对购房家庭资格进行核验。通过核验的购房家庭,方可办理网上签约手续。

网上签约完成后,房地产开发企业、经纪机构和存量房网签服务窗口应将《家庭购房申请表》、《购房承诺书》原件及其他材料复印件作为合同附件,并在申请办理房屋产权登记时一并提交。

六、房屋登记部门办理房屋产权登记手续时,应对购房家庭的资格证明材料和购房家庭已拥有住房状况进行核对,发现提供虚假材料、隐瞒住房状况的,不予办理产权登记。

七、市和区县住房城乡建设部门会同相关部门,加强对房地产开发企业、经纪机构执行限购政策情况的检查,发现未严格执行限购政策、未严格核查购房家庭有关材料的,依法严肃处理。

八、居民家庭已拥有住房包括已经完成房屋产权登记的住房和已进行网上签约但尚未完成产权登记的住房。

九、居民家庭成员中至少有一人具有本市户籍的,视为本市户籍居民家庭。

十、本通知自发布之日起执行。

二〇一一年二月十六日

九、关于印发《关于中关村国家自主创新示范区人才公共租赁住房建设的若干意见》的通知

(中关村科技园区管理委员会 2011年3月1日

中科园发〔2010〕50号)

各相关单位：

为落实中央及北京市领导关于建设人才公寓的指示精神，加快推进示范区人才公共租赁住房建设，市委组织部、市发展改革委、市财政局、市国土局、市规划委、市住房城乡建设委、中关村管委会联合制定了《关于中关村国家自主创新示范区人才公共租赁住房建设的若干意见》。现印发给你们，请遵照执行。

中关村科技园区管理委员会

中共北京市委组织部

北京市发展和改革委员会

北京市财政局

北京市国土资源局

北京市规划委员会

北京市住房和城乡建设委员会

二〇一〇年十二月二十三日

关于中关村国家自主创新示范区人才公共租赁住房建设的若干意见

为贯彻国务院关于建设中关村国家自主创新示范区的批复精神，落实国家和北京市中长期人才发展规划，加快建设中关村人才特区，培养和聚集优秀创新人才特别是产业领军人才，多渠道满足人才的住房需求，根据我市实际，结合《关于加快发展公共租赁住房的指导意见》（建保〔2010〕87号）和《北

京市公共租赁住房管理办法（试行）》（京建住〔2009〕525号），就中关村国家自主创新示范区人才公共租赁住房建设提出如下意见：

一、基本原则

（一）人才公共租赁住房是指政府提供政策支持，限定供应对象和租金水平，面向在示范区内创新创业的各类人才出租的住房，是北京公共租赁住房体系的组成部分。

（二）人才公共租赁住房的建设、分配和管理工作遵循政府主导、社会参与；统筹规划、配套齐全；多方筹集、统一管理；公平公开、严格监管的原则。

（三）人才公共租赁住房在立项审批、规划办理、土地供应、建设管理、资金筹集、税费减免、物业服务等方面适用国家和北京市关于公共租赁住房的有关政策。

二、建设目标

（四）人才公共租赁住房建设实现从2010年起，三年内筹集不少于1万套的目标。

三、住房建设

（五）人才公共租赁住房的房源主要通过北京市公共租赁住房、园区配套住房、中关村科学城内高校和企业自建的租赁住房、集体经济组织利用集体土地开展试点建设的租赁房、收购和改建的其他住房等多方渠道筹集。

（六）新建的人才公共租赁住房应围绕人才聚集区、研发聚集区、高端产业聚集区统一规划，采取集中建设或配建相结合的方式，分批次建设人才公共租赁住房并投入使用。

（七）各专业园区规划的配套居住用地应用于配建人才公共租赁住房。人才公共租赁住房建设用地应优先纳入年度土地供应计划，予以重点保障。

（八）园区配套建设的人才公共租赁住房单套建筑面积，可根据特殊人才需求，按照相关程序申报适当调整。

（九）人才公共租赁住房建设依据《北京市公共租赁住房建设技术导则（试行）》，可根据实际情况调整。

（十）由国有的园区开发建设企业投资建设的人才公共租赁住房，可由市区两级财政安排经费给予贷款贴息的资金支持。

四、申请、审核及配租

（十一）集体申请租赁人才公共租赁住房的单位应为中关村"十百千工程"培育企业、被纳入北京市重大科技成果转化和产业化统筹支持项目的企业等。

（十二）申请公共租赁住房的人员必须同时满足以下条件：

1. 申请人所在企业（单位）在中关村国家自主创新示范区内注册并纳税；

2. 申请人具有大学以上学历，或具有中级以上职称、高级技师资格；

3. 申请人必须是与所在企业（单位）签订一年以上劳动合同的从业人员；

4. 在北京市范围内无住房且没有享受过中央或北京市的其他优惠住房政策。

符合条件的人员可由单位统一申请。

（十三）具备以下条件之一的人员可优先申请：

1. 入选中央"千人计划"、"北京海外人才聚集工程"、"中关村高端领军人才聚集工程"的人员，及上述人员所创办企业的人员；

2. 列入示范区"十百千工程"、"百家创新型试点"、"瞪羚计划"等范围内的企业人员；

3. 在海外有5年以上学习工作经历，回到中关村工作时间不超过2年，并在中关村创新创业或就业的人员；

4. 属于中央或北京市重点引进的高层次创新人才、开发性创业人才、战略性新兴产业人才。

（十四）符合以上条件的人员由所在企业向所在园区的管理机构提出申请，园区管理机构按照本区县或园区相关规定进行审核，审核通过后向申请企业和人员发放人才公共租赁住房申请资格备案通知。

（十五）人才公共租赁住房采用公开公平公正的方式配租。

五、租赁管理

（十六）市、区两级政府对人才公共租赁住房给予一定比例的租金补贴。

（十七）按照保本微利的原则，以不高于同地段类似房屋市场租金确定人才公共租赁住房租金。由产权单位或房屋管理单位提出申请，报区县政府核准后实施。

（十八）人才公共租赁住房租赁最长不能超过工作合同期限，承租人需继续承租的，应在合同期满前3个月内提出申请，由产权单位会同相关单位复核，符合条件的续签租赁合同。连续租赁期限原则上最长不超过3年。符合承租条件的家庭只能承租一套人才公共租赁住房。

（十九）申请人才公共租赁住房单位和个人有开据虚假证明、未如实申报家庭收入或住房等情况，骗租人才公共租赁住房的，由管理单位或产权单位解除租赁合同，按同期市场标准补交租金并取消申请资格，5年内不得申请政策性住房。

六、附则

（二十）各区县、园区人才公共租赁住房管理机构应当依据本意见，结合本区县和园区的实际情况，制定申请审核、租金标准、配租管理、企业集体租赁等具体实施细则，经所在区县政府审核同意后组织实施。

（二十一）本意见未涉及的规定以北京市公共租赁住房相关规定为准。

（二十二）本意见自2011年1月1日起实施。

十、北京市人民防空工程和普通地下室安全使用管理办法

（2004年11月23日北京市人民政府第152号令公布

根据2011年7月11日北京市人民政府第236号令修改）

第一条　为了加强本市人民防空工程和普通地下室的安全使用管理，保障人民群众生命和财产安全，根据国家有关法律、法规，结合本市实际情况，制定本办法。

第二条　本办法适用于本市行政区域内平时使用的人民防空工程和普通地下室（以下统称"地下空间"）的安全使用管理。法律、法规另有规定的从其规定。

第三条 本市地下空间安全使用,坚持谁所有谁负责,谁使用谁负责的原则。

人民防空工程安全使用责任由人民防空工程使用许可被许可使用人承担。

普通地下室安全使用责任由普通地下室所有权人承担。所有权人委托物业服务企业以及其他单位、个人管理的,受托管理人应当按照规定和约定承担普通地下室安全使用责任。

第四条 利用地下空间从事商业、文化娱乐业、旅店业以及其他生产经营活动或者作为居住场所的,地下空间的被许可使用人、所有权人及受托管理人(以下统称"安全使用责任人")应当保证地下空间符合下列条件:

(一)符合防火、卫生等管理规定,并经公安消防机构、卫生主管部门依法检查合格。

(二)房屋建筑安全,不存在危险构件。

(三)具有上下水、卫生间、用电设施。

(四)通风良好,设置机械通风系统或者空气调节装置,并保证有效使用。地下空间平时使用必需的新风量,以及相应的新风系统、回风系统等设置符合设计规范要求。

(五)具有防汛、防雨水倒灌设施。

(六)按规定设置和配备机械防烟排烟系统、自动喷淋系统、应急照明系统、火灾自动报警系统以及其他消防设施和器材。

第五条 地下空间的安全使用责任人利用地下空间,应当遵守下列规定:

(一)制定落实治安、消防、卫生、建筑等管理法律、法规、规章的具体措施。

(二)建立防火、防汛、治安、卫生等责任制度。提供给他人使用的,与使用人签订地下空间安全使用责任书,明确使用人对地下空间的安全使用义务,并对使用人履行义务的情况进行监督;发现使用人违反安全管理法律、法规、规章或者安全使用义务的,及时制止、纠正,并向有关行政主管部门报告。

(三)使用人民防空工程,应当按照所在地区县人民防空主管部门批准的要求使用。

（四）不得擅自改变地下空间工程的主体结构或者拆除地下空间工程的设备设施。

（五）安全出口和疏散通道符合安全规范。安全出口不得采用卷帘门、转门、吊门或者侧拉门，门向疏散方向开启。

（六）在地下空间的入口处设置人民防空主管部门、建设（房屋）行政主管部门制发的人民防空工程、普通地下室使用标志牌。

（七）建立安全设施检查、维修管理制度，保障安全设施正常使用。

（八）对有关行政主管部门检查发现的事故隐患，在规定的时间内予以消除。

（九）依法及时报告火灾、传染病疫情等突发性事件。

（十）不得将地下空间出租给无合法有效证件、证明的单位或者个人。

（十一）遵守国家及本市其他有关地下空间安全使用的管理规定。

第六条 地下空间的使用人，应当遵守下列规定：

（一）履行地下空间安全使用责任书中的安全使用义务和本办法第五条第（四）项、第（八）项、第（九）项的规定。

（二）根据不同的使用性质，保证地下空间在使用中符合国家规定的相关行业的卫生标准。

（三）装饰、装修材料符合国家和本市规定的消防、卫生要求；进行装饰、装修等施工作业期间，不得投入使用。

（四）不得存放液化石油气钢瓶，不得使用液化石油气和闪点小于60℃的液体做燃料。

（五）保障安全出口、疏散通道畅通，有人时不得上锁。

（六）不得在地下空间内从事危险化学品、烟花爆竹等危险物品的生产经营。不得在地下空间内储存易燃易爆物品。

（七）按照国家有关消防安全技术规定安装、使用电器产品，设计、敷设用电线路；禁止超负荷用电。

（八）不得在地下空间内设置油浸电力变压器和其他油浸电气设备。

（九）地下空间内所容纳的人员不得超过核定人数。核定人数的具体办法和标准，由市人民防空主管部门、建设（房屋）行政主管部门制定。

（十）对从业人员进行安全教育，并制定安全事故应急救援预案。

（十一）遵守国家及本市其他有关地下空间安全使用的管理规定。

第七条 利用地下空间从事旅店业，设置宿舍，以及作为其他居住场所的，地下空间的安全使用责任人、使用人除应当遵守本办法第五条、第六条规定外，还应当遵守下列规定：

（一）房间内人均使用面积不得少于4平方米。

（二）不得设置上下床。

（三）配备有效的防灭病媒生物设施、消毒设施和垃圾、废弃物的存放专用设施。

第八条 地下空间的安全使用应当符合本市有关房屋建筑使用安全管理、治安管理和房屋租赁管理的相关规定以及规范、标准。

地下空间用于出租的，应当按照本市房屋租赁管理的相关规定办理登记。禁止将违法建设的地下空间出租，禁止将规划用途为非居住用途的地下空间出租居住。

第九条 市和区县人民防空主管部门、建设（房屋）行政主管部门分别负责人民防空工程、普通地下室安全使用的综合管理工作。市和区县安全生产监督管理部门负责对地下空间内安全生产工作实施综合监督管理。

规划、公安、卫生、工商、文化等行政主管部门，应当按照法律、法规、规章和市人民政府规定的安全监管职责，负责地下空间安全使用的相关管理工作。

第十条 区县人民政府按照属地管理的原则，负责本行政区域内地下空间安全使用的综合治理工作，建立地下空间安全使用巡查和考核制度。

第十一条 街道办事处和乡、镇人民政府组织、协调并监督人民防空、建设（房屋）、安全生产、规划、公安、卫生、工商、文化等职能部门派出机构或者专职人员对本辖区内地下空间的行政执法工作。

街道办事处和乡、镇人民政府应当建立对本辖区内地下空间安全使用的巡视制度，定期清查本辖区内地下空间的使用情况；发现违法使用地下空间或者地下空间存在事故隐患的，及时通知有关行政主管部门。有关行政主管部门接到通知后，应当及时依法处理。

第十二条　市人民防空主管部门应当编制市人民防空工程使用总体规划，各区县人民防空主管部门应当根据市人民防空工程使用总体规划和本行政区域实际情况，制定区县人民防空工程使用规划，报市人民防空主管部门同意后经区县人民政府批准公布。

平时使用人民防空工程应当优先满足社会公益性事业的需要，居住区内的人民防空工程应当优先满足居住区配套服务和社区服务的需要。

第十三条　平时使用人民防空工程，应当符合人民防空工程使用规划，并依法申请人民防空工程使用许可。

人民防空主管部门对申请进行审查时，应当对人民防空工程进行查验，确保其符合安全使用条件；作出行政许可决定时，应当明确人民防空工程及其设施设备使用的范围。

人民防空工程使用许可有效期为1年，期限届满，被许可使用人可以申请延期使用许可，对按照规定使用的申请人，人民防空主管部门应当准许延期。

第十四条　使用普通地下室，应当符合规划确定的使用用途，使用人不得擅自改变使用用途。

第十五条　使用普通地下室从事商业、文化娱乐业以及其他生产经营活动或者作为居住场所的，装饰装修及使用前应当向普通地下室所在地区县建设（房屋）行政主管部门办理备案。办理普通地下室备案时应当提交下列材料：

（一）使用人对使用用途、范围和期限的说明。

（二）产权登记证明或者所有权人共同决定使用普通地下室的证明。

（三）按规划用途使用的，提交规划文件；规划用途不明确的，提交规划部门对使用用途确认的文件；改变规划用途的，提交规划部门变更规划文件。

（四）卫生主管部门检查合格证明或者具有相应资质的检测机构出具的通风系统和空调系统卫生检测合格证明。

（五）依法须经消防安全检查方可投入使用、营业的，提交公安消防机构出具的消防安全检查合格证明。

（六）进行结构改造的，提交房屋安全鉴定机构出具的房屋结构安全鉴定报告。

（七）依法应当提交的其他文件。

使用人提交材料齐全的,建设(房屋)行政主管部门应当在15日内备案。备案情况发生变更的,使用人应当在30日内向建设(房屋)行政主管部门办理变更备案。

第十六条 利用地下空间从事生产经营活动需要取得相关证照的,行政主管部门办理证照时,应当核实地下空间使用许可或者备案的情况,对不符合条件的,不予办理相关证照。

第十七条 市和区县人民防空主管部门、建设(房屋)行政主管部门应当健全所管理的地下空间的数量、位置、面积、产权人和管理单位等基本情况的记录档案。区县人民防空主管部门、建设(房屋)行政主管部门应当将记录档案提供给街道办事处和乡、镇人民政府使用。

第十八条 安全生产、人民防空、建设(房屋)、公安、卫生、工商、文化等负有地下空间安全使用管理职责的行政主管部门对利用地下空间从事生产经营的单位进行监督检查时,行使以下职权:

(一)进入地下空间进行检查,调阅有关资料,向有关单位和人员了解情况。

(二)对检查中发现的安全生产违法行为,当场予以纠正或者要求限期改正;对依法应当给予行政处罚的行为,依法作出行政处罚决定。

(三)对检查中发现的事故隐患,应当责令立即排除;重大事故隐患排除前或者排除过程中无法保证安全的,应当责令有关人员从危险区域内撤出,责令暂时停产停业或者停止使用;重大事故隐患排除后,经审查同意,方可恢复生产经营和使用。

(四)对有根据认为不符合保障安全生产的国家标准或者行业标准的设施、设备、器材予以查封或者扣押,并应当在15日内依法作出处理决定。

第十九条 地下空间存在结构安全问题的,负责地下空间综合管理工作部门可以委托房屋安全鉴定机构进行鉴定,经鉴定应当停止使用的,责令使用人停止使用、搬出地下空间;使用人拒不搬出,情况紧急危及公共安全,为预防突发事件的发生,区县人民政府可以责成有关部门组织搬出,并妥善安置。

地下空间不具备通风系统和空调系统,或者通风系统和空调系统存在卫生安全问题,卫生行政主管部门依法责令停止使用的,负责地下空间综合管理工作部门应当责令居住使用人搬出，居住使用人拒不搬出，情况紧急危及公共安全，为预防突发事件的发生，区县人民政府可以责成有关部门组织搬出，并妥善安置。

地下空间使用存在消防违法行为，经公安消防机构依法责令停止使用，违法行为人拒不执行的，由公安消防机构强制执行。

第二十条　有下列违法行为的，由区县人民防空主管部门责令改正，依法予以处罚。当事人在法定期限内不申请行政复议或者提起行政诉讼，又不履行行政决定的，区县人民防空主管部门可以依法申请人民法院强制执行：

（一）侵占人民防空工程的；

（二）未经批准使用人民防空工程的；

（三）擅自改变批准使用用途的；

（四）擅自改造人民防空工程、拆除人民防空工程设备设施或者采用其他方法危害人民防空工程安全和防空效能的。

第二十一条　地下空间安全使用责任人违反本办法第五条规定，不履行安全管理义务的，由有关部门依照下列规定处罚：

（一）违反本办法第五条第（一）项、第（二）项规定的，由人民防空主管部门、建设（房屋）行政主管部门处500元以上1000元以下罚款。

（二）违反本办法第五条第（六）项规定的，由人民防空主管部门、建设（房屋）行政主管部门处500元以上1000元以下罚款。

（三）违反本办法第五条第（十）项规定的，由区县公安机关处1000元罚款。

第二十二条　地下空间的使用人违反本办法第六条第（二）项、第（三）项、第（四）项、第（五）项、第（六）项、第（七）项、第（八）项、第（十）项规定的，由公安消防机构、卫生主管部门、安全生产监督管理部门依法处理。

地下空间的使用人违反本办法第六条第（九）项规定，地下空间容纳的人员超过核定人数的，由人民防空主管部门、建设（房屋）行政主管部门责令改正，并处3万元罚款。其中对作为文化娱乐场所的，由公安机关责令改正，给予警告，责令停业整顿，并处1000元以上1万元以下罚款；情节严重的，由工商行政管理部门依法吊销营业执照。

第二十三条 地下空间安全使用责任人、使用人违反本办法第七条第（一）项、第（二）项规定，对设置旅馆的，由区县公安机关处1万元以上3万元以下罚款；对设置宿舍，以及作为其他居住场所的，由区县公安机关处500元以上1000元以下罚款。

第二十四条 违反本办法第十五条规定，出租、使用普通地下室未依法向建设（房屋）行政主管部门登记备案的，由建设（房屋）行政主管部门责令改正，并可对从事经营活动的处1万元以上3万元以下罚款，对从事非经营活动的处500元以上1000元以下罚款。

第二十五条 建设单位未组织竣工验收或者验收不合格，擅自交付使用人民防空工程的，由建设（房屋）行政主管部门按照建设工程质量管理的相关规定予以处罚。

第二十六条 本办法自2005年1月1日起施行。

十一、北京市房屋租赁管理若干规定

（2007年11月3日北京市人民政府第194号令发布
根据2011年5月5日北京市人民政府第231号令修改）

目 录

第一章 总　　则
第二章 出租登记
第三章 管理规范
第四章 监督检查
第五章 法律责任
第六章 附　　则

第一章 总 则

第一条 为了加强房屋租赁管理，维护社会秩序，保护房屋租赁当事人的合法权益，根据有关法律、法规，结合本市实际情况，制定本规定。

第二条 本市行政区域内的房屋租赁依照本规定管理。

第三条 房屋租赁管理坚持管理与服务相结合的原则，实行属地管理。

第四条 本市各级人民政府应当加强对房屋租赁管理工作的领导，建立出租房屋管理机构。出租房屋管理机构具体负责房屋租赁管理的组织、指导、协调、监督等综合管理工作。

公安机关负责出租房屋治安管理、消防管理和租赁当事人的户籍管理。

建设（房屋）行政部门负责房屋租赁市场、出租房屋建筑结构安全的监督管理和房地产经纪的行业管理。

工商行政管理部门负责对经纪活动进行综合监督管理，查处利用出租房屋进行无照经营等违法经营行为。

民防行政部门负责人防工程的租赁管理。

卫生、人口计生、规划、税务、国家安全和城市管理综合执法等行政部门应当按照各自职责做好房屋租赁的管理工作。

第五条 区、县人民政府应当在社区、村建立负责房屋租赁管理、服务的基层管理服务站（以下简称基层管理服务站），并保障其工作所需的经费、办公场所。

第六条 居民委员会、村民委员会等基层组织应当协助有关行政部门做好房屋租赁管理工作，督促出租人、承租人自觉遵守国家和本市房屋租赁管理规定。

居民委员会、村民委员会可以根据本地区实际，组织居民制定房屋租赁管理公约，对房屋租赁实行自治管理。

第七条 租赁房屋的，出租人和承租人应当依法签订房屋租赁合同。合同内容应当包括房屋基本情况、租金、租赁期限、租赁用途、违约责任等。

房屋租赁期限内未经承租人同意，出租人不得擅自缩短租赁期限、增加租金。

市建设（房屋）行政部门应当会同市工商行政管理部门制定房屋租赁合同示范文本，向社会公布。

第八条 出租人出卖租赁房屋的，应当在出卖之前的合理期限内通知承租人，承租人享有以同等条件优先购买的权利。

房屋在租赁期限内因买卖、继承、赠与等发生所有权变动的，不影响租赁合同的效力。

第九条 本市鼓励、支持出租人和承租人签订长期居住租赁合同，建立稳定的租赁关系。

租赁市场在短期内出现租金较大波动等异常变化，市人民政府可以授权市发展改革、市建设（房屋）等行政部门采取必要的临时干预措施，稳定租赁市场。

第十条 市和区、县人民政府应当制定计划，通过建设、收购等多种方式提供廉租房、公共租赁房。

本市鼓励企业、个人投资建设公共租赁房。

第二章　出租登记

第十一条 租赁房屋用于居住的，应当进行出租登记。

出租人应当自与承租人订立房屋租赁合同之日起 7 日内，到房屋所在地的基层管理服务站办理房屋出租登记手续，并填报下列内容：

（一）出租人、承租人姓名或者名称、证件种类和号码、住所地，实际居住人员的姓名、身份证件种类和号码、户籍地；

（二）出租房屋的基本情况、租金和租赁期限；

（三）房屋权属证书或者房屋来源证明；

（四）本市规定的其他内容。

第十二条 房屋租赁合同变更或者终止的，出租人应当自合同变更或者终止之日起 5 日内，到房屋所在地的基层管理服务站办理登记变更、注销手续。

在房屋租赁合同有效期内，居住人员发生变更的，承租人应当自变更之日起 2 日内告知基层管理服务站，办理变更登记手续。

第十三条　房地产经纪机构从事房屋租赁居间活动,应当书面告知租赁当事人到房屋所在地基层管理服务站办理房屋出租登记手续;提供房屋租赁经纪委托代理业务的,房地产经纪机构应当按照本规定第十一条、第十二条第一款的规定,办理房屋出租登记、变更、注销手续或者按照市建设(房屋)行政部门的规定通过房屋租赁合同网上备案系统填报相关信息。

第十四条　基层管理服务站应当为办理房屋出租登记的当事人提供下列服务:

(一)宣传有关房屋租赁管理的规定和安全使用房屋的知识;

(二)告知有关人员办理流动儿童入学、国家免疫规划项目的预防接种、计划生育免费技术服务等事项的规定和流程;

(三)根据当事人的要求出具与房屋租赁有关的证明;

(四)受当事人委托,提供办理暂住登记、暂住证件,办理普通地下室登记备案,交验、登记流动人口婚育证明,纳税代办服务等;

(五)提供维权服务信息;

(六)市和区、县人民政府规定的其他服务项目。

第十五条　基层管理服务站办理出租登记、为当事人提供服务,不得收取任何费用。基层管理服务站不得从事或者变相从事经营性活动。

第三章　管理规范

第十六条　出租房屋的安全由房屋所有人负责。房屋承租人应当对其使用行为负责。

房屋所有人将出租登记的房屋委托他人管理的,应当书面报告房屋所在地的基层管理服务站。

第十七条　出租房屋的建筑结构和设备设施,应当符合建筑、消防、治安、卫生等方面的安全条件,不得危及人身安全。

禁止将违法建筑和其他依法不得出租的房屋出租。

第十八条　出租人有权对承租人使用房屋的情况进行监督。出租人不得向无身份证明的人出租房屋;不得以出租房屋的方式为非法生产经营活动提供便利条件;发现承租人利用出租房屋有犯罪活动嫌疑的,及时向公安机关报告。

出租人出租房屋的收入，应当依法纳税。

第十九条 承租人应当配合出租人进行房屋出租登记；不得擅自改变承租房屋的规划设计用途，不得利用租赁房屋从事非法生产、加工、储存、经营爆炸性、毒害性、放射性、腐蚀性物质或者传染病病原体等危险物质和其他违法活动，不得损害公共利益或者妨碍他人正常工作、生活。

第二十条 出租房屋人均居住面积不得低于本市规定的标准。具体标准由市建设（房屋）行政部门会同市公安、市规划、市卫生等有关行政部门制定。

不得将厨房、卫生间、阳台、地下储藏室等作为卧室出租供人员居住。

第二十一条 集中出租房屋供他人居住，出租房间达到10间以上或者出租房屋居住人员达到15人以上的，出租人应当建立相应的管理制度，明确专门的管理人员，设置监控、灭火等治安防范、消防设备设施和安全通道，并建立信息登记簿或者登记系统。

单位承租房屋作为集体宿舍供本单位职工居住的，单位应当按照前款规定履行安全管理职责。

公安机关应当统一印制出租房屋多人居住登记簿册供出租人免费领取。

第二十二条 向境外单位、人员出租、转租、转借房屋，或者承租人留住境外人员的，出租人、承租人应当遵守国家和本市有关国家安全管理的规定。

第二十三条 房屋管理单位应当按照下列规定对房屋进行安全管理：

（一）建立房屋安全管理制度，落实各项管理措施。

（二）按规定对所管房屋进行安全检查，并将安全检查情况予以记录，妥善保存。

（三）按照有关行政部门或者基层管理服务站的要求提供房屋安全检查结果。

（四）发现危及房屋使用安全或者其他违法行为的，立即制止，并督促责任人改正；拒不改正的，及时报告房屋所在地有关行政部门依法处理。

第二十四条 公安、工商行政管理、民防、卫生、文化、新闻出版、教育等行政部门在办理相关行政许可时依法应当审查活动场所的，应当审查租赁房屋的使用用途是否符合规划设计用途,是否符合法律、法规、规章有关活动场所的规定;不符合的,不予办理相关行政许可。

第二十五条 从事房屋租赁经纪业务的机构应当依法成立,取得营业执照,符合国家和本市规定的条件,并应当自成立之日起30日内,将机构和从业人员的基本情况等信息报送所在区、县建设(房屋)行政部门。

从事房屋租赁经纪活动的人员,应当取得相应的房地产经纪资格证书。未取得房地产经纪资格证书的人员,不得从事房屋租赁经纪活动。

第二十六条 本市对房屋租赁经纪委托代理业务实行银行代收代付、风险准备金、客户资金与自有资金分账户管理等资金监管制度。具体办法由市建设(房屋)行政部门会同有关部门制定。

第二十七条 房地产经纪机构及其经纪人员从事房屋租赁经纪业务,应当遵守下列规定:

(一)在经营场所公示服务内容、服务标准、房地产经纪资格证书复印件。

(二)房屋租赁经纪业务,由房地产经纪机构统一受理并与委托人签订书面经纪合同,统一收取佣金、开具发票。房地产经纪人员不得以个人名义承揽业务。

(三)房地产经纪人员不得同时在两个或者两个以上房地产经纪机构执行业务。

(四)不得伪造、变造、买卖、租借房地产经纪资格证书。

(五)不得占用、挪用或者拖延支付客户资金。

(六)不得居间、代理出租不符合出租条件的房屋。

(七)不得违反有关规定从事居间、代理业务范围以外的其他经营活动。

第四章 监督检查

第二十八条 建设(房屋)行政部门应当建立房屋租赁市场信息系统,为单位和个人提供房屋租赁市场信息、房地产经纪机构经纪活动信用记录等租赁信息服务。

第二十九条 本市按照统一规划、资源共享的原则,建立房屋租赁综合管理信息系统平台,对房屋租赁信息实行动态管理。

管理、使用房屋租赁信息的部门及其工作人员,应当对房屋租赁信息保密,维护当事人的合法权益。

第三十条 公安、建设(房屋)、工商行政管理、民防、卫生、人口计生、规划、文化、教育、税务和城市管理综合执法等行政部门应当建立执法责任制,落实对房屋租赁管理的监督检查责任;在执法中发现不属于本部门查处的违法行为的,应当及时告知同级出租房屋管理机构,出租房屋管理机构应当及时告知有关行政部门依法查处。

房屋管理单位、房地产经纪机构、房屋租赁当事人应当配合有关行政部门对房屋租赁进行管理。

第三十一条 市和区、县有关行政部门,街道办事处,乡、镇人民政府应当按照各自职责,做好对基层管理服务站及其工作人员的培训、指导工作。

第三十二条 基层管理服务站应当建立巡视制度,采集房屋租赁信息,对房屋租赁情况进行日常检查,并做好下列工作:

(一)发现登记信息不实的,予以更正;

(二)发现未登记的,进行补登;

(三)发现房屋存在安全隐患的,督促出租人或者承租人进行整改;

(四)发现违反治安、消防、卫生、计划生育、建筑结构安全等管理规定的违法行为,报告上级出租房屋管理机构或者其他有关行政部门。

第三十三条 建设(房屋)、工商行政管理等行政部门对房地产经纪机构履行监督检查职责时,可以检查有关资料,了解房地产经纪业务情况和客户资金、风险准备金等方面的管理情况;可以要求被检查单位提供房地产经纪机构营业执照、房地产经纪人员资格证书。

建设(房屋)、工商行政管理等行政部门可以根据国家和本市有关规定向社会公布监督检查的有关信息。

第五章 法律责任

第三十四条 具有房屋租赁管理职责的行政部门及其工作人员玩忽职守、滥用职权、徇私舞弊的,由其上级部门或者监察机关责令改正;情节严重的,对直接负责的主管人员和其他直接责任人员依法给予行政处分；构成犯罪的，依法追究刑事责任。

第三十五条 对违反本规定的下列行为，由公安机关按照下列规定处罚：

（一）出租人、承租人、房地产经纪机构未按照本规定第十一条、第十二条规定办理房屋出租登记、变更、注销手续的，责令改正，处200元以上500元以下罚款。

（二）违反本规定第十七条规定，出租的房屋存在治安、消防安全隐患的，责令改正，并可处1000元以上3万元以下罚款。

（三）违反本规定第十八条第一款规定，出租人向无身份证明的人出租房屋，或者发现承租人利用出租房屋有犯罪活动嫌疑，不向公安机关报告的，处200元以上500元以下罚款。

（四）违反本规定第十九条规定，承租人使用租赁房屋时损害公共利益或者妨碍他人正常工作、生活的，处警告，并责令改正；逾期拒不改正的，处200元以上500元以下罚款。

（五）违反本规定第二十一条第一款、第二款规定，出租人、单位未落实安全管理责任的，责令改正，并可处1万元以上3万元以下罚款；造成严重后果的，处3万元以上10万元以下罚款。

第三十六条 对违反本规定的下列行为，由建设（房屋）行政部门按照下列规定处罚：

（一）违反本规定第十七条规定，出租的房屋存在建筑安全隐患的，责令改正，并可处1000元以上3万元以下罚款。

（二）违反本规定第二十条规定，出租人违反出租房屋限制条件的，责令改正，情节严重的，可处5000元以上3万元以下罚款；房地产经纪机构及其经纪人员从事房屋租赁经纪业务违反出租房屋限制条件的，责令改正，处3万元以上10万元以下罚款。

（三）违反本规定第二十五条第一款规定，房地产经纪机构未按照规定报送相关信息的，责令改正，并可处1万元以上3万元以下罚款。

（四）违反本规定第二十六条规定，房地产经纪机构未落实资金监管制度的，责令改正，并处1万元以上3万元以下罚款。

（五）房地产经纪机构及其经纪人员从事房屋租赁经纪业务，违反本规定第二十七条第（二）项、第（三）项、第（六）项规定，或者违反第（四）项规定，租借房地产经纪资格证书的，责令改正，处1万元以上3万元以下罚款。

第三十七条　对违反本规定的下列行为，由工商行政管理部门按照下列规定处罚：

（一）违反本规定第二十五条第二款规定，房地产经纪机构使用未取得房地产经纪资格证书的人员从事房屋租赁经纪活动的，处1万元以上3万元以下罚款；

（二）违反本规定第二十七条第（一）项、第（五）项规定，房地产经纪机构违规经营的，责令改正，处1万元以上3万元以下罚款；

（三）违反本规定第二十七条第（七）项规定，房地产经纪机构违反有关规定从事居间、代理业务范围以外的其他经营活动，按照登记管理的有关规定进行处罚。

第三十八条　违反本规定第十七条规定，出租的房屋存在卫生安全隐患的，由卫生行政部门责令改正，并可处1000元以上3万元以下罚款。

第三十九条　出租人、承租人在房屋租赁活动中发生纠纷的，应当协商解决；协商不成，出租人、承租人可以向人民调解委员会、房地产中介行业协会、建设（房屋）行政部门或者其他相关单位申请调解，也可以依法申请仲裁或者提起诉讼。

第四十条　对违反本规定的行为，其他法律、法规、规章已经规定行政处罚的，由有关行政部门依法处理；构成犯罪的，依法追究刑事责任。

第六章　附　则

第四十一条　本规定自2008年1月1日起施行。1995年6月13日北京市人民政府第13号令发布，根据1997年12月31日北京市人民政府第12号令第一次修改，根据2004年6月1日北京市人民政府第150号令第二次修改的《北京市外地来京人员租赁房屋治安管理规定》同时废止。

十二、北京市住房和城乡建设委员会 北京市公安局 北京市规划委员会 关于公布本市出租房屋人均居住面积标准等有关问题的通知

(北京市住房和城乡建设委员会 2013年7月18日 京建法〔2013〕13号)

各区县人民政府，亦庄开发区管委会，各有关单位：

为进一步规范本市住房租赁管理，维护住房租赁市场秩序，保障出租房屋使用安全，根据《商品房屋租赁管理办法》（住房和城乡建设部令第6号）、《北京市房屋租赁管理若干规定》（北京市人民政府令第194号发布，根据北京市人民政府令第231号修订）等相关规定，经市政府同意，市住房城乡建设委、市公安局、市规划委会同市卫生局等相关部门，就本市出租房屋人均居住面积标准等有关问题通知如下：

一、本市住房出租应当符合建筑、消防、治安、卫生等方面的安全条件，应当以原规划设计为居住空间的房间为最小出租单位，不得改变房屋内部结构分割出租，不得按床位等方式变相分割出租。厨房、卫生间、阳台和地下储藏室等不得出租供人员居住。

出租房屋人均居住面积不得低于5平方米，每个房间居住的人数不得超过2人（有法定赡养、抚养、扶养义务关系的除外）。法律法规另有规定的，从其规定。

本通知所指居住面积，是指规划设计为居住空间的房间的使用面积。

二、房屋出租人和承租人应当依法签订房屋租赁合同，租赁合同应当载明承租房屋间数、居住面积、居住人数等情况，并且明确约定相应的违约责任等内容。

出租房屋的安全由房屋所有人负责。出租人应当确保所出租房屋符合规定的安全条件，并自与承租人订立房屋租赁合同之日起7日内到房屋所在地基层管理服务站办理房屋出租登记手续。出租人应当对承租人使用房屋的情况进行

监督，发现承租人违反相关规定和合同约定的，应当及时纠正，并报告相关行政部门。

房屋承租人应当对其使用行为负责。承租人未按照相关规定和合同约定使用房屋的，应当承担相应法律责任。

三、房地产经纪机构及经纪人员应依法开展房屋租赁经纪业务，不得为违反本规定的房屋租赁当事人提供经纪服务，不得参与或者教唆他人参与违反本规定的租赁行为。经纪机构及经纪人员违反本规定的，依法查处，记入信用档案，并向社会公示；涉嫌犯罪的，依法追究刑事责任。

四、住宅物业小区业主大会、业主委员会应当加强自我管理。业主大会应根据本规定及时修订和完善管理规约，增加人均居住面积标准等相关租赁限制条款。明确违反管理规约出租、转租房屋并严重影响相邻房屋业主正常居住的，业主委员会可书面责成出租人及时终止租赁行为；业主对侵害自己合法权益的租赁行为，可以依法向人民法院提起诉讼。

五、物业服务企业和房屋管理单位要强化服务意识，积极配合基层管理服务站和相关行政部门做好房屋出租登记和租赁合同备案工作，对发现的违规租赁行为要及时书面报告业主委员会和相关行政部门并存档备查。

六、落实属地监管责任。各区县人民政府应将房屋租赁综合治理纳入城市网格化管理体系，由乡镇、街道办事处牵头，派出所、基层管理服务站、居（村）民委员会及相关行政部门共同参与，加强出租房屋登记管理，建立出租房屋管理台账，完善房屋租赁巡检、发现与报告机制，实现对房屋租赁的动态监管。

七、建立综合治理机制。各相关行政部门要按照自身职责任务，各负其责，协调配合，加强联动，形成合力，加强对违规租赁行为的综合治理，确保各项措施得到落实。

住房城乡建设主管部门应对违反出租房屋面积标准限制条件和出租存在建筑安全隐患房屋的行为进行查处，并会同相关行政部门加强对房地产经纪机构违法违规行为的综合治理。

公安部门应对出租房屋未按规定办理登记手续，存在治安、消防安全隐患，妨碍他人正常工作、生活的行为，以及当事人不配合执法检查等行为依法严肃处理。

规划主管部门负责对建设工程规划许可证中规划建筑性质不明确的，予以明确。

八、各区县人民政府及相关行政部门要将房屋租赁治理纳入日常管理工作，畅通投诉举报渠道，加强执法查处工作。

九、本通知自发布之日起施行。

北京市住房和城乡建设委员会

北京市公安局

北京市规划委员会

2013年7月1日

参考文献

著作：

北京市地方志编撰委员会办公室：《北京房地产志》，北京出版社 1995 年版。

北京市地方志编纂委员会办公室：《北京建筑志》，北京出版社 2002 年版。

北京市社会科学院北京城区角落调查课题组：《北京城市角落调查》，社会科学文献出版社 2005 年版。

北京市统计局：《北京统计年鉴》（2004—2007），中国统计出版社 2004—2007 年版。

北京市统计局：《数说北京改革开放 30 年》，中国统计出版社 2008 年版。

北京市住房与城乡建设委员会：《北京房地产年鉴》（2012），中国质检出版社 2012 年版。

北京市住房与城乡建设委员会：《北京建设年鉴》，2008。

北京市社会科学院"北京城市角落调查"课题组：《北京城市角落调查》（NO.1），社会科学文献出版社 2005 年版。

陈劲松：《公共住房浪潮——国际模式与中国安居工程的比较研究》，机械工业出版社 2006 年版。

陈映芳：《都市大开发：空间生产的政治社会学》，上海古籍出版社 2009 年版。

费孝通：《乡土中国》，人民出版社 2008 年版。

冯俊：《住房与住房政策》，中国建筑工业出版社 2009 年版。

贾康、刘军民：《中国住房制度改革问题研究：经济社会转轨中"居者有其屋"的求解》，经济科学出版 2006 年版。

金俭：《中国住宅法研究》，法律出版社 2004 年版。

景天魁、何健、邓万春、顾金土：《时空社会学理论与方法》，北京师范大学出版社 2012 年版。

马克思、恩格斯：《马克思恩格斯选集》（第一卷），人民出版社 1972 年版。

马克斯·韦伯：《经济与社会》，杭聪译，商务印书馆 1997 年版。

胡建国：《中国城市阶层：北京镜像》，社会科学文献出版社 2011 年版。

贺雪峰：《新乡土中国》，广西师范大学出版社 2003 年版。

何可人、姚凤城和张智山：《住宅与社会——住宅社会学论文集》（一、二、三册），中国住宅研究会住宅社会学学术委员会内部编辑出版，1990 年。

侯佳伟：《北京流动人口聚集地：趋势、模式与影响因素》，光明日报出版社 2010 年版。

李斌：《中国城市空间阶层化研究》，光明日报出版社 2013 年版。

李剑阁主编：《中国房改现状与前景》，中国发展出版社 2007 年版。

李强：《农民工与中国社会分层》，社会科学文献出版社 2004 年版。

李强：《社会阶层十讲》，社会科学文献出版社 2008 年版。

廉思：《蚁族——大学毕业生聚居村实录》，广西师范大学出版社 2009 年版。

陆学艺：《当代中国社会阶层研究报告》，社会科学文献出版社 2002 年版。

联合国人居署：《全球化世界中的城市——全球人类住区报告（2001）》，中国建筑工业出版社 2003 年版。

联合国人居署：《贫民窟的挑战——全球人类住区报告（2003）》，中国建筑工业出版社 2006 年版。

毛小平：《城市住房分化与社会和谐研究》，甘肃人民出版社 2012 年版。

彭华民：《从沉寂到创新：中国福利社会构建》，中国社会科学出版社

2012年版。

丝奇雅·沙森：《全球城市：纽约伦敦东京》，周振华等译，上海社会科学出版社2005年版。

苏黛瑞：《在中国城市中争取公民权》，王春光、单丽卿译，浙江人民出版社2009年版。

孙立平：《断裂——20世纪90年代以来的中国社会》，社会科学文献出版社2004年版。

孙金楼、柳林：《住宅社会学》，山东人民出版社1985年版。

滕尼斯：《共同体与社会》，林荣远译，商务印书馆1999年版。

王国海：《楼市预告》，中国市场出版社2007年版。

王宏哲：《住房权研究》，中国法制出版社2008年版。

王晓路：《作为公共知识分子的迈克·戴维》，见迈克·戴维：《布满贫民窟的星球》，潘纯林译，新星出版社2009年版。

魏万青：《社会转型背景下的城市居民住房问题研究——住房阶层理论的视角》，华中科技大学出版社2015年版。

吴忠民：《社会公正论》，山东人民出版社2004年版。

夏建中：《城市社会学》，中国人民大学出版社2010年版。

项飚：《跨越边界的社区》，三联书店2000年版。

杨伟民：《社会政策导论》，中国人民大学出版社2004年版。

易成栋：《中国城市家庭住房选择的时空变动和社会分化研究》，北京大学出版社2013年版。

张鸿雁：《侵入与接替——城市社会结构变迁新论》，东南大学出版社2000年版。

张琦、曲波：《怎样让人人住有所居——如何理解住房制度改革》，人民出版社2008年版。

张群：《居有其屋——中国住房权历史研究》，社会科学文献出版社2009年版。

张仙桥、洪民文：《住宅社会学概述》，社会科学文献出版社1993年版。

周运清：《住宅社会学导论》，安徽人民出版社1991年版。

期刊论文：

北京房地产价格走势及国际比较课题组：《北京房价为何居高不下》，载《数据》，2007 年第 6 期。

边燕杰、刘勇利：《社会分层、住房产权与居住质量——对中国五普的数据分析》，载《社会学研究》，2005 年第 3 期。

陈杰：《中国公共住房政策概览》，载《中国房地信息》，2011 年第 11 期。

曹钟兴、朱玉华、于继慧、郑明龙、张云琴、徐恩鸿：《半地下室空间居住卫生学研究》，载《中国公共卫生》，1995 年第 4 期。

成都市房产管理局"解决农民工住房问题"课题组：《解决农民工住房问题策略探析》，载《科学决策》，2006 年第 10 期。

戴玮宏、李余华：《我国"群居客"相关问题研究》，载《改革与开放》，2015 年第 13 期。

董藩，北京房价为何居高不下?》，载《中国房地信息》，2006 年第 12 期。

段成荣：《北京市面对的困难及对策研究》，载《北京社会科学》，2003 年第 3 期。

冯钢：《现代社区何以可能》，载《浙江学刊》，2002 年第 2 期。

顾书桂：《城市住房群租的政治经济学分析》，载《云南社会科学》，2015 年第 5 期。

桂勇：《城市"社区"是否可能?——关于农村邻里空间与城市邻里空间的比较分析》，载《贵州师范大学学报（社会科学版）》，2005 年第 6 期。

顾朝林、C. 克斯特罗德：《北京社会极化与空间分异研究》，载《地理学报》，1997 年第 5 期。

黄晨熹：《大城市外来流动人口特征与社区化管理》，载《人口研究》，1999 年第 7 期。

黄怡：《城市居住隔离的模式：兼析上海居住隔离的现状》，载《城市规划学刊》，2005 年第 2 期。

胡建国：《中国社会底层新变》，载《人民论坛》，2010 年第 7 期（下）。

李斌：《社会排斥理论与中国城市住房改革制度》，载《社会科学研究》，

2002 年第 3 期。

李培林：《社会冲突与阶级意识》，载《社会》，2005 年第 1 期。

李强：《"丁字型"社会结构与"结构紧张"》，载《社会学研究》，2005 年第 2 期。

李强：《转型时期城市住房地位群体》，载《江苏社会科学》，2009 年第 4 期。

李强、王美琴：《住房体制改革与基于财产的分层秩序之建立》，载《学术界》，2009 年第 4 期。

李强：《中国城市农民工劳动力市场研究》，载《学海》，2001 年第 1 期。

李志刚、吴缚龙：《转型期上海社会空间分异研究》，载《地理学报》，2006 年第 2 期。

梁志民、饶盼等：《农民工在务工地购房意愿的影响因素》，载《西北农林科技大学学报》，2014 年第 7 期。

刘精明、李路路：《阶层化：居住空间、生活方式、社会交往与阶层认同》，载《社会学研究》，2005 年第 3 期。

刘祖云、胡蓉：《城市住房的阶层分化：基于 CGSS2006 调查数据的分析》，载《社会》，2010 年第 5 期。

刘祖云、毛小平：《中国城市住房分层——基于广州市千户居民问卷调查》，载《中国社会科学》，2012 年第 2 期。

马静、施维克、李志民：《城市住区邻里交往衰落的社会历史根源》，载《城市问题》，2007 年第 3 期。

孙立平：《资源重新积聚背景下的底层社会形成》，载《战略与管理》，2002 年第 1 期。

漆畅、何帆：《"城中村"的住房状况：以宁波为例》，载《经济社会体制比较》，2006 年第 3 期。

邱卫军：《中国底层群体的社会上升之路》，载《西安工程大学学报》，2008 年第 5 期。

仇立平：《上海社会阶层结构转型及其对城市社会治理的启示》，载《国家行政学院学报》，2014 年第 4 期。

沈福俊：《城市群租者的居住权保护问题分析》，载《行政法学研究》，2011年第1期。

陶海燕、黎夏、陈晓翔：《基于多智能体的居住空间格局演变的真实场景模拟》，载《地理学报》，2009年第6期。

王春光：《控制还是聚合——对当前社区建设的几点反思》，载《浙江学刊》，2002年第2期。

王小鲁：《灰色收入拉大居民收入差距》，载《中国改革》，2007年第7期。

王小章：《何谓社区与社区何为》，载《浙江学刊》，2002年第2期。

王彦斌、吴晓亮：《城市住宅小区居民生活方式与生活意愿——对昆明752个调查对象资料的基本分析》，载《昆明高等专科学校学报》，2000年第7期。

魏雅华：《北京"住房痛苦指数"的国际比较》，载《观察》，2007年第1期。

吴介民：《永远的异乡客？公民身份差序与中国农民工阶级》，载《台湾社会学》，2011年第6期。

吴维平、王汉生：《寄居大都市：京沪两地流动人口住房现状分析》，载《社会学研究》，2002年第3期。

夏建中：《现代西方城市社区研究的主要理论与方法》，载《燕山大学学报（社会科学版）》，2000年第5期。

谢维舟、陈立道、王璇：《高层建筑半地下室改造为居住空间的研究》，载《地下空间》，1991年第3期。

薛丰丰：《城市社区邻里交往研究》，载《建筑学报》，2004年第4期。

潇琦：《3000万平米经济适用房和两限房给北京住宅市场带来什么样的影响？》，载《北京房地产》，2007年第9期。

杨善华、侯红蕊：《现阶段中国农村社会中"差序格局"的"理性化"趋势》，载《宁夏社会科学》，1999年第6期。

杨明芳：《我国社会底层人群向上流动困难问题研究》，载《岳阳职业技术学院学报》，2011年第5期。

邢晓明:《城镇社区和谐邻里关系的社会学分析》,载《学术交流》,2007年第12期。

张高攀:《城市"贫困聚居"现象分析及其对策探讨——以北京市为例》,载《城市规划》,2006年第1期。

张莉:《从公正的角度谈底层向上流动的困境》,载《吉林省经济干部管理学院学报》,2008年第4期。

赵卫华:《北京市社会阶层结构状况与特点分析》,载《北京社会科学》,2006年第1期。

赵晔琴、梁翠玲:《融入与区隔:农民工的住房消费与阶层认同》,载《人口与发展》,2014年第2期。

郑震:《空间:一个社会学的概念》,载《社会学研究》,2010年第5期。

翟振武、段成荣、毕秋灵:《北京市流动人口的最新状况与分析》,载《人口研究》,2007年第2期。

曾颖:社会底层劳动权益保护的缺失》,载《法制与社会》,2010年第4期(下)。

学位论文

蔡佳瑜:《中心城区"群租房"问题协同治理研究——以上海市中远两湾城居民小区为例》,华东师范大学,2014年。

丁祥玉:《我国"蚁族"形成的原因及对策分析——基于社会排斥理论的视角》,西南财经大学,2011年。

胡蓉:《中国城镇社会住房阶层分化研究》,中山大学,2010年。

龚燕凌:《上海市住宅区群租现象治理研究——以中远两湾城为例》,华东师范大学,2010年。

孙培强:《上海整治群租房行动的效应分析—以运动式执法为视角》,复旦大学,2008年。

王富博:《居住权研究——我国物权立法的继受与创新》,中国政法大学,2006年。

王鹏:《非正规住房市场下深圳城中村居住形态演化研究》,哈尔滨工业大学，2010 年。

吴冰：《快速城市化过程中的群租现象及其治理困境——以上海市 W 住宅区为例》，复旦大学，2009 年。

吴志恒：《都市白领"群租"群体的居住类型与生产政治》，华东师范大学，2012 年。

张顺：《公民权利视角下的中国农民民生问题研究》，东北财经大学，2011 年。

张子威：《我国保障性住房及其法律制度研究》，吉林大学，2013 年。

赵静：《深圳市非正规住房的发展演变与供给模式研究》，中山大学，2009 年。

赵婉冰：《论城市群租整治中群租者居住权的保障》，上海大学，2014 年。

赵茜：《社会排斥视角下农民工住房问题及政策建议》，陕西师范大学，2013 年。

周文：《城市化进程中新型社区的发展研究》，西北农林科技大学，2013 年。

报纸文章

陈文雅，北京房价飚升内情：《全国富人都来京买房产》，载《经济观察报》，2006 年 4 月 16 日。

顾骏：《群租现象背后的生活逻辑》，载《解放日报》，2006 年 7 月 25 日。

孟坚、杜瑞峰：《什么人在买北京豪宅》，载《中国证券报》，2006 年 4 月 15 日。

彭斐：《"鼠族"——我的家何处安放》，载《民主与法制时报》，2011 年 1 月 24 日第 C02 版。

孙燕燕、张星海：《氡——地下商城里的"杀手"》，载《北京科技报》，2010 年 4 月 19 日第 24 版。

汪红：《北京五环以内期房均价已达 1.4 万元/平方米》，载《法治晚报》，2008 年 3 月 19 日。

卫志民：《"群租"问题愈演愈烈的根本原因不在于法律缺失而在于经济

原因》，载《中国青年报》，2006年10月23日。

张媛：《楼市高烧——盘点2009年北京区域房价涨幅top10》，载《法制晚报》，2010年2月1日。

网络文献

北京市统计局：《北京市国民经济与社会发展统计公报》，2007。

北京市统计局：《2005年北京市1%人口抽样调查主要数据公报》，http：//www.stats.gov.cn/tjgb/rkpcgb/dfrkpcgb/t20060317_402311329.htm。

丁金宏、吴燕青、王琼：《现阶段我国城市人口宏观调控的必要性和可行性——基于长三角和苏州市的调查》，http：//ccmc.ecnu.edu.cn/colum.aspx？ModelId=28&colId=176。

贾海峰：《北京全面叫停购房优惠抑制投资性购房或具示范作用》，http：//nf.nfdaily.cn/21cbh/content/2010-02/24/content_9447850.htm。

李仲生：《北京与国际化大都市的比较分析》，2008年3月19日，http：//www.bjfc.gov.cn/Article/Detail.asp？UNID=11006。

刘墨非：《2020年北京人口达2141万，突破人口控制目标》，2007年12月9日，http：//www.jiaoyitong.com/114_news/20071210/1197222212_209177325.html。

王靓：《房租太贵，纽约客流行群租办公室》，http：//news.sina.com.cn/c/2007-05-11/043411794662s.shtml。

吴传超，2009房贷政策如过山车》，http：//news.dichan.sina.com.cn/bj/2009/12/22/101045.html。

张达：《北京楼市成交量下降投资性购房升温》，http：//fang.koubei.com/news_fang/qt/20090522522.html。

郑永年：《居者有其屋可以换来20—30年的稳定》，http：//finance.ifeng.com/news/special/fzgf2013/20130323/7814573.shtml。

中国指数研究院：《2009年北京商品住宅市场整体运行状》，http：//qyb.soufun.com/news/zt/200912/2009bjzz.html。

英文文献

Alina Tanasescu, Ernest Chui Wing-tak, Alan Smart, "Tops and Bottoms: State Tolerance of Illegal Housing in Hong Kong and Calgary", *Habitat International*, 34 (2010), pp. 478-484.

John H. Mollenkopf and Manuel Castells, *Dual City: Restructuring New York* (the City in the Twenty-first Century). Russell Sage Foundation, 2001.

John Rex, "The Sociology of a Zone of Transition," in C. Bell & H. Newby, *The Sociology of Community*, Frank Cass and Co Ltd, 1974, p. 178.

John Rex & Moore, *Race, Community and Conflict, a Study of Sparkbrook*, Oxford University press, 1967.

Konrad, Gyorge and Ivan Szelenyi: "Sociological Problems in the Distribution of Housing", *Valosag*, 1969, No. 8, pp. 28-39.

R. N. Morris and Jhon Mogey, *The Sociology of Housing Staudies at Berinsfild*. Routledge, 1965.

Shevkey E, William M, *The Social Areas of Los Angeles*, University of California Press, 1949.

后 记

2006年，陆学艺先生决定把社会建设研究作为北京工业大学社会学学科研究的主要方向。我们开始研究北京社会建设的历史发展，第一个研究的课题定为"北京社会建设60年"。分配给我的任务是研究北京住房60年的发展变迁，从此，我涉足住房研究，至今已经有10年之久。

这10年是北京蝶变的10年，经济社会的飞速发展让北京走近顶级世界城市的行列。但是北京也面临着很多难题，在人口过快增长、经济迅猛发展的背景下，住房、交通、环境问题变得严峻起来。我们的团队一直围绕北京社会建设问题开展教学和科研工作，也试图能为北京的社会建设培养人才、贡献智力。我们编撰的社会建设蓝皮书《北京社会建设分析报告》连续出版了6本，我自己也调整了研究方向，把住房研究作为我研究的一个主要领域。我的住房研究也得到了北京市社工委决策咨询项目、北京工业大学人文社会科学基金、北京市社会科学基金的支持。

这本书就是10年来住房研究的结晶，也是教学相长的成果。10年来，我指导5个学生完成了住房相关的学位论文。在读书会上，我带着同学们阅读了大量住房研究和流动人口与城市发展的论文和著作，我们一起学习思考住房问题和中国的社会变迁。我也向社会学系的师友们在学术沙龙上报告过住房研究，得到大家的指点，在关于住房的蓝皮书书稿研讨中也得到大家的批评和帮助，在这里向大家深表谢意。

研究生靳伟执笔完成了本书的群租房部分，戚丹执笔完成了地下室研究的第一、二节，对他们的辛勤劳动在这里表示感谢。十分感谢北京工业大学

后　记

2011 级社会学专业的研究生同学,他们都参加了地下室的问卷调查和参与式观察,为我的研究收集了珍贵的资料(杨靖邦同学关于地下室的课程论文最后也公开发表)。

感谢陆学艺老师多年的悉心指教,若不是他的安排我不会涉足住房研究,没有他的督促,我恐怕也不会坚持做住房的研究。10 年下来对住房研究了解更深了,也放不下了。

中央编译出版社杜永明先生为本书付出了很大的辛劳,纠正了很多讹误,提出了修改的意见,在此表示诚挚的谢意。

最后对唐军院长、胡建国副院长、杨荣副院长在教学科研等方面多年以来的支持表示深深感谢。

李君甫

2016 年 3 月 20 日

后 记

2011 年社会学学术出版研究座谈会，始终萦绕于心灵下笔的即是哺育和影响吾生的那些：为我的研究提供了珍贵的资料（最清晰地与当下地方志编纂相关论文是有出公开发表）。

感谢那些曾帮助过我的人、无论愚钝，不乏是他们无不怀地给予我发自内心的感恩。即使当不会表露出它的面貌，10 年下来到它的面影轮廓了解更深了，也无不下了。

中央编译出版社在本书的出版过程中给予了大力支持，本书的出版与柳扬问对的关心、柳正下先生出版编辑工作密切相关。在此表示诚挚的谢意。

最后对愚夫的院长、原北京师范大学教育学部副部长屈义先生表示衷心感谢。

李松林
2016 年 3 月 20 日